Trouver sa passion

7 étapes pour se réaliser
dans sa vie professionelle

Données de catalogage avant publication (Canada)

Jarow, Rick

   Trouver sa passion : 7 étapes pour se réaliser dans sa vie professionnelle

   Traduction de : Creating the work you love.
   Comprend des réf. bibliogr.
   ISBN 2-89436-130-0

   1. Vocation. 2. Réalisation de soi – Aspect religieux. 3. Succès. 4. Chakras. I. Titre.

BL629.J3714 2004   158.6   C2004-941832-7

Nous reconnaissons l'aide financière du Gouvernement du Canada par l'entremise du programme d'aide au développement de l'édition (PADIÉ) pour nos activités d'édition.

Nous remercions la Société de Développement des Entreprises Culturelles du Québec (SODEC) pour son appui à notre programme de publication.

Infographie : Caron & Gosselin

Mise en pages : Composition Monika, Québec

Original title : Creating the work you love
Copyright © 1995 by Rick Jarow
Published under arrangement with Destiny Books, a division of Inner Traditions International, Rochester VT, 05767, USA
French translation Copyright © 2004 by Éditions Le Dauphin Blanc.

Éditeur : Éditions Le Dauphin Blanc
C.P. 55, Loretteville, Qc, G2B 3W6
Tél. : (418) 845-4045 – Fax (418) 845-1933
Courriel : *dauphin@mediom.qc.ca*

ISBN 2-89436-130-0

Dépôt légal : 4e trimestre 2004
Bibliothèque nationale du Québec
Bibliothèque nationale du Canada

Imprimé au Canada

Rick Jarow

Trouver sa passion

*7 étapes pour se réaliser
dans sa vie professionelle*

Traduit de l'anglais
par Marie-Josée Tardif

Le Dauphin Blanc

Ce livre est pour Oshan.
Puisse-t-il marcher
dans ses propres chaussures.

Table des matières

Remerciements   11

Introduction   13

1. Art d'œuvrer & œuvre d'art   23

2. Le créatif et la victime :   39
   Deux modes de manifestation

3. Première étape :   53
   L'abondance ou la base du pouvoir

4. Deuxième étape :   71
   Réveiller la passion endormie

5. Troisième étape :   99
   Le bon usage de la volonté

6. Passer à l'action :   119
   La Roue de la manifestation

7. Quatrième étape :   155
   Le cœur au travail

8. Cinquième étape :   181
   Vision créatrice

9. Sixième étape : 211
   Ma volonté et la Tienne

10. Septième étape : 227
    À la fin, survient le commencement

11. Offrir notre travail au monde 235

12. Investissez dans votre idéal 247

13. Discipline : 263
    De l'inspiration à l'accomplissement

14. L'économie de services : 289
    Un nouveau paradigme pour un nouveau
    millénaire

15. Gestion interactive. 301

16. L'Alchimie de la transformation. 327

Bibliographie 331

Remerciements

Je désire remercier de nombreuses personnes, non seulement pour leur aide dans la concrétisation de ce livre, mais aussi pour les enseignements sans lesquels cet ouvrage n'aurait jamais pu voir le jour. Les noms qui suivent représentent un petit nombre de personnes parmi toutes celles qui m'ont guidé jusqu'ici.

Merci à : Ma mère, qui m'a initié aux choses de l'âme. Mon père, qui a quitté notre monde au moment où j'entamais ces lignes ; son profond amour continue de me nourrir. Hilda Charlton et Orestes Valdes, dont l'existence sur cette terre a laissé un héritage d'amour véritable. Swami Jnanananda, qui veille toujours en méditation inactive dans les Himalayas, représentant l'autre polarité de l'« anti-carrière ».

Merci aux : New York Open Center, Wainwright House, Interface et Kirkridge, autant de lieux où les ateliers « anti-carrière » ont trouvé un terrain d'évolution fertile. David Crismond et Rick Allen, qui ont révisé mes tout premiers manuscrits et offert leurs précieuses suggestions. Andre DeZanger et Judy Morgan, qui ont contribué à développer ce matériel dans le cadre de nombreux cours, tout en me rappelant gentiment de ne pas m'épuiser à la tâche. Elizabeth Frost Knappman, pour ses judicieux conseils et sa bienveillance

11

dans la publication du manuscrit, qu'elle a su lancer au bon moment. Barbara Theiss, qui m'a fait connaître l'équipe de *Inner Tradition*. Robin Dutcher-Bayer a reconnu la valeur de ce travail et a veillé à ce qu'il prenne forme. L'esprit éditorial aiguisé de Susan Davidson a grandement contribué à ce projet. Phil Marden a parcouru de nombreuses routes «anti-carrière» à mes côtés. Ron Young fait partie de ma vie d'aussi loin que je me rappelle; son œuvre a servi d'inspiration à plusieurs concepts élaborés dans ce livre. Enfin, merci à Celine Sigmen qui est toujours restée à mes côtés – dans tous les sens du terme – permettant l'évolution de ce projet. Celine m'a donné le futur.

Introduction

*L*e concept «anti-carrière» fait partie de ma vie depuis plusieurs années. Il a pris forme à partir d'une observation de base: malgré toutes leurs démarches en croissance personnelle, de nombreuses personnes ne parviennent pas à trouver leur juste place dans le monde du travail. Elles en sont au même point qu'il y a un siècle lorsque l'écrivain américain Henry Thoreau déclara: «La société pour laquelle je suis fait n'est pas là[1].»

Le «syndrome du travailleur aliéné» remonte aux sources du capitalisme et, plus loin encore, à l'époque où la pratique de l'esclavage faisait partie de la norme. Les démocraties post-industrielles furent les premières à oser mettre de l'avant un ordre où tout être humain aurait la possibilité d'abandonner un labeur contraignant et monotone consacré à la survie, pour aspirer à quelque chose de plus grand.

Je suis né aux États-Unis, à l'ère du baby-boom. J'ai donc grandi dans un univers compris entre les boîtes de *Wheaties*[2] et un idéalisme certain. Ma génération a appris à redouter

---

1. Henry David Thoreau, *The Journal of Henry D. Thoreau*, vol. II, Éd. Bradford and Francis H. Allen (1906; réimprimé, New York: Dover, 1962), 317.
2. NDLT: Marque commerciale de céréales aux États-Unis.

comme la peste le concept d'enrôlement social si bien décrit dans cette phrase tirée d'une chanson de Bob Dylan : « *Twenty years of schoolin' and they put you on the day shift.* » (NDLT : « Vingt ans sur les bancs d'école et ils vous placent sur le quart de jour. »)

Ce questionnement s'est accentué dans mon existence, au moment où j'ai réalisé que malgré tous mes efforts de développement personnel, j'en arrivais moi-même au constat de Thoreau : la société pour laquelle j'étais fait n'était pas là. Dès mon tout jeune âge, j'avais bien appris à jouer le jeu de l'étudiant débrouillard, capable de gravir les échelons le menant des écoles publiques de Brooklyn jusqu'à Harvard. La décision de quitter cette prestigieuse université américaine s'est avérée mon tout premier geste héroïque « anti-carrière ». Par cet acte d'affirmation, je déclarais haut et fort que ce que je ressentais à l'intérieur dépassait en importance toutes les récompenses promises par l'extérieur. Comme plusieurs membres de ma génération, j'étais attiré par l'Orient. J'ai passé un certain nombre d'années en Inde à jouer le rôle de vagabond spirituel, tout en pratiquant différentes formes de yoga et de méditation. L'Inde se présentait à mes yeux comme un vaste camp de vacances. J'y suivais allègrement la voie du moindre effort. À plusieurs reprises, j'ai songé à imiter certains de mes amis qui jetaient leur passeport dans le Gange. Cela aurait été comme mourir au monde pour renaître sous une nouvelle identité.

Puis un événement fortuit se produisit. J'étais de passage dans le nord de l'Inde lorsque je tombai sur un livre de Carl Gustav Jung. Dans cet ouvrage, Jung insistait sur l'importance d'appuyer le développement psychologique d'une personne sur la mythologie culturelle qui lui est propre. Ce constat me frappa si fort que quelques mois plus tard, j'étais à nouveau inscrit dans une université américaine et, cette fois, j'allais écouter mes passions. Pour être plus précis, ces passions se basaient en réalité sur des sentiments de colère et d'indignation. Je désirais apprendre le Sanskrit parce que je soupçonnais les gourous avec qui j'avais étudié en Inde et en Amérique, d'avoir trop dilué l'essence d'une tradition spirituelle dont je pressentais l'extrême profondeur. Apprendre à lire les textes moi-même m'apparaissait comme le seul moyen d'accéder à ce pouvoir.

Éventuellement, je réalisai que je connaissais la Bhagavadgita sur le bout des doigts, mais pas Homer ni Shakespeare, ce qui m'indisposait. Je souhaitais désespérément apprendre. Je désirais comprendre les racines de ma quête de sens dans le contexte des grandes civilisations anciennes et dans celui de ma propre culture. Avec cet objectif en tête, j'entrepris un cheminement de douze années d'études orientales/occidentales qui ont culminé avec un doctorat de l'Université Columbia. Tout au long de cette aventure, je recevais en parallèle un autre type d'enseignement que jamais je n'aurais pu prévoir et qui, pourtant, a fini par jeter les bases de cet ouvrage. Je n'entrerai pas immédiatement dans le détail de cet enseignement alternatif, mais en voici tout de même quelques facettes.

Pendant mes années à Columbia, j'étudiai en compagnie d'une femme du nom de Hilda Charlton. Hilda vivait à New York, dans un modeste appartement du Upper West Side. La force et le charisme de cette femme étaient remarquables. Bien qu'elle enseignât la méditation et possédât de grands talents de guérison, j'étais surtout attiré par son étonnant pouvoir de manifestation. Un jour, par exemple, alors que mes camarades et moi aménagions un centre dans le nord de l'état de New York, Hilda fit soudainement remarquer que nous avions besoin de fenêtres. Le lendemain même, quelque 80 fenêtres – complètes, avec leur cadre – apparurent devant la porte, abandonnées dans la rue par un entrepreneur en construction. Je me rappelle également cet épisode où plusieurs d'entre nous avions acheté en argent comptant des «billets à rabais» pour l'Inde. Malheureusement, notre vendeur fut foudroyé par une crise cardiaque quelques jours plus tard et nous ne vîmes jamais la couleur de nos billets. Lorsque les autorités firent enquête, on découvrit que des centaines de personnes se trouvaient dans la même situation. De plus, nos commandes étaient devenues introuvables. Bref, la situation n'avait rien de simple et au bout de quelques mois, j'abandonnai tout espoir de me faire rembourser. Hilda refusa toutefois d'accepter cet état de fait. Chaque jeudi soir, à la fin de notre rencontre, elle demandait aux quelques centaines de personnes présentes de chanter un « Om » pour les billets. Elle nous invitait à visualiser les billets d'avion comme s'ils nous étaient restitués. Au bout de six mois de ce rituel, je refusai de poursuivre, jugeant le tout obsessif et ridicule. Cependant, un an et demi plus tard, lorsque chacun d'entre nous reçûmes un remboursement pour les billets, je dus admettre l'existence de certains pouvoirs de manifestation qui me dépassaient complètement. Hilda me répétait souvent : « Ne t'inquiète pas au sujet de l'argent, mon garçon », comme s'il y avait chez-moi une forme d'ignorance et d'immaturité. J'en vins à la conclusion qu'il me fallait apprendre de cette femme. Je suis donc resté dans les parages pendant un certain temps.

Durant la même période, j'entendis parler d'un étrange shaman établi dans le « Little Cuba », au New-Jersey. On disait que cet homme possédait le don de chasser les mauvais esprits. Lorsque j'eus enfin la chance de le rencontrer, je fus d'abord déçu de découvrir un personnage ressemblant bien plus à un livreur musclé qu'à un homme-médecine exotique tel qu'on aurait pu l'imaginer. Cependant, lorsqu'il déclara sans hésiter qu'un aveugle se trouvait dans mon aura, je fus très intrigué, car j'étais aux prises avec un problème récurant de vision. Quand il ajouta vouloir me débarrasser de cet aveugle, je lui donnai le feu vert. Il m'aura fallu six ans pour déterminer si cet événement relevait simplement d'une forme de théâtre imaginaire ou s'il s'agissait bel et bien d'une opération psychique valable. Pendant six années, donc, j'étudiai auprès du shaman Orestes. Avec lui, j'appris à connaître les pouvoirs de notre imagination. Nous ne parlons pas ici d'une imagination de type fantaisiste, mais bien du pouvoir de l'imagerie issue de la psyché humaine.

Au fil de mon apprentissage avec Hilda et Orestes, et à mesure que se poursuivaient mes études sur le symbolisme interculturel à l'Université de Columbia, j'ouvris mon propre cabinet de consultant. Grâce à ma longue association avec ces deux professeurs, j'étais on ne peut plus connecté à la communauté nouvel-âge. Ainsi, les visiteurs affluaient à mon bureau. Je n'ai jamais fait de publicité, ni prétendu posséder des dons extraordinaires. Une chose était claire, toutefois : je ressentais un appel profond pour un travail d'intervention auprès des gens et j'ai suivi mon cœur.

Je passai plusieurs années à venir en aide aux écorchés de la « gouroumanie » – un traumatisme que je connaissais fort bien pour l'avoir moi-même subi – et j'en retirai beaucoup de satisfaction. Au bout d'un moment, je découvris que de grands points communs existaient entre les divers problèmes exposés par mes clients. Plusieurs d'entre eux se plaisaient à me raconter les gloires de leurs vies passées en tant que pharaons ou impératrices, alors qu'en cette vie, ils continuaient de gagner leur pitance derrière un tiroir-caisse de supermarché. Qu'est-ce qui ne fonctionnait pas ? Pourquoi les personnes en démarche spirituelle semblaient-elles aussi chroniquement non-fonctionnelles ? Pourquoi, après avoir vécu une expérience transcendante ou avoir été touchées par une quelconque vision, ces personnes se retrouvaient-elles dans le même bourbier qu'avant leur révélation ? De toute évidence, il y avait un problème. De grandes questions centrales refaisaient constamment surface : « Que devrais-je faire » ?, « Comment puis-je trouver ma place dans le monde ? ». Ceux qui me questionnaient de la sorte n'avaient généralement aucune espèce d'idée de l'endroit où se trouvait la réponse. Le fossé entre le monde intérieur de ces personnes et leurs possibilités extérieures semblait même s'agrandir.

À mesure que mon travail prenait de l'expansion, un nouveau type de clientèle vint frapper à ma porte. Il s'agissait de professionnels occupant des postes prestigieux. Coincés dans le carcan rigide de leur emploi, ils ne parvenaient pas à mener une vie authentique et éprouvaient tous d'énormes frustrations. Des étudiants eurent également recours à mes services, désirant trouver le moyen d'entrer sur le marché du travail au sein d'un système économique en apparence irrationnel et sans pitié, sans pour autant piétiner leurs rêves. Éventuellement, cela me conduisit à mettre sur pied un « laboratoire de manifestation ». Nous étions une dizaine à nous réunir de façon hebdomadaire afin de comprendre, non seulement par la théorie mais aussi par la pratique, comment parvenir à aligner nos mondes intérieur et extérieur. Nous avons testé différents outils tels les rituels, les techniques méditatives, le pouvoir de suggestion, la fixation d'objectifs, l'amplification de l'intention par l'effort collectif... Finalement, nous fîmes une percée significative en créant un modèle basé sur le système des chakras. Plus nous l'utilisions, plus nous constations que ce modèle était l'instrument idéal pour permettre le développement d'une interface entre les mondes intérieur et extérieur. L'étude des chakras en tant que tels est infinie et certains d'entre nous accumulèrent un grand nombre de données en vue d'une application dans les domaines de la santé et de la psychologie. Lorsque nous avons transposé le modèle sur le plan de la carrière, la conjonction s'avéra parfaite. En clarifiant les problèmes inhérents aux différents centres énergétiques du corps, il devenait possible de retracer le parcours reliant le monde intérieur et le monde extérieur. Cette découverte nous permit de concevoir des stratégies stimulant la créativité et le développement de la carrière. Ces stratégies comportaient le précieux avantage de nous garder centré à l'intérieur du corps, plutôt que de tenter d'insérer le corps dans le monde du travail journalier.

Quand je réalisai combien je pouvais contribuer à l'étude des lois de la manifestation, il me parut juste d'aller sur la scène publique et de présenter une série d'ateliers abordant la relation entre l'univers intérieur d'un individu et sa place dans le monde. Ces concepts se développèrent graduellement sur une période de cinq ans, grâce à l'apport inestimable de centaines de participants de tous les groupes d'âge et de tous les milieux. Cet ensemble de méthodes éprouvées finit par se cristalliser sous la forme des « Ateliers anti-carrière » et du matériel présenté dans ce livre.

Cela dit, il ne faudrait pas passer sous silence la notion de vocation. Est-il nécessaire de séparer ces deux concepts : « vérité de l'être » et « être dans le monde » ? Plus souvent qu'autrement, l'idéal spirituel est placé en opposition directe avec le monde matériel. Ainsi, une personne spirituellement ouverte est-elle vue (et se voit-elle elle-même!) comme non-fonctionnelle, impuissante et incapable de transposer ses aspirations profondes dans la réalité concrète. À l'autre bout du spectre, se trouvent les personnes dites fonctionnelles, souvent considérées comme non-spirituelles et complètement absorbées par leur quotidien ou leurs ambitions professionnelles... du moins jusqu'à ce qu'elles soient saisies par leur première crise cardiaque!

Devons-nous vraiment perdre le monde pour gagner notre âme? Agissons-nous toujours malgré nous-mêmes au cœur d'un paradigme où sont séparés les mondes intérieur et extérieur, l'esprit et ses manifestations concrètes? S'il est vrai que nous sommes les mêmes dans la vie de tous les jours comme dans les replis les plus profonds de notre âme, alors pourquoi nos mondes intérieur et extérieur ne pourraient-ils pas se soutenir mutuellement? Je prétends que tant que nous ne nous engagerons pas dans cette direction, aucune de nos bonnes intentions ne pourra transformer le monde du travail. À moins de changer notre façon de gagner notre vie, il deviendra de plus en plus difficile de cultiver toute forme de vie intérieure.

Il importe de renverser notre point de vue. Notre réalité professionnelle changera à partir du moment où nous opérerons un travail depuis l'intérieur vers l'extérieur. Elle changera aussi quand nous placerons l'économie dans un contexte plus large d'interdépendance et d'évolution commune. Depuis Karl Marx jusqu'à Hazel Henderson, des voix se sont élevées pour garantir que la liberté des hommes et des femmes passait nécessairement par une transformation de l'environnement de travail. J'ajouterai que cette transformation constitue également une étape essentielle afin de réinsérer le sens du sacré dans notre culture. Nos compétences ou nos produits ne valent rien comparés à la contribution majeure que nous pouvons faire au monde à venir si nous alignons de mieux en mieux notre travail sur nos intuitions les plus profondes. Créer cet alignement – faire de notre vie une œuvre d'art – représente un objectif certes ambitieux, mais réalisable. Nous sentons tous en notre for intérieur que nous serions beaucoup plus heureux si nous faisions ce que nous aimons. De plus en plus de gens sont d'ailleurs parvenus à cette intégration intérieure/extérieure. Ils prospèrent au sein de leur bureau, de leur conseil d'administration, dans leur studio, et dans toutes sortes de domaines n'ayant rien à voir avec ce qu'on considérait autrefois comme des «vocations». Plutôt que d'avoir privé ces personnes de leurs valeurs et de leur équilibre intérieur, la prospérité s'est manifestée dans leur vie à mesure qu'elles se rapprochaient de leur centre.

Cela dit, il est vrai que donner forme à nos idéaux n'est pas une mince tâche. Quand nous nous y employons, nous devons souvent faire face à des variables complètement imprévues. Il est important de bénéficier de méthodes tangibles, ainsi que d'une vision globale pour créer une société nouvelle. Cet ouvrage propose une démarche par étapes, à travers lesquelles le lecteur pourra se sentir soutenu et entrer en résonance avec ses niveaux les plus profonds d'intégrité, de passion et d'engagement. Retroussons nos manches! Au moment où s'ouvre un nouveau millénaire, une connaissance qui n'était autrefois réservée qu'à de rares individus devient maintenant accessible à plusieurs d'entre nous – à tous ceux, en fait, qui se sentent prêts à défier ce qui constitue une négation à la vie dans le monde actuel du travail, et qui oseront prendre leur juste place afin de devenir une force active dans la transformation du monde.

1

Art d'œuvrer & œuvre d'art

Ta vie est une œuvre créatrice,
un art à développer avec le plus grand soin.
La patience a remplacé le temps.
Tu es ta propre destination.

*L*a séparation qui prévaut entre la vie et le travail, entre le quotidien et nos rêves, envenime notre existence. La grande majorité des humains tiennent l'insatisfaction professionnelle pour acquise, puis se jettent sans trop réfléchir dans une culture florissante de divertissement et de consommation, comme s'il s'agissait pour eux de la seule manière d'entrer en contact avec le règne de l'imagination. D'autres envisagent le travail comme un mal nécessaire et acceptent de composer avec un sentiment permanent de résignation. Très peu d'entre nous avons hâte aux lundis matin. Modifier notre quotidien de façon à en faire une œuvre artistique vivante pourrait désormais s'avérer le plus grand défi de l'humanité.

Serait-il désormais possible de créer des carrières où s'exprimerait notre plein potentiel? Pourrions-nous devenir qui nous sommes véritablement, plutôt que de continuer à camoufler notre identité afin d'assurer notre survie sur le marché de l'emploi? Pourquoi nos milieux de travail sont-ils

23

devenus de telles zones de pression ? Est-il normal de laisser notre gagne-pain empiéter de la sorte sur notre santé et notre temps libre ? Il est devenu impératif de se pencher sérieusement sur ces questions, sinon comment espérer pouvoir enfin sortir du cercle vicieux que nous avons soigneusement refermé autour de nous ? Henry Thoreau travaillait six semaines par an ; les peuples autochtones peuvent rester complètement absorbés dans leur mythologie neuf heures par jour. Qu'en est-il de nous ? Grâce à l'invention des ordinateurs et des téléphones portables, notre bureau nous suit désormais jusque dans notre voiture et à la maison. Comme cela n'est pas suffisant, notre bureau ambulant peut même nous accompagner jusqu'en vacances. Par le truchement des médias, nous arrivons à croire qu'il est parfaitement sain de manger régulièrement à la sauvette, pourvu que ce qu'on nous propose comme aliment-minute ou supplément diététique soit présenté dans un emballage attrayant. Or, sans une intégrité personnelle de base, sans une énergie venue du cœur et dirigée vers notre travail, tout ce que nous pouvons produire ou posséder ne suffira jamais à nous satisfaire. Nous continuerons d'étouffer les appels (ou les cris !) de nos aspirations les plus profondes par une occupation superficielle après l'autre.

ŒUVRE D'ART

Faire de sa vie une œuvre créatrice signifie bien plus qu'un passe-temps pour représentants de la classe moyenne. Il s'agit d'un grand défi lancé au système de classes hérité de nos origines européennes. L'écrivain irlandais William Butler Yeats prétendait qu'un homme se doit de choisir entre se perfectionner dans la vie ou dans le travail[1]. Un tel clivage – entre l'art et la vie familiale, entre ceux qui travaillent et ceux qui

---

1. « L'intellect de l'homme est forcé de choisir la Perfection dans la vie, ou dans le travail... » « *The Choice* » de W.B. Yeats, dans « *Selected Poems and Three Plays* », Éd. Macha L. Rosenthal (New York : Macmillan, 1962).

créent – ne peut plus exister. Nous sommes arrivés à un point, dans notre évolution sociale, où être l'artiste de notre propre destinée, où créer une existence authentique plutôt que de se conformer aux modèles établis, constituera un pré-requis essentiel afin de traverser ce siècle nouveau.

Chaque époque a produit ses tyrans. De nos jours, la tyrannie s'exprime par les rouages interconnectés des institutions qui contrôlent notre vie. Les mondes de la santé, des assurances et des banques, obnubilés par les notions de « sécurité » et de « futur », nous amènent à croire qu'il est impossible de transformer radicalement notre carrière et de vivre en fonction d'autre chose qu'un salaire. Comment la vie peut-elle être un « art à développer avec le plus grand soin », quand le système favorise le tout-cuit et la production de masse ?

Quand la patience aura remplacé le temps, nous pourrons renouer avec les rythmes de la nature et les rythmes de *notre* nature. Plutôt que de tendre vers l'extérieur pour dénicher un nouvel emploi, nous pouvons nous tourner vers notre source réelle – c'est-à-dire nous-même – afin de permettre à notre être authentique de remodeler un style de vie et un travail à notre image, les deux évoluant main dans la main.

Faire preuve de patience est probablement l'acte le plus courageux qui soit dans le monde d'aujourd'hui. Mais la patience est nécessaire quand nous comprenons que nous sommes, au fond, « notre propre destination ». Les individus qui vivent en fonction de cette affirmation sentent qu'il n'y a rien ni personne de plus grand à être que soi-même. Ils honorent leur essence et résistent aux assauts du doute, ce qui leur permet de manifester des formes de travail nourrissantes pour leur âme. Dès lors, l'art d'œuvrer devient un chemin. Il faut du courage pour emprunter cette route, et un engagement solide pour y demeurer. Plus nous sommes déterminés à rester vrais, plus nous grandissons en force. Le chemin devient alors notre manière d'être.

25

VOCATION ET AUTORÉFÉRENCE

Priver un être humain de son œuvre équivaut à le priver de sa dignité. Du même coup, on le dépouille du bonheur d'offrir sa profonde contribution à ceux qui l'entourent. Malheureusement, notre monde se trouve plongé jusqu'au cou dans ce bain. Notre modèle d'État providence ne soutient ni l'estime personnelle ni le potentiel créatif des individus. Il capitalise au contraire sur la « maladie du besoin sans fin ». En effet, la population n'a pas bien appris à développer son sens de l'enracinement et de l'autosuffisance. Elle ne connaît pas non plus la force que procure le sentiment d'être soutenu par une communauté. En général, le public craint la pénurie et panique à l'idée de perdre des emplois aux mains de l'immigration ou de la compétition étrangère. Une nation ira jusqu'à la guerre parce que son style de vie – dépendant des importations de combustibles fossiles – est menacé.

L'État providence sévit non seulement à l'endroit des pauvres et des démunis, mais aussi chez tous ceux d'entre nous qui sommes enchaînés par le 9 à 5. On nous appelle des « professionnels », nous croyons détenir une « vocation », mais en réalité, notre travail nourrit simplement l'appétit vorace de la productivité commerciale. Quand une compagnie dépense des millions de dollars pour une publicité sur la bière à l'occasion d'un match de football, nous savons que nous avons sombré dans l'absurdité. De fait, qui d'entre nous avons déjà inscrit « vente de bière » dans la liste des plus grandes choses à faire de notre vie ? En vérité, nous sommes séduits par les promesses de prospérité à venir et contrôlés par la peur du manque. Nous sommes aussi des démunis. Nous avons abandonné l'espoir de pouvoir façonner notre destinée. Au nom de nos comptes d'électricité, de téléphone, d'assurances et de télévision par câble, nous allons créer de grandes campagnes publicitaires pour de la bière, pousser un crayon et nous asseoir des heures durant devant un écran d'ordinateur. Nous allons *parquer* nos enfants dans des garderies, redouter les contacts significatifs avec nos voisins ou notre communauté et soumettre notre horloge biologique au cauchemar du 9 à 5. Soyons honnêtes. Nous avons souscrit à une vision du monde basée sur la survie et les distractions. Qu'avons-nous offert en échange ? Notre âme.

Bref, notre mode habituel de fonctionnement... ne fonctionne pas. Les grandes organisations impersonnelles qui gèrent la planète nous semblent d'un pouvoir absolu. C'est ce phénomène qui induit les sentiments d'impuissance et de passivité propres à la majorité des travailleurs. L'alternative à cette situation repose sur notre capacité à traverser nos zones de complaisance, de même qu'à surmonter notre désespoir – bien camouflé derrière nos multiples habitudes de consommation – et ce, afin de rétablir les bases spirituelles de l'action. En s'y employant, chaque individu renverse ses habitudes personnelles de surproduction et de surconsommation, transformant du même coup celles de la société. L'apathie et la propension à la tricherie pourront alors cesser d'éroder les bases d'intégrité qui sous-tendent notre vie au sein de la communauté des humains.

Le rôle de la profession est au cœur de notre culture. En tant qu'Occidentaux, notre héritage particulier en est un d'action. Nous sommes issus de traditions dont les valeurs sont centrées sur l'effort. Nous sommes « des hommes et des femmes de bonne volonté » et nous portons au fond de nous le besoin impérieux de l'exprimer. C'est dans la transformation de notre travail et de notre environnement de travail que nous pourrons nous transformer nous-mêmes.

L'application transformatrice de l'effort signifie davantage que l'exhortation d'Emerson à ce que chaque individu construise son propre monde[1], puisque le processus de manifestation est à la fois une entreprise individuelle et collective.

---

1.   Ralph Waldo Emerson, « *Nature* » dans « *Selected Writing of Ralph Waldo Emerson* », Éd. William H. Gilman (New York : New American Library, 1965), 36.

Oui, ce processus est individuel car afin de donner vie à ses aspirations, chaque être humain doit trouver le courage de vivre en fonction de son cœur et risquer la perte du faux sentiment de sécurité. Mais ce processus s'avère également collectif parce qu'il est impossible d'actualiser nos rêves sans la participation d'autrui.

Bâtir notre vie en collaboration avec les autres – en collaboration avec la Terre, également – constitue le but premier de ce que j'appelle l'approche anti-carrière. (J'utilise cette expression en fonction de tout ce que véhicule désormais le mot « carrière » comme la pression, le découragement ou les luttes de pouvoir.)

Jetons maintenant un coup d'œil sur certains modèles traditionnellement reliés au monde du travail. Regardons de près les croyances collectives qui sont devenues les fondements inconscients de nos possibilités professionnelles. Nous allons en examiner les textures et les qualités, en plus d'en observer les aspects émotifs. Cela nous permettra de devenir plus conscients des valeurs culturelles qui se sont cristallisées dans notre vie sous la forme d'attitudes et de convictions prédominantes. Ce sera notre premier pas vers le nouveau.

CONDAMNÉ AU TRAVAIL : « À LA SUEUR DE TON FRONT »

Le Jardin d'Eden, tel que dépeint dans la Genèse, brosse le portrait idyllique d'un monde encore pur où s'amuser était permis. La chute de la condition humaine entraîna ensuite l'obligation de racheter notre faute par un dur labeur. « Tu gagneras ton pain à la sueur de ton front », est-il écrit dans la Bible[1]. Ici, Dieu condamne l'homme à un maximum de travail et un minimum d'agréments. Le labeur fait partie de notre sentence journalière et vise l'obtention de notre pain quotidien,

1. Genèse 3 : 19.

28

autrement dit notre survie. La seule raison pour laquelle nous devons travailler s'appuie sur le fait que nous sommes bannis de notre monde originel. Plus nous travaillons dur – plus les conditions auxquelles nous nous soumettons sont pénibles – plus il devient possible d'expier notre état inhérent de pécheurs. Cette idéologie centrée sur la culpabilité fut le ferment d'innombrables structures au fil des siècles. Les religions comprirent très bien ceci : contaminez l'esprit du peuple par la mésestime personnelle, vous lui ferez alors croire que la souffrance est son lot et il travaillera jusqu'au trépas. Nous pouvons certes prétendre que l'époque des seigneurs et des serfs du Moyen-Âge est révolue ou que nous avons définitivement tourné le dos à l'esclavage, pourtant nous sommes toujours ce même petit peuple incapable de quitter la seigneurie, trop attachés que nous sommes à notre assurance-santé.

En réalité, la problématique n'est pas d'ordre théologique, à savoir si l'homme est une créature de péché ou non. Il convient plutôt de faire un lien entre notre impression d'incomplétude et la perception négative de qui nous sommes. Notre travail, dans sa forme actuelle, renforce continuellement notre manque d'estime personnelle. En réalité, l'estime de soi n'a pas à être déterminée par notre profession. Si vous ressentez le besoin d'occuper certaines fonctions afin de prouver votre valeur, vous conservez cet emploi pour les mauvaises raisons. Une femme qui avait quitté son emploi pour élever son enfant m'a déjà décrit le sentiment de peur qui s'était emparé d'elle à l'occasion d'un cocktail, au fur et à mesure qu'on lui demandait : « Que faites-vous dans la vie » ?, comme s'il fallait absolument être un professionnel pour se sentir digne de respect.

Si nous demeurons prisonnier de ces croyances ancestrales basées sur la culpabilité, notre travail ne se rapprochera jamais de l'exaltation. Plus nous luttons contre nous-même, plus nous nous condamnons nous-même à l'exil. Il suffit toutefois d'un léger changement de perspective pour que le mythe du Jardin d'Eden nous apparaisse soudain sous un jour beaucoup plus constructif. Oui, nous, de la race des humains, sommes des exilés de notre état d'innocence. En croquant la pomme, nous avons peut-être tenté de devenir autre chose que ce que nous sommes. L'expulsion du paradis terrestre représente néanmoins la première étape de notre transformation, de notre retour. Nous sommes ici pour transformer la terre et nous racheter par notre travail. Ainsi donc, notre travail a un but. Nous reconstruisons collectivement la route en direction du Ciel, c'est-à-dire du Royaume de notre vraie nature. Quand notre travail ne va pas dans le sens de la transformation – quand il n'est pas en congruence avec notre idéal intérieur – nous le subissons comme une condamnation. Nous nous dérobons lorsque les conditions nous paraissent trop difficiles et nous choisissons la loi du moindre effort, parce que nous ne croyons pas en ce que nous faisons. Il nous est également impossible de donner un sens plus large aux situations dans lesquelles nous nous trouvons. Par contre, quand nous sentons que notre travail est valorisant, la plus humble des tâches peut être accomplie avec le plus grand enthousiasme.

Que signifie « Gagner son pain à la sueur de son front » ? Devons-nous considérer cette phrase comme un mauvais sort jeté sur nous depuis la nuit des temps ou bien s'agit-il d'un effet de miroir reflétant un comportement que nous avons nous-mêmes entretenu ? Le travail doit-il correspondre à notre rejet du plaisir ? Devons-nous constamment faire acte de contrition afin de gagner notre Ciel ? Soit ! La vie en ce monde est temporaire et notre savoir, limité. En tant qu'humains, notre position est précaire. Mais la peur et la lâcheté sont-elles les réponses adéquates ? Il existe des solutions réelles, et la première étape en vue de casser l'équation « travail = condamnation » consiste à donner autant de valeur au travail d'une personne que nous en donnons à sa propre vie. Il est possible de transformer un bureau en un lieu sacré lorsque nous croyons passionnément en ce que nous faisons et que nous ressentons du respect pour les personnes ou les circonstances rencontrées. L'antidote à notre réflexe ancien voulant que nous agissions en rémission de nos péchés est la présence. Il nous faut être complètement vivant dans notre travail. Ce renversement intérieur pave la voie à la pleine conscience, à l'art de vivre délibérément plutôt que partiellement, ce qui, en bout de ligne, nous redirige vers l'Eden. Si nous maintenons la fin séparée des moyens, nous restons en-dehors du Jardin et prisonniers d'un monde où le travail est synonyme de corvée. La condamnation de l'Eden nous appartient en propre. Notre rédemption passe par un travail de renouveau et non par une peine à purger.

L'ÉTHIQUE PROTESTANTE : « QUE VEUX-TU ÊTRE QUAND TU SERAS GRAND » ? (SAUVÉ !)

D'une part, nous avons été conditionnés à croire que le travail correspond à une condamnation. La pensée religieuse protestante s'est construite sur cette prémisse. Elle a développé au fil des âges une obsession pour les vocations s'inscrivant dans la continuité de cette idéologie. Pour Calvin, le salut ne pouvait être promulgué que par «l'édit de Dieu». D'aucuns étaient destinés à la vie éternelle et d'autres, à la mort éternelle[1]. Ces propos provoquaient un tel sentiment d'anxiété chez les fidèles qu'il était nécessaire pour la religion de fournir des solutions de rechange. Ainsi naquirent les «vocations», une manière d'acheter son Ciel. Œuvrer dans le monde pour la « gloire de Dieu» ne pouvait pas nous garantir le salut, mais selon Max Weber, c'était tout de même bon signe. Cette conception de la vocation basée sur un sentiment de peur se cache subtilement derrière la fameuse question «Que veux-tu être quand tu seras grand ?». Si vous choisissez une profession

---

1.   Voir Max Weber, « *The Protestant Ethic and the Spirit of Capitalism* », traduit par Talcott Parsons (New York : Scribner's, 1980).

valorisée par la société, vous pourrez aspirer au Ciel. Si, par contre, vous n'arrivez pas à voir ce que vous deviendrez quand vous serez grand, vous êtes alors catégorisé comme inférieur.

Attention! Même le sentiment élevé d'avoir une mission dans la vie peut sournoisement relever du côté sombre de la politique du salut. Avez-vous déjà remarqué, par exemple, combien les missionnaires sont souvent des êtres ternes? La joie, la passion et le plaisir sont sacrifiés à l'autel d'un dur labeur, le tout dans le cadre d'un sacrement. Celui qui a ressenti «l'appel» se concentre tout à coup uniquement sur cet appel, aux dépends de tous et de tout[1].

Lorsque j'enseignais les philosophies orientales à l'Université Columbia, l'autobiographie de Gandhi constituait la pierre angulaire de notre cours. Sa vie et son travail étaient présentés aux étudiants en tant que modèles pour notre avenir collectif. J'enseignais cette matière depuis trois ans lorsqu'une étudiante leva la main et déclara: «Je ne comprends pas très bien pourquoi Gandhi nous est présenté comme un exemple à suivre. En tant que femme, je suis sensible à la façon dont une personne traite ses proches. Il s'agit en fait du critère le plus important pour moi lorsque j'évalue la qualité d'une personne. Et Gandhi, du moins dans cette œuvre, traite misérablement sa femme et ses enfants. Dois-je conclure que le rôle social d'un individu, pour autant qu'il soit joué avec brio, a préséance sur le reste»?

Je ne pus fournir aucune réponse valable à ce moment. Je fus forcé de réévaluer la pertinence d'imposer cette lecture dans le cours et aussi de réfléchir sur le sens caché du mot «mission», compte tenu des images héroïques que nous y

---

1. Voir Carlo Antoni, « *From History to Sociology : The Transition in German Historical Thinking* », traduit par Hayden V. White (Detroit, Mich.: Wayne State University Press, 1959 ; réimprimé, Westport, Conn.: Greenwood Press, 1977), 156-57.

associons. Lorsqu'on y regarde de plus près, les universités occidentales font preuve d'une certaine logique en faisant la promotion de Gandhi en tant que missionnaire de la moralité (de la même façon qu'Hollywood a couronné la biographie cinématographique de Gandhi à titre de meilleur film de l'année 1986), car son histoire renforce notre croyance en un salut à obtenir. La mission a primauté sur la personne, l'œuvre est plus importante que le foyer.

Chercher inconsciemment à gagner son Ciel renforce donc notre sentiment de sécurité. Ce comportement provoque ensuite le sempiternel questionnement : « Suis-je à la bonne place ? ». Une fois de plus, nous cherchons à obtenir l'approbation de l'extérieur. Comme le mentionne Alice Miller dans son livre *The Drama of the Gifted Child (NDLT : « Le Drame de l'enfant surdoué »)*, depuis notre plus tendre enfance, nous sommes encouragés à mettre notre enthousiasme en veilleuse afin d'obtenir l'approbation des autres. Ce conditionnement est renforcé par des systèmes scolaires qui étouffent la spontanéité. Sauf en de rares exceptions, le jeu disparaît graduellement avec l'âge ; en fait, notre esprit ludique lui-même se fane. Ainsi nous transformons-nous en une nation de partisans rivés à leur petit écran pour regarder un match où les joueurs sont payés et pendant lequel nous nous contentons de suivre le pointage.

LA MONTÉE DU CAPITALISME CORPORATIF : DES ÉCHECS AU MONOPOLY

Le fer de lance du paradigme moderne de la productivité fut sans contredit l'émergence des économies de marché qui rompirent avec les notions médiévales de hiérarchie. Dans le monde hiérarchique, chacun connaissait ses rôles social et professionnel. La vie était comme un jeu d'échecs et nous représentions l'une des pièces sur l'échiquier. Si nous restions bien à notre place, le salut nous était assuré. L'innovation était encouragée dans la mesure où elle ne posait aucune menace à l'ordre établi. Le sens profond d'appartenance à la communauté nous sécurisait.

Puis le tissu social médiéval céda graduellement la place à un système économique où la valeur de nos produits allait déterminer le rôle que nous pourrions jouer dans le monde. Le commerce à large échelle provoqua une expansion globale sans précédent. L'envers de la médaille serait dès lors l'exploitation coloniale et les abus du système de classes. La croissance économique et l'innovation technologique devinrent les nouveaux symboles mythologiques de notre besoin de progresser vers le Royaume de Dieu. Nous nous disions que les divers «sous-produits indésirables» de cette économie – par exemple l'exploitation de pans entiers de la société, la dictature du prolétariat ou les déchets radioactifs – finiraient par disparaître avec le temps. Chaque être humain serait riche de ces biens et services et ce serait le Ciel sur la Terre. Les capitalistes *tout comme* les socialistes adhérèrent au paradigme de la productivité. Au cours d'un récent voyage à Varsovie, je fus témoin d'une image illustrant parfaitement ce paradigme à la Scylla et Charybde. Sur l'une des artères principales de la ville, le spectacle était étonnant: d'un côté de la rue, se dressait un vieil édifice du parti communiste, orné de sculptures staliniennes représentant des travailleurs musclés forgeant quelque nouvelle pièce de machinerie; puis juste en face, de l'autre côté de la rue, étaient placardés des posters géants aux couleurs criardes mettant en scène des cow-boys Marlboro, flanqués d'énormes verres de Pepsi-Cola. De part et d'autre de la rue, toutes ces images promettaient les joies du Ciel sur la Terre. Bien qu'elles cherchèrent à libérer l'homme du joug de sa naissance et de la fatalité, ces idéologies contribuèrent à une certaine perte d'orientation au sein de l'ordre mythico-social. Deux guerres mondiales plus tard, les files d'attentes pour les dons de sang sont désormais remplacées par les files d'attentes à la banque, et ceux qui refusent carrément le nouveau système se lancent dans le «gourou-shopping».

Depuis la 2e Guerre mondiale – depuis Marx, Durkheim et Sartre –, la culture occidentale nous a tout offert sur un plateau d'argent; tout sauf la stabilité et la sécurité. Qu'à cela ne tienne! Notre bon vieux système monolithique continue de mettre sur le marché de plus en plus de produits, comme si les objets matériels représentaient la panacée dont nous avions besoin pour transcender notre angoisse profonde.

Le «toujours plus» a peut-être fourni de bons résultats à l'époque où le monde entrait dans sa modernité. Aujourd'hui, toutefois, la productivité a outrepassé les limites de l'utilité. Pour employer une symbolique médicale, nous pourrions comparer le PIB (Produit Intérieur Brut) à un cancer, dont la croissance est chaotique et sans restriction. Je ne prône nullement un retour vers l'arrière. Je désire simplement faire valoir que «toujours plus» ne signifie pas «toujours mieux». À mon avis, le mot «valeur» doit désormais dépasser le sens économique qu'on peut lui accorder. Avons-nous réellement besoin de nouvelles marques de boissons gazeuses, de dentifrices ou de voitures? Nous faut-il même davantage d'emplois? N'aurions-nous pas plutôt besoin de profondeur, d'une vie qui peut se développer comme une œuvre d'art, avec tout ce qu'il faut de dévouement, de compassion et d'application soignée? Il n'y a rien de mal ni de négatif dans le concept même de productivité, mais lorsque ce modèle n'est pas appliqué avec justesse, lorsque nous tentons de nourrir notre âme avec des objets matériels, nous en subissons les conséquences.

La société hiérarchisée suscitait la rigidité. Les possibilités créatrices s'en trouvaient grandement diminuées. Les conséquences du paradigme de la productivité risquent cependant d'être plus graves. Notre modèle de productivité reflète trop bien le mythe masculin de la puissance basé sur l'importance du volume. Lorsqu'on évolue en fonction de cette énergie, il faut sans cesse prouver sa puissance vis-à-vis soi-même et les autres. C'est de cette façon que le modèle guerrier s'est retrouvé transposé au cœur du monde économique.

La promesse préférée des politiciens contemporains est de créer davantage d'emplois, comme si nous obtenir un boulot allait régler le sort du monde. Entendons-nous bien : les fourmis, les castors et les ânes ont un boulot. Créer un boulot pour chaque membre de la société ne constitue pas une réussite si ces emplois sont dépourvus de sens. Au moment où l'économie industrielle prenait son envol, la productivité a pu générer un certain sentiment d'héroïsme. Les sociétés industrielles adolescentes doivent maintenant passer à l'âge adulte et adopter une nouvelle vision de la grandeur. Il en va de la survie de notre espèce.

DE LA PRODUCTIVITÉ À LA CRÉATIVITÉ : LES TRÉSORS DE LA CRÉATION

Afin de nous libérer du syndrome de la consommation, – afin de transformer une nation d'accros de la télé croulant sous leurs dettes – il est devenu primordial de nous entendre sur un ensemble de valeurs de base. Il nous faut comprendre et exprimer notre besoin fondamental de vivre pour quelque chose de plus grand que le matériel. Il est nécessaire de nous rallier autour du fait que la vie nous offre tout ce dont nous avons besoin pour devenir des êtres intégrés et vivre selon nos convictions.

La tâche primordiale consistant à orienter un individu vers sa profession ne se fera donc pas à partir de tests d'aptitudes qui le dirigeraient tout droit vers son rôle de «producteur/consommateur bien rangé». Chaque être humain a fondamentalement besoin d'une activité «anti-carrière», un travail qui l'affranchira des obligations inutiles, des distractions superficielles, ainsi que du besoin impérieux d'approbation. Chaque être humain doit pouvoir entrer pleinement dans la dynamique de co-création. Notre œuvre devient sacrée quand nous croyons en ce que nous faisons. Faire du bon travail comporte ses propres récompenses. Lorsque nous éprouvons un sentiment d'intégrité et de fierté dans l'action, – non pas dans la comparaison avec l'autre, mais d'un point de vue personnel – nous ne ressentons pas la fatigue et notre énergie se renouvelle.

Le présent ouvrage suggère donc la possibilité et le défi suivants : développer en nous le courage et la sagesse nécessaires afin de faire de notre vie une œuvre en accord avec notre unicité et notre nature profonde.

2

Le créatif et la victime :
Deux modes de manifestation

*L*e monde des manifestations est normalement observé en
fonction de ses polarités Est et Ouest. L'Orient est généralement associé à la soumission de la volonté et au dévouement
à la réalité intérieure, tandis que l'Occident préconise le développement de la volonté et l'imposition de son pouvoir sur la
réalité extérieure. L'Occident est comparé à un aveugle,
l'Orient à un boiteux. L'un peut marcher, l'autre peut voir,
mais pour être réellement complets, ils ont besoin l'un de
l'autre. Il est également possible d'envisager l'Orient et l'Occident comme faisant partie de notre expérience intérieure.
Nous possédons en effet deux pôles, et c'est la réconciliation
entre ces deux aspects de notre être qui nous permettra de
trouver notre juste place.

Afin de mieux préparer notre terrain « anti-carrière », il
serait utile, à ce stade-ci, d'examiner quelques impasses professionnelles courantes. En tête de liste, figurent les nombreux
travailleurs ayant patiemment gravi les échelons du monde
corporatif pour réaliser, comme le dit si bien Steven Covey,
que « le sommet de l'échelle était appuyé sur le mauvais édifice »[1]. On retrouve ensuite le cas classique des professionnels

---

1. Steven R.Covey, « *The Seven Habits of Highly Effective People* » (New York :
Simon and Schuster, 1989).

de la santé en *burn-out*, épuisés d'avoir trop voulu aider les autres. Un autre prototype connu est celui de la personne s'étant consacrée à de longues études sur un sujet très pointu et qui, au bout du compte, ne trouve aucun débouché approprié. Finalement, il y a tous ces adultes qui ne se sont jamais engagés à fond sur le plan de la carrière avant la naissance de leur premier enfant.

Croyez-vous qu'il soit nécessaire pour ces personnes de porter un masque et de compromettre leurs plus grandes passions afin de s'ajuster au marché de l'emploi et survivre ? Plusieurs seraient tentés de répliquer avec l'argument suivant : « Faites simplement ce que vous aimez et l'argent viendra ». Que se passera-t-il si l'argent vient effectivement, mais pas suffisamment pour assurer les nécessités de base ? Et que ferez-vous si vous n'avez aucune espèce d'idée de la place que vous aimeriez occuper dans la vie ? Face à ces questions primordiales, il importe de comprendre les forces dynamiques de la co-création. Les systèmes économique et social qui nous semblent contrôler notre vie sont en fait régis par des lois beaucoup plus profondes qu'on le pense. Il nous faut d'abord intégrer ces lois de façon à ce qu'elles puissent contribuer à la pleine expression de nous-même dans notre travail.

Il existe plusieurs façons d'aborder le fonctionnement des forces dynamiques de la co-création, mais dans un souci de clarté, je vais diviser ces forces en deux courants distincts. Le premier est celui de la victime : victime de mise à pied, de l'économie, de la société, de la famille, du manque d'éducation... la liste pourrait s'allonger indéfiniment. Le second courant est celui du créatif qui mène son existence de telle sorte que le monde s'organise autour de sa vision et que cette vision continue de grandir[1].

---

1. Je dois cette idée à mon ami et collègue Ron Young qui formula le premier cette conception de la dynamique influençant le développement d'une carrière.

Il n'est pas facile de suivre ce dernier chemin. Il faut en effet une bonne dose de courage pour vivre avec authenticité, ainsi qu'un sens profond de l'engagement pour pouvoir garder le cap. Tous les efforts que vous investirez en ce sens permettront toutefois le déploiement de lois subtiles qui, je vous l'assure, sont aussi réelles que le mouvement des indices boursiers. Cette énergie en mouvement est tout simplement d'une autre nature. Nous pouvons tous puiser à même ce courant intrinsèque et travailler avec lui dans la manifestation d'une réalité extérieure correspondant aux lois intérieures de notre être profond. Plus nous développerons ce potentiel, plus nous parviendrons à dissoudre la tension qui règne entre les univers économique et spirituel, puisque c'est notre acharnement à les considérer comme séparés qui a créé tant de désordre autour de nous et en nous. Voilà ce que le Bouddha entendait par la «loi du juste milieu».

Posez vous maintenant les questions suivantes: «Qu'est-ce qui convient à ma vie? Qu'y a-t-il à être vécu? Quel est mon dharma, la loi de mon existence?». Il est naturel et primordial de passer par ce questionnement, mais n'oubliez pas que les réponses ont toutes les chances d'être mieux comprises par le biais de l'expérience vécue. Les réponses à ce type de question ne vous apparaîtront pas d'un coup de baguette magique ou dans un grand moment de révélation. En fait, elles vous seront dévoilées en fonction de votre détermination féroce à découvrir la vérité toute nue sur vous-même et sur l'existence.

L'approche «anti-carrière» nous propose donc d'aller au-delà du simple énoncé de mission. Bien sûr, il est possible de se forger un idéal de vie plus ou moins naïf. Un idéal qui sera soumis aux nombreuses fluctuations de vos émotions ou subtilement influencé par votre participation à un courant mystique quelconque. Beaucoup de confusion peut régner dans l'élaboration de notre vision, car ce processus n'est pas exclusivement un phénomène individuel. Sachez que personne ne peut nourrir une vision d'avenir sans qu'elle soit influencée par les formes et le langage collectifs. En fait, pour être plus précis, ces deux outils viendront appuyer l'actualisation de votre vision. À partir du moment où nous parlons d'entretenir une vision d'avenir, il nous faut considérer toute la question de la relation avec l'extérieur – comment, où et pourquoi nous insérons-nous dans tel ou tel milieu. Une vision qui porte fruit se doit d'être cultivée. Il faut en prendre soin un peu comme un jardin qu'on élabore, qu'on nourrit et qu'on désherbe au besoin. De cette façon, la vision que l'on porte en soi peut croître de la façon la plus naturelle qui soit.

Comment pouvez-vous vous engager sur le chemin de la créativité ? En apprenant d'abord à distinguer clairement la « conscience-victime » de la « conscience-créatrice ». Une fois que cela sera fait, vous pourrez ouvrir les vannes de l'inspiration et de l'expérience visionnaire à profusion. L'être créatif n'est pas envahi ou dépassé par ses visions ou par toute autre forme d'expériences intérieures. Il apprend à travailler avec elles. L'être créatif n'a pas besoin d'aborder la vie à travers le prisme d'une quelconque discipline. Il y parvient plutôt par autoréférence et par la souveraineté intérieure.

ACCÈS CRÉATIF À LA SAGESSE INTÉRIEURE

Un être créatif ne remet pas son pouvoir entre les mains d'un quelconque « expert » (gourou, coach professionnel, consultant financier, etc.) prétendant lui donner accès au monde intérieur. Notre sagesse et notre intuition sont des attributs qui nous appartiennent à 100 %. Nous y avons tous droit. Pour rouvrir cette porte, il nous faut toutefois en retrouver la clef. Pour plusieurs d'entre nous, en effet, le problème est que cette clef nous a été enlevée durant notre enfance, lorsqu'on nous a dit que notre monde imaginaire n'était pas réel. Conséquemment, on nous a conditionnés à croire que l'imagination est inférieure à la conceptualisation. Il n'y avait pourtant rien de plus faux. Ce qui a résulté de cette erreur, c'est un conditionnement de masse par le biais d'une imagerie collective déguisée en faits. Nous entendons parler de récession et de chute du dollar, nous tremblons à l'idée de payer davantage d'impôts, nous craignons l'instauration d'un nouveau système d'assurance-santé qui pourrait affecter notre budget. Une réponse créatrice à la chute du dollar pourrait être, par exemple, de considérer que même durant la Grande dépression, certaines personnes ont réussi à amasser des millions de dollars. L'on pourrait aussi se rappeler qu'en vertu des lois de la nature, le mouvement inverse de l'adversité est l'opportunité. En résumé, être créatif signifie se libérer des conditionnements collectifs et explorer la vraie réalité, tangible et fertile, de notre existence.

L'acceptation généralisée du paradigme de la productivité va de paire avec l'inhibition des individus vis-à-vis leur propre pouvoir d'imagination. Pour plusieurs, par exemple, les longues promenades pour rêver et laisser mûrir leur vision, représente une perte totale de «temps productif». Au lieu d'être rompus aux possibilités et aux vertus de l'imagination, nous sommes encouragés à nous laisser drainer par la télévision. La dimension visionnaire de l'expérience humaine est essentielle. Pourtant, lorsque dévalorisée, cette dimension se retrouve diluée et «distraite, de distraction en distraction», comme l'avait déjà constaté T.S. Eliot[1].

Précisons néanmoins que la pensée conceptuelle, de même que l'imagination, ont toute deux leur importance. Chacune d'elle permet à l'esprit d'aborder la réalité. Elles peuvent être utilisées de façon complémentaire plutôt qu'en opposition. Dans les prochaines pages, nous allons explorer différentes facettes du monde de l'imagination. Nous explorerons également divers moyens d'accéder à l'imagination afin de mieux conceptualiser nos rêves, forger un plan et entrer en action. Vous devrez accepter de lâcher prise sur vos croyances habituelles de façon à pouvoir offrir une réponse créative à

---

1. T.S. Eliot, «*Burnt Norton*» dans «*Four Quartets*» (New York : Harcourt, Brace, and World, 1943).

l'information reçue. Nous pouvons résumer ce procédé par l'anagramme FIER. Il faut être fier et se tenir debout sur le chemin de l'intériorité. En effet, nous devons faire preuve de Foi, avoir le sens de l'Investigation et savoir Écouter pour parvenir à la Réalisation de notre œuvre.

Foi : L'Énergie de base

La foi joue un rôle central dans l'approche «anti-carrière». Elle en est l'énergie de base. Ici, la foi est vue comme étant tout simplement la confiance en la vie. Lorsque ce sentiment est vécu d'une manière profonde, nous ressentons que tout est pour le mieux et nous laissons les choses être telles qu'elles sont. Plusieurs d'entre nous avons reçu des messages déroutants en provenance de nos parents, des gouvernements, des campagnes publicitaires, etc. Nous sommes devenus cyniques face au monde et conséquemment, nous avons perdu notre capacité à être confiant. Puisque nous avons développé de la timidité, nous sommes également hésitants lorsque vient le moment d'articuler les premières images nous venant à l'esprit. Parfois, notre spontanéité se manifeste seulement lorsque nous avons bu un verre ou deux ; ou alors nous sommes réticents quant à certains types d'expériences intérieures telles que les rêves, l'intuition ou les émotions pouvant enrichir notre vie. Si vous y êtes disposé, il est possible de réveiller ces zones endormies. Plutôt que de condamner ceux qui vous ont appris à ne plus avoir foi en la vie, vous pouvez restaurer votre confiance en entrant en contact avec votre blessure de trahison, en apprenant à pardonner et en vous ouvrant de plus en plus au processus fondamental selon lequel la vie se renouvelle sans cesse. Votre foi ne tiendra pas le coup si elle demeure au niveau conceptuel. Elle doit pénétrer au cœur même de vos configurations psychique et comportementale, jusqu'à ce que vous sentiez bien le courant de la vie agissant à l'intérieur de vous. Cette façon d'être en confiance est essentielle sur le chemin de l'intériorisation. Autrement, vous serez tenté de manipuler les phénomènes intérieurs, de créer de la distorsion par rapport à vos rêves, et lorsque les véritables impulsions se manifesteront, vous ne saurez pas s'il faudra les croire. Votre règle de base sera de faire confiance en tout ce qui émergera (ceci est particulièrement vrai dans le cadre des méditations guidées proposées dans les prochaines pages), puis de faire preuve d'honnêteté et de clarté. Si, au cours d'une méditation en groupe, quelqu'un voit, par exemple, des anges et que vous avez vu un pain de viande, aussi incongru que cela puisse paraître (et ceci est en fait arrivé à quelqu'un que je connais), il s'agit de l'image avec laquelle vous devrez travailler. Cette image est celle que votre conscience vous présente. Plus vous êtes ouvert à l'idée de travailler avec la réalité non-déformée, plus l'inconscient reçoit un renforcement positif, l'encourageant à vous révéler la vérité. Ceci indiquera de surcroît que vous êtes prêt à entrer dans le vif du sujet. Selon Eric Erikson, alterner entre confiance et méfiance constitue le défi principal de la petite enfance[1]. À mesure que vous avancerez en direction d'une carrière basée sur l'authenticité, plusieurs d'entre vous serez confrontés au besoin de retrouver la confiance que vous aviez jadis en vous et envers les autres. Une démarche thérapeutique en ce sens peut s'avérer très utile, voire même nécessaire si vous voulez devenir de plus en plus fonctionnel. Dans l'expérience méditative, votre niveau de confiance sera clairement illustré par votre façon de respirer. Jusqu'à quel point êtes-vous prêt à laisser le souffle de vie agir en vous, vous guérir et vous façonner ? Comprimez-vous votre respiration ? Essayez-vous de la contrôler ? L'empêchez-vous d'atteindre votre bas-ventre ? Chaque jour, il vous est possible d'approfondir votre niveau de confiance universelle en permettant au souffle d'atteindre votre seuil, c'est-à-dire cet endroit à l'intérieur de vous qui se retient, qui s'agrippe bien fort. Rencontrez cette rigidité et puis lâchez

---

1. Erik H. Erikson, « *Childhood ans Society* » (New York : W.W. Norton, 1963).

prise, juste un peu. Chaque jour, vous pouvez vous entraîner à respirer un peu mieux, tout en lâchant prise un peu plus.

Investigation : Savoir demander

Cette directive peut sembler toute simple, mais elle requiert certaines précisions. «Demander», dans le sens où nous l'entendons ici, implique un esprit de découverte et d'investigation plutôt qu'une propension à la suffisance. Lorsqu'il voit ses questions rejetées les unes après les autres, l'enfant/adulte se recroqueville au creux du moule de la résignation jusqu'à qu'il soit pratiquement impossible de ranimer son esprit de découverte. La victime apprend à ne pas trop demander, de peur de déranger. Par ailleurs, derrière la façade des victimes qui cherchent à imposer le respect par leur suffisance, se cache toujours le désespoir.

Demander requiert un certain état d'éveil. Nous ne parlons pas ici d'un questionnement qui flatterait seulement l'ego intellectuel. Il s'agit plutôt de poser des questions nous permettant d'accéder à nos incohérences. Nous travaillons avec nos doutes et nos questionnements, et nous grandissons à travers nos résistances. Les carrières créatives grandissent non pas lorsque nous naviguons en eaux sûres, mais lorsque nous sommes prêts à manœuvrer en eaux troubles.

L'esprit d'investigation implique qu'en présence d'une énergie dérangeante, – que cette énergie soit en nous, en interaction avec une autre personne ou provoquée par les circonstances extérieures – nous en interrogions les divers aspects, sa texture et le message qu'elle véhicule. Les conférences de presse et les entrevues journalistiques se déroulent rarement dans un esprit de découverte. Les questions des journalistes sont influencées par des objectifs prédéterminés, comme le besoin de vendre le produit. Si vous allez trop vite dans une direction, vous ne disposez ni de l'énergie ni du temps requis pour investiguer. De plus, l'esprit de découverte et d'investigation peut paraître dangereux aux yeux de ceux qui fonctionnent à partir de doctrines bien ancrées. Plus souvent qu'autrement, un questionnement persistant perturbe notre petit univers constitué de notions préconçues. Cela suppose des remises en question, et nous craignons de ne pas disposer de l'énergie suffisante pour y parvenir. Les enfants possèdent naturellement le sens de la découverte et de l'investigation. Malheureusement, on leur commande trop souvent de rester tranquille et de cesser de demander «Pourquoi»?. En demandant, vous levez le barrage obstruant l'énergie qui circule en vous. Vous accédez alors à une nouvelle manière d'être axée sur la communication, la sincérité et la connexion avec vous-même et les autres.

L'esprit d'investigation n'est pas exclusivement rattaché au mode question/réponse. En fait, il faut repousser la tentation de résoudre les problèmes par des réponses fermées. La victime dira: «Ma vie/ma carrière est un problème et il me faut trouver une solution». Une telle manière de penser vous maintient dans la croyance que votre vie est un problème irrésolu. Vous vous retrouvez alors comme le hamster qui n'a de cesse de faire tourner sa roue.

Il existe de nombreuses façons d'investiguer. Vous pouvez vous adresser à l'univers, par exemple. Rendez-vous dans un lieu sacré, un endroit qui a du sens pour vous, puis interrogez les nuages, les arbres ou Dieu sur ce qui est réellement urgent dans votre vie. Demandez à partir de votre cœur et de «vos tripes», non pas en suppliant, mais en faisant appel à votre désir brûlant et profond de comprendre. Demandez et l'énergie se mettra en branle. Sachez cependant que la réponse de l'univers pourrait bien être différente de ce à quoi vous vous attendez, car cette manière de demander ouvre l'éventail des possibilités sur de nouvelles avenues et non sur des solutions toutes faites.

Partagez votre démarche d'investigation avec une autre personne. Il s'agit d'une pratique très bénéfique. Malheureusement, l'orgueil ou le manque d'estime de nous-même freinent souvent notre élan. Les bases du *counseling* reposent sur le fait que lorsqu'un individu se confie à un autre, de nouvelles possibilités peuvent soudainement lui apparaître. Demander à l'autre ne signifie pas se placer en position d'être jugé (ce genre d'équation est d'ailleurs propre au comportement de la victime). Il s'agit plutôt d'être disposé à partager votre chemin de vie en toute bonne foi, sans dépendre de l'autre et en sachant que le partage peut générer une puissante énergie interactive. Souvent, nous espérons que notre réponse tombe du ciel alors que ce cadeau nous est offert à travers la présence d'une autre personne.

En définitive, il y a une personne sur laquelle vous pourrez toujours compter pour maintenir votre sens de l'investigation bien alerte, et c'est vous. « Quel est mon sentiment véritable par rapport à ce projet ? Ai-je vraiment envie d'aller travailler ce matin ? Pourquoi suis-je en train de résister devant cette situation ? ». Votre questionnement n'a pas nécessairement besoin d'être verbal. Il s'agit en fait de vous habituer à maintenir une attention constante par rapport à ce qui se passe en vous et dans votre environnement.

Écoute : Être ouvert au changement

L'investigation ne va pas sans l'écoute. En fait, la méditation n'est rien de plus qu'une écoute profonde. Écouter, c'est savoir reconnaître les possibilités nouvelles. Lorsque vous agissez en victime, vous n'écoutez pas. Vous prévoyez déjà les réponses habituelles à vos demandes et refusez tacitement de briser vos vieux moules. La réponse créative, quant à elle, vous place dans une attitude de réceptivité active, le message ou l'opportunité à venir pouvant provenir de la source la plus inattendue.

Investiguer procède de la polarité active, qui ouvre les énergies ; écouter relève de la polarité réceptive, permettant à ces nouvelles énergies de se mettre en place. L'écoute est reliée à la sensibilité. Les messages peuvent vous être transmis aussi bien par le biais de votre corps, de la terre, de vos états d'âme, de vos rêves ou de vos réactions face aux autres. Être à l'écoute, c'est établir un dialogue avec les êtres ou les événements qui sont placés sur votre route. Nous considérons généralement nos cinq sens – vue, ouïe, goût, odorat et toucher – comme des entités séparées. Cependant, plus nous approfondissons notre écoute, plus nous avons la chance de découvrir en nous un espace où les sens convergent, un espace où, par exemple, voir, c'est entendre.

Être véritablement à l'écoute exige également de remettre en question notre habitude à faire le tri entre ce qui est important et ce qui ne l'est pas. Dans les années 50, le poète indien Sharad Chandra entreprit un pèlerinage afin de rencontrer Nirala «l'Étrange». Cet homme était, à l'époque, considéré comme le plus grand poète indien encore vivant, mais aussi comme un être un peu fou. Nirala vivait seul et s'ouvrait rarement aux autres. Déterminé à tout mettre en œuvre pour lui parler, Sharad Chandra accosta finalement Nirala sur la route, au moment où il sortait de chez-lui. «Que voulez-vous»?, s'écria Nirala. «Je voulais simplement obtenir une audience», répondit Sharad. «Si vous désirez me voir, répliqua Nirala, il vous faudra voir tout et tous.»

Écouter requiert un entraînement constant afin de maintenir la souplesse et la sensibilité de votre attention, pour qu'une voix puisse se faire entendre par l'entremise d'autres êtres humains ou de la nature. Lorsqu'un chasseur traque un animal, il plaque son oreille contre le sol et tente de percevoir les vibrations au loin. L'écoute est un acte d'humilité. Le mot humilité tire ses racines du mot «humus». Cela signifie que l'on ne se tient pas la tête dans les nuages mais au ras du sol, nous inclinant bien bas pour être en mesure de percevoir les vibrations transmises par la terre.

Se Réaliser : Le pouvoir de l'action

Peu importe la valeur de vos expériences intérieures, si vous n'arrivez pas à éliminer le clivage qui sépare la pensée de l'action, elles ne seront jamais plus que des expériences intérieures. La personne créatrice ne se complait pas dans le passé. Elle se meut dans l'action. L'action vient compléter le mouvement circulaire et pousse le subconscient à divulguer de l'information nouvelle quand il voit que ces informations sont prises en compte et utilisées à bon escient. Vous vous réalisez quand vous parvenez à enraciner votre intuition et à établir un mouvement interactif entre les mondes intérieur et extérieur. La planète regorge de métaphysiciens de salon qui y resteront confinés parce qu'incapables d'incarner leur message. Le seul enseignement pouvant agir sur vous – et donc, le seul qui puisse justifier une carrière – est celui qui s'est incarné. Le psychanalyste jungien Robert Johnson applique ce principe dans son travail dans le domaine des rêves. Chaque fois qu'il fait un rêve significatif et qu'il tente d'en comprendre la signification, il pose un geste dans le monde physique afin de commémorer ce message onirique[1]. Cela constitue un exemple d'enracinement des messages intérieurs permettant la manifestation extérieure. Pour passer du rêve à la réalité, il faut avoir le courage de tester vos rêves sur le terrain. La seule manière de procéder consiste à les soumettre au feu de l'action. C'est seulement par un processus d'essai/erreur que de nouvelles informations vous seront livrées à travers vos rêves et que les mondes intérieur et extérieur commenceront à travailler main dans la main.

HARMONISER TRAVAIL ET QUOTIDIEN

La sémiologie, c'est-à-dire l'étude des systèmes symboliques, nous enseigne que le sens d'une chose donnée existe au

---

1. Robert Johnson, « *Inner Work* » (San Francisco : HarperSanFrancisco, 1989). Cette déclaration en particulier fut faite lors d'une conférence prononcée à la *Wainwright House* de Rye, New York, 1990.

sein d'un processus plus large ; autrement dit, cette chose n'est pas isolée du reste. Envisager le travail comme étant dénué de sens et séparé de notre quotidien est typique de la vision fragmentée des choses qui se répand de plus en plus dans le monde. La pensée patriarcale – et même celle qui prévalait au Moyen-Âge – a tendance à dévaluer la vie de tous les jours, tout en surestimant l'importance de la profession. Les nombreux efforts déployés par l'humain pour remplacer les sentiments d'enracinement, de fraternité et de pouvoir visionnaire par le travail et la loyauté vis-à-vis l'entreprise (ou même vis-à-vis un groupe spirituel), sont autant d'efforts en vue de nous réaliser artificiellement, d'un idéal d'amélioration ou de croissance personnelle à l'autre. Le succès dans un lieu de travail peut faire partie du chemin spirituel mais il ne peut le remplacer.

C'est cette manière de penser qui conduit à l'illusion d'une économie soutenue pas les seules lois humaines, comme si notre bien-être pouvait être séparé de celui des règnes minéral, végétal et animal. Notre parti pris culturel en faveur de la carrière et de l'individualité, au détriment de notre foyer et de nos racines, ressort tristement dans l'astrologie populaire américaine. Si vous choisissez au hasard dix volumes consacrés à l'horoscope de l'année, vous constaterez combien l'accent est mis sur le milieu du ciel. La plus grande importance est donnée à la dixième maison (aussi appelée « milieu du ciel ») qui symbolise la carrière et le statut social. De son côté, la quatrième maison (ou « fond du ciel ») représente le foyer, les racines, l'intériorité. Contrairement à la dixième maison, elle n'est que rarement mentionnée dans les horoscopes populaires. Notre regard reste rivé sur la carrière en tant que baromètre de notre qualité de vie, alors que rien dans notre expérience empirique ne le justifie. C'est la fâcheuse position dans laquelle nous nous trouvons. Nous tentons inlassablement de construire un pont vers le ciel sans réfléchir au pourquoi de notre démarche et sans nous demander dans quelle direction nous allons.

Si nous posions honnêtement la question « Pourquoi » ?, ou mieux encore, si nous observions réellement notre style de vie, – la hâte, la course constante, la dévalorisation de classes entières de la société, le manque d'ouverture vis-à-vis le monde qui nous entoure – il nous faudrait faire face au vide effroyable que nous tentons de camoufler derrière l'économie, la productivité et la politique. Si nous voulons nous réaliser dans le travail, il nous faut avoir le courage de remettre en question le statu quo et nous engager à devenir réellement sains. Être sain signifie être juste envers le monde, envers ses différents peuples, ses créatures, ses rythmes. Personne d'autre ne pourra le faire à notre place. Notre nature, notre essence à chacun d'entre nous, est unique. Effectuer un retour vers cette essence, c'est revenir à l'équilibre intérieur, lequel constitue le fondement même d'une carrière vraie.

3

Première étape :
L'abondance ou la base du pouvoir

L'un des mécanismes culturels de négation les plus répandus chez-nous se cache derrière cette idée récurrente : J'ai/Je suis « le meilleur ». Notre vocabulaire, nos campagnes publicitaires et nos slogans politiques tournent constamment autour de ce concept. On n'a qu'à songer aux leaders de notre pays ou bien aux héros que nous transformons en poupées pour nos enfants et dont nous imprimons l'image sur nos boîtes de céréales. Chacun de ces personnages affiche une assurance sans borne, mais si l'on pouvait gratter l'épaisse couche de vernis qui les recouvre, on verrait poindre sur leur visage le même sentiment prédominant : *Il me manque quelque chose.* Peu importe ce que possède un individu, ce n'est jamais vraiment suffisant. Si nous faisons le parallèle avec notre vie professionnelle, nous sommes en vérité comme des alcooliques, soûlés par nos stratégies et mécanismes de négation. Un jour ou l'autre, nous devrons sortir de cette spirale descendante ou bien ce seront les lois de l'économie qui le feront pour nous. Dans la démarche de guérison élaborée par les Alcooliques Anonymes, le premier pas significatif d'un individu consiste à admettre son problème. De la même façon, nous devons mettre fin à la négation et reconnaître que nos vies professionnelles sont devenues ingérables. Que nous soyons installé dans un fauteuil de PDG ou sur le siège d'un chauffeur d'autobus, nous entretenons un consensus généralisé selon lequel des forces incontrôlables créent en nous de la fatigue, des sentiments d'incertitude, de frustration latente et de découragement, nous faisant croire qu'il est normal de redouter les lundis matin.

Pour mieux illustrer ce phénomène, je me réfère souvent à une interview donnée par l'humoriste Sam Kinison dont les monologues sont connus pour s'attaquer sans ménagement aux Japonais, Iraniens, homosexuels et autres souffre-douleur de la société américaine. Lorsqu'on lui demanda d'expliquer la grande popularité de son cynisme, Kinison répondit que désormais, le public sait qu'il n'accédera jamais au rêve américain. Son style humoristique entre en résonance avec cette frustration commune, laquelle est projetée sur les groupes sociaux considérés comme étant déjà en-dehors du « rêve ». En se moquant de ces gens, Kinison fait écho à la douleur ressentie par le public, mais d'une manière moins dérangeante (et non-transformatrice, faut-il le spécifier). Voici où se trouve la clef pour la création d'un travail authentique dans votre vie : il vous faut stopper la fièvre du « je veux être quelqu'un d'autre/je veux être ailleurs » ; vous devez rabattre les masques répétant que « tout va bien » ou que « ces gens nous gâchent l'existence » et accepter de regarder la situation bien en face.

Cette course éperdue que nous considérons « normale » et les mille et une raisons que nous invoquons pour refuser de voir nos trois milliards de dollars de dette nationale signalent de façon criante notre pauvreté intérieure. Ce type de pauvreté n'est pas visible aux yeux des économistes, mais nous sommes bien forcés d'admettre qu'elle est devenue beaucoup trop familière. Cette pauvreté mine les familles dont le quotidien est marqué par une frustrante inertie ; elle nuit aux amitiés qui changent en fonction des lois du marché ; elle sévit au sein des associations professionnelles où les querelles internes sont à peu près les seuls événements donnant aux gens le sentiment d'être vivant. Derrière la façade que nous projetons vers l'extérieur, plusieurs d'entre nous – pour ne pas dire la majorité – ressentons réellement une forme de pauvreté. Nous savons qu'il nous manque quelque chose. «Mon nez est trop gros...», «Je n'ai pas reçu assez d'instruction...», «J'ai épousé la mauvaise personne...». Notre société souffre-t-elle d'un manque d'estime personnelle si grand qu'elle se sent obligée de vivre derrière des masques? Le masque du cow-boy fort et sûr de lui cacherait-il par hasard un sentiment de complète impuissance face à la vie? Pourquoi pensons-nous constamment que nous n'avons pas réussi? À côté de quoi sommes-nous donc passés?

Un collègue de travail, qui voyage à l'étranger de six à neuf mois par année, m'a déjà fait remarquer que chaque fois qu'il rentre aux États-Unis, il est toujours renversé par notre rythme de vie frénétique, comme si ce mouvement incessant nous procurait un certain sentiment de satisfaction. Au-delà de cette course folle, nous remettons-nous en question? Doutons-nous, en tant que société, de la direction que nous avons prise? Remettons-nous en cause nos propres fondements métaphysiques ou bien poursuivons-nous notre manège pour éviter, justement, de reconnaître que nous doutons, au fond de nous-mêmes?

L'ACCUEIL : LA SOURCE RÉELLE DU POUVOIR

Entrons maintenant dans la description de notre véritable source d'énergie. Il s'agit d'un point par lequel nous sommes mis en contact avec la terre. C'est pourquoi nous pouvons aussi considérer cet espace comme l'équivalent de nos racines. Il importe que nous nous établissions fermement dans ce centre énergétique pour pouvoir jeter les bases d'une carrière empreinte de force et d'authenticité. Ces racines, situées à l'intérieur de notre corps, sont parfois appelées « premier chakra ». Il convient ici d'apporter quelques précisions sur ce terme emprunté aux traditions orientales et qui signifie tout simplement « roue ». Les chakras représentent un ensemble de sept centres d'énergies subtiles. Chacun d'eux a la forme d'une roue et s'aligne le long de la colonne vertébrale. Les divers aspects physiques et psycho-énergétiques de l'être humain y trouvent un point de rencontre. Il s'agit donc de points de jonction très importants lorsque vient le moment d'étudier l'interaction entre les mondes intérieur et extérieur. Les chakras font partie intégrante de nombreuses traditions médicales qui utilisent ce modèle pour identifier les blocages ou les patterns psychologiques reliés à tel ou tel type de maladie. Les origines de cette symbolique sont normalement attribuées à l'Inde et ses écoles de yoga millénaires. Cependant, Joseph Campbell mit au jour l'existence d'un modèle identique dans l'Égypte ancienne. D'autre part, Edgar Cayce suggéra que les sept temples du Livre des Révélations soient en fait issus d'un code décrivant les centres énergétiques situés dans le corps physique et détenant le potentiel de s'ouvrir l'un après l'autre[1].

J'ai d'abord été réticent à utiliser la symbolique des chakras, car mon objectif n'est pas de donner une saveur mystique à l'approche « anti-carrière ». En contrepartie, il m'a semblé plus que pertinent de localiser les différentes problématiques reliées à la carrière dans le contexte du corps physique et de ses points d'attache psychologiques. Les chakras représentaient, à ma connaissance, le système le plus simple, direct et interculturel qui soit afin de permettre d'inter-relier les mouvements d'énergie dans la matière. J'insiste néanmoins sur l'importance de ne pas confondre l'outil avec la matière première, à mesure que nous approfondirons les

1.   Edgar Cayce, « *Revelation: A Commentary on the Book, Based on the Study of Twenty Four Psychic Discourses of Edgar Cayce* », Twenty-Six Interpretive Reading Series (Virginia Beach, Va.: A.R.E. Press, 1969).

correspondances entre les questions professionnelles et les chakras. Ce sont nos choix de vie qui comptent. Le modèle des chakras n'est qu'un instrument parmi tant d'autres visant à faciliter notre compréhension.

Le premier chakra – aussi appelé chakra de la base – est traditionnellement associé à la couleur rouge et à l'élément terre. Il est localisé à l'extrémité du coccyx, tout au bout de notre colonne vertébrale. Ce centre nous connecte à nos énergies de base. C'est en lui que nous puisons la force et l'esprit nécessaires dans l'action, ce qui nous renvoie aux thèmes de l'abondance et du manque. Ces questions doivent être résolues si nous voulons œuvrer avec passion dans la vie. L'étude du premier chakra nous invite à vivre depuis un espace d'accueil, plutôt qu'à partir d'un manque d'estime débilitant suscité par le conditionnement de masse.

« Un accueil profond à qui je suis » est l'antidote au conditionnement. Ralph Waldo Emerson décrit bien cet état dans son essai intitulé *Self-Reliance* (« Autonomie ») :

Il vient un jour, dans l'éducation d'un homme, où celui-ci en arrive à la conclusion que l'envie équivaut à l'ignorance ; que l'imitation est un suicide ; que s'accepter lui-même pour le meilleur et pour le pire est son lot ; que même si l'univers regorge de bonnes choses, aucun grain de blé pouvant le nourrir ne viendra seul jusqu'à lui, mais bien par les efforts consacrés au terrain qu'on lui aura donné à labourer[1].

Emerson nous exhorte à nous accueillir pour le meilleur et pour le pire, c'est-à-dire à tous les niveaux et pas seulement dans une image de nous-même relevant d'un idéal moral ou spirituel. Il s'agit en effet d'accueillir le lieu d'où l'on vient, notre passé, ce que nous percevons comme nos faiblesses, nos déceptions et nos espoirs, nos rêves et nos désirs, etc. Notre

---

1. Emerson, « *Self-Reliance* », dans « *Ralph Waldo Emerson* », Éd. Richard Poirier, The Oxford Authors Series (New York : Oxford University Press, 1990).

être doit pouvoir s'appuyer sur des fondations solides, pas sur des faux-semblants. Les arguments du style «Il me faut plus d'instruction», «Il me faut aller vivre ailleurs», «Il me faut apprendre une autre langue», sont secondaires et viennent souvent camoufler notre impression de manque, laquelle nous garde enchaînés à ces frustrations de notre propre cru.

S'il est un terme qu'on a largement galvaudé ces dernières années, c'est bien celui de «l'abondance». Plus souvent qu'autrement, abondance et prospérité financière ont été associées, ce qui équivalait encore une fois à promouvoir la négation. N'importe qui ayant visité le Tiers-Monde ou le quartier South Bronx à New York, serait en droit d'envisager avec cynisme la notion d'abondance telle qu'elle est actuellement véhiculée. Il nous faut reconsidérer ce concept en gardant en tête que l'abondance est réelle, mais que le reste est illusion. Pour y arriver, nous devons commencer par nous-même, sans céder à la tentation de juger le monde. L'abondance doit être vue comme l'accueil sincère et profond que l'on s'accorde à soi-même. Elle est en lien direct avec la foi, non pas dans le sens religieux du terme, mais dans celui de la confiance en la vie.

Le millionnaire qui rechigne à l'idée de dépenser deux dollars pour un cornet de glace à la vanille ne vit pas dans l'abondance; pas plus qu'une nation prospère qui déporte les réfugiés sous prétexte qu'ils vont la priver de ses précieux emplois. L'abondance n'a rien à voir avec les possessions d'une personne. Elle concerne plutôt l'attitude de la personne par rapport aux possessions.

Accepter sincèrement notre situation – nos dons, nos expériences ou notre endettement chronique – n'est pas chose facile. C'est pourtant là que se cache notre richesse. En effet, personne ne peut reproduire notre vécu, personne d'autre n'est né dans les mêmes circonstances, ainsi donc personne d'autre ne peut contribuer au monde de la même façon. Du point de vue de la vie, chacun d'entre nous est unique et précieux. Si cela ne vous a pas été suffisamment dit, il vous faut le découvrir par vous-même. Vous devez aussi le découvrir chez les autres. Personne n'est né au même endroit, au même moment. Personne ne peut faire ce que vous pouvez faire. Personne ne peut prendre votre place dans l'univers. Si une idée ou une façon de faire est réellement unique à qui vous êtes, personne ne pourra vous la voler. Ces attributs sont les vôtres, et ce sont eux qui vont amplifier votre pouvoir.

Être dans l'abondance implique que nous acceptions la validité de notre destin, aussi insignifiant puisse-t-il nous paraître. Le fait d'ouvrir grand les bras à notre unicité génère une présence qui dépasse l'hérédité et l'environnement, et multiplie les opportunités inattendues. Cela vaut autant pour les prétendus défauts d'une personne que pour ses qualités apparentes. Derrière une faiblesse chronique ou ce qui semble être un handicap, se cache un message qui requiert notre attention, ainsi qu'un potentiel latent de guérison. Le pourcentage de guérisseurs ayant eux-mêmes vécu la maladie est énorme. Qui que nous soyons, nous disposons tous d'une matière première unique sur laquelle travailler. Cette matière se transformera en une force proportionnelle à l'attention et aux soins que nous lui auront prodigués.

Lorsque nous vivons dans l'abondance, nous nous croyons et, plus important encore, nous nous *sentons* aimé. Lorsque nous nous sentons aimé par la vie, nous savons qu'il y aura toujours une place pour nous dans le monde. La peur terrible de l'abandon doit être vue pour ce qu'elle est: une vallée qu'il nous faut traverser pour pouvoir nous installer en un lieu de confiance. Comment trouvons-nous la force de traverser cette vallée? Je me souviens avoir entendu Martin Buber expliquer que, dans les plus grands moments de désespoir, lorsqu'un individu se trouve dans ses derniers retranchements, il finira toujours par rebondir et réaliser que la vie continue malgré tout. Au milieu de nos pires moments de désillusion, les rivières coulent encore, les oiseaux chantent et les nuages défilent dans le ciel. Voilà un grand paradoxe: la vraie abondance émerge à partir du vide, à partir du moment où vous lâchez prise sur les principes qui maintenaient en place vos vues étroites. Plonger tête première dans la vie – laisser tomber l'espoir que telle personne, telle idée ou telle institution détient votre salut – vous ouvrira les portes de l'abondance. Mettre la vie au défi, lui permettre de vous guider et de prendre soin de vous, est plus qu'un simple jeu de société. Afin de vous mettre en direction de vous-même, il faudra peut-être procéder à de graves remises en question. Vous devrez peut-être renoncer à des récompenses longtemps convoitées. Mais la vie répondra parce que vous le lui aurez demandé, parce que vous aurez commencé à «regarder en elle». Les résultats émergeront lentement, mais ils s'installeront graduellement sous la forme d'un profond sentiment d'estime de soi et de foi en la vie. Vous pourrez éventuellement accueillir les divers aspects de votre existence – le paradis, l'enfer, les espaces d'inconfort ou de liberté – et exulter en vous-même, comme l'a un jour décrit le poète Walt Whitman, dans *Song of Myself*, «*Un chant pour moi*»:

> *Je me célèbre et me chante,*
> *et ce que je ressens, tu peux le ressentir,*
> *car chacun des atomes de bien en moi*
> *T'appartient*[1].

S'affirmer dans l'abondance ne relève pas d'un quelconque optimisme cosmique et naïf. Pour éviter toute confusion, je crois qu'il serait plus juste d'utiliser l'expression «confiance régénératrice». Les ressources de la planète sont surabondantes. Saviez-vous par exemple que des gisements de minerai réapparaissent plusieurs années après qu'on les ait cru épuisés? Mais attention! Lorsque nous nous lançons dans

---

1. Walt Whitman, «*Leaves of Grass and Selected Prose*», Éd. Sculley Bradley (Fort Worth, Tex.: Harcourt Brace, 1949).

un mouvement d'appropriation dénué de conscience, la confiance et la coopération régénératrices sont hypothéquées. L'avidité – une attitude socialement acceptée car souvent bien camouflée sous divers prétextes – est une manifestation grossière du sentiment de manque. Une personne imprégnée de la foi en la vie sent que tout ce dont elle a besoin est parfaitement disponible. Il n'y a nul besoin d'accumuler ou de prendre plus que sa part en quelque circonstance que ce soit. Ceux qui prêchent un optimisme cosmique (de même que tout autre courant de pensée à la mode) ne respectant pas les cycles de la nature ou les soit disant défauts de l'expérience humaine, finissent tôt au tard par se durcir. Ces individus cachent tant bien que mal leur mensonge derrière un sourire figé et sont souvent forcés de devenir des vendeurs ésotériques de pacotille toujours prêts à répandre la «bonne nouvelle». Autrement dit, ils ne seront jamais plus que des prédicateurs. Retenez bien ce principe fondamental au sujet de l'abondance : si quelqu'un entretient une obsession ou des buts cachés, si vous sentez chez cette personne l'attraction du besoin – que ce soit le besoin d'être entendu, de convaincre ou de vendre – dites-vous qu'il y a là, quelque part, un sentiment de manque qui requiert une investigation.

Cela ne signifie pas pour autant que les grandes carrières ne peuvent pas naître du besoin ; ce fut d'ailleurs le cas pour de nombreuses personnes. Il ne faut pas non-plus ressentir de la honte vis-à-vis vos propres besoins. Par contre, si le sentiment de besoin est tout ce que vous connaissez, vous resterez prisonnier du paradigme du travail en tant que nécessité, plutôt que de connaître le travail en tant qu'expression de votre créativité innée.

La foi en la vie et l'acceptation de qui vous êtes permettent l'entrée en jeu d'une réciprocité saine. Lorsque vous vivez dans le sentiment de manque, ou bien vous dépendez ardemment des autres pour subvenir à vos besoins, ou bien vous avez peur d'être contrôlé ; ou bien vous drainez les autres, ou bien vous les rejetez. L'abondance crée un espace pour l'autre. Le corollaire de l'abondance est la capacité à vivre dans la réciprocité avec la famille, les amis, les collègues, etc. Lorsque vous travaillez dans cette réciprocité, vous n'avez plus besoin de convaincre vos clients/patients qu'il leur manque quelque chose et qu'un sauveur/expert/produit possède la réponse à leur problème. Notre culture de victimes nous a habitués à accepter que l'amour soit facilement évacué du travail d'un spécialiste. Chaque parcelle de pouvoir abandonné correspond à la perte de notre confiance en nous-même, en notre bonté naturelle et en notre capacité à coopérer pour le bien mutuel. Si l'abondance se reconnaît par une saine réciprocité, le manque sera visible sous la forme de la dominance et de la dépendance.

À PROPOS DE L'INTÉGRITÉ

Chaque chakra est une polarité en évolution. Lorsque notre chakra de la base se développe, nous devenons conscient de l'ambivalence qui règne chez l'humain entre le besoin de chasser et celui de donner. Des millions d'années d'évolution ont gravé dans notre cerveau reptilien un code se résumant dramatiquement à ceci: «Mange ou tu seras mangé». Ce message de survie issu de notre passé de prédateur influence encore fortement notre premier chakra. La volonté de vivre, de se battre et de survivre est puissante et ne devrait pas être minimisée. La lutte pour la survie – l'émergence du pouvoir autonome – représente une énergie primaire de mise en action, dans l'expérience humaine, et il importe de la reconnaître. Si nous n'apprenons pas à nous tenir solidement sur nos deux jambes, nous nous dessècherons. Si le poussin ne parvient pas à briser sa coquille, il ne pourra survivre. Cela dit, nous n'allons pas nous en tenir uniquement à cet aspect du premier chakra, car le but de l'initiation consiste à nous conduire vers un niveau plus subtil.

Au-delà du besoin de lutte pour la survie, il est possible d'accéder à une autre dimension du premier chakra, soit celle de l'intégrité. Cette qualité apparaît quand nos principes deviennent si bien établis qu'ils supplantent la survie en tant que mécanisme humain de motivation. Dans cet espace, un principe peut devenir plus important que la vie elle-même. C'est là que réside la base du pouvoir de l'alignement.

La vie de Gandhi, non pas Mohandas mais son épouse, Kasturbai, est un exemple éloquent d'intégrité. À un moment, Mme Gandhi fut gravement malade. Même si sa vie était en danger, elle refusa net de boire le bouillon de bœuf prescrit par son médecin. Kasturbai Gandhi préférait mourir plutôt que de poser un geste en contradiction avec ses principes, un geste qui aurait violé son intégrité. Cette forme particulière d'expression de l'intégrité personnelle peut s'avérer différente des vôtres et des miennes, mais cet exemple illustre combien un idéal devient parfois si puissant qu'il surpasse la volonté de survivre. Retenons simplement que cela confère une formidable puissance dans l'énergie d'accomplissement.

Une intégrité sans faille peut également se manifester dans les situations les plus ordinaires. À l'occasion d'une de mes premières visites au magasin de musique *Mandolin Brothers* (en passant, ce commerce constitue un très bel exemple de travail créatif et authentique), j'entendis un client négocier le prix d'une guitare et offrir de payer en argent comptant de manière à éviter la taxe de vente. Le vendeur répondit simplement, sans la moindre trace d'autojustification : «Désolé, nous jouons franc jeu, ici». Il y avait quelque chose de remarquable dans sa réponse. Le ton de sa voix était direct, mais sans arrogance ; son affirmation sous-entendait : «Cette entreprise est spécialisée dans la vente d'instruments de musique... les *meilleurs* instruments de musique». Inutile de tourner les coins ronds ni d'être malhonnête à quelque niveau que ce soit. Chez *Mandolin Brothers*, les propriétaires et les employés aiment les instruments de musique et les clients le ressentent aussitôt qu'ils mettent le pied dans la boutique. Contrairement à la plupart des magasins où l'on vend des articles de choix, personne ne vous empêche de faire l'essai d'un instrument en montre et personne ne vous harcèle non plus avec des arguments de vente. Les affaires vont de mieux en mieux, car l'intégrité de cette entreprise lui a valu une réputation internationale.

LE COURANT DE VIE

L'accueil sincère et entier de qui nous sommes se traduit par le respect de soi-même, lequel permet d'atteindre l'autonomie véritable. S'accepter soi-même, c'est en fait accepter la vie qui suit son cours ; c'est se mettre en résonance avec l'énergie de la vie et tout le potentiel qu'elle contient. L'expérience de l'abondance ne se situe pas sur les plans discursif et émotionnel. Elle doit se vivre de façon organique. Isadora Duncan a découvert sa vocation en imitant le mouvement des vagues de l'océan devant la maison de sa mère. Pour elle, ce fut une expérience viscérale de l'énergie. «J'ai compris très tôt dans ma vie, dit-elle, qu'il existe une sorte d'énergie, comme une étincelle qui nous anime»[1].

Cette étincelle est notre nourriture. Afin de contacter l'étincelle de votre abondance, vous pouvez vous demander : «Quelles sont les sources de nourriture dans ma vie»? Notez tout ce qui vous vient à l'esprit : des aliments jusqu'aux amitiés, en passant par les manifestations d'énergie les plus subtiles. À mesure que vous reconnaîtrez consciemment vos étincelles nourricières, vous vous familiariserez de plus en plus avec votre territoire de base, c'est-à-dire le lieu où s'enracine l'abondance. Les forces que vous avez à partager avec le monde se logent dans cet espace.

1. Isadora Duncan, « *Isadora Speaks* » (San Francisco : City Lights, 1981), 46.

Un outil en particulier s'est avéré extrêmement efficace dans le développement de l'approche « anti-carrière », soit celui de la méditation sur le thème de l'abondance. Cette méditation n'est pas conçue pour être accomplie en une seule séance. Vous devez la pratiquer régulièrement jusqu'à ce que vous puissiez littéralement sentir le courant de vie se connectant à vous et pénétrant votre organisme. Un bon truc serait d'enregistrer le texte qui suivra (ainsi que les méditations subséquentes dans ce livre), car il a été conçu pour être récité à voix haute[1]. Ce qui compte, lorsqu'on travaille sur le premier chakra, c'est d'apprendre à entamer chacune de nos journées dans un espace où nous nous sentons comblés et soutenus par les forces de l'existence.

Méditation de l'Abondance

Asseyez-vous confortablement en veillant à ce que vos deux pieds ou votre fessier touchent le sol. Ressentez la force et la souplesse de votre colonne vertébrale. Commencez à inspirer et expirer, doucement et consciemment. Respirez librement. Laissez votre souffle détendre tout votre être. Si vous ressentez de la tension ou des résistances, respirez dans cet espace et invitez gentiment la relaxation. Vous pouvez pousser un long « aah » en expirant, pour aider au relâchement des tensions.

Tout en apaisant votre souffle, restez conscient des points de votre corps qui ont tendance à se contracter. Quels sont les endroits où vous vous accrochez ? Les endroits où vous tentez de garder le contrôle, en raison du sentiment de manque ? Offrez doucement votre énergie au courant omniprésent de la vie. Votre corps est animé d'un courant électrique circulaire qui vous remplit de vitalité. À chaque respiration, ressentez ce courant plus profondément. Vous pouvez maintenant vous sentir soutenu par la terre. Tout votre être

1. Des enregistrements sonores des méditations sont disponibles en anglais. Écrivez à : *The Anti-Career Workshop/Soul Basket Recordings*, RR 11, Box 20-214, South Kortright, NY, 13842, USA.

prend ses racines dans la terre et reçoit sa nourriture. Votre respiration vous amène toujours plus profondément en elle. Permettez à votre corps d'être lui-même inspiré et expiré par le rythme de votre souffle. Chaque respiration est synchronisée avec le rythme de la vie. Votre respiration vous relie au flot des marées, au mouvement des vagues et des étoiles. Votre rythme est le rythme de la vie : les saisons changent, le jour mène à la nuit et la nuit mène au jour... Le courant est omniprésent. Il vous remplit, vous vivifie et imprègne tout votre être. Vous ressentez le flot de la force de vie illimitée, la source d'énergie toujours disponible dès que vous lâchez prise et que vous entrez en résonance avec sa beauté, sa puissance, sa présence. Tout votre être est harmonisé à cet instant. Permettez à la plénitude de l'existence d'entrer en vous et de travailler en vous. Sentez-vous libre et disposé à accueillir le flot d'énergie surabondante. À partir de cet état d'harmonie, affirmez en vous-même : « L'abondance est mon énergie naturelle. Je suis constamment soutenu par ce flot d'énergie ».

Inspirez... Expirez... Créez doucement l'espace en vous pour accueillir la plénitude de la force de vie. Puis, du plus profond de vous-même, laissez monter jusqu'à votre conscience une image illustrant l'abondance. Ne forcez rien. Demandez simplement et cette image prendra forme – une image, concrète ou abstraite – un cadeau de votre sagesse intérieure qui vous montre une forme d'abondance... Il n'est pas nécessaire de comprendre ce message. Permettez-lui simplement d'être là. Maintenez l'image dans votre esprit et laissez-la vous transmettre son énergie.

Inspirez... Expirez... Ramenez doucement votre attention à votre corps physique tout en prenant soin de garder votre image vivante. Sachez que vous pourrez vous en souvenir aussi souvent que vous le souhaiterez afin de vous rappeler combien la force de vie est réelle. L'image de l'abondance renforce la confiance régénératrice qui agit au fond de soi.

L'image de l'abondance

L'image de l'abondance permet un renversement de nos structures limitatives conditionnées. L'image, ainsi que le sentiment de connexion au courant de vie qu'elle procure, constituent la première étape dans la formation d'une nouvelle structure basée sur l'authenticité, laquelle viendra soutenir notre travail dans le monde. Pour ne citer que quelques exemples, quelqu'un reçut en méditation l'image d'une femme assise dans une chaise berçante en train d'allaiter son enfant. Après réflexion, cette personne découvrit que l'enfant la représentait et que la femme symbolisait le principe maternel. Quelqu'un d'autre ressentit qu'il était un caillou très lisse. Le caillou disait : « En me regardant, tu pourrais me croire bien ordinaire. Pourtant, lorsque l'eau me recouvre, je brille dans le soleil comme un diamant ! Ici, dans l'eau, je peux changer de position. Je peux par ailleurs coopérer avec les autres pour offrir un refuge. J'ai aussi appris qu'avec de la patience et si je me soumets au pouvoir de l'eau, il m'est possible de changer de forme ».

L'image de l'abondance n'a pas besoin d'être conventionnelle. Son pouvoir ne réside pas dans sa forme littérale, mais plutôt dans sa capacité à rediriger la psyché vers ses possibilités intrinsèques. La méditation de l'abondance ramène chez plusieurs personnes des images de l'enfance indiquant l'existence de richesses non-exploitées dans le passé et qui tentent maintenant d'émerger. D'autres verront des champs de verdure, symbole de fertilité. Les couleurs peuvent être significatives. Parfois, en acceptant la présence d'une nouvelle couleur dans notre vie – à travers des vêtements, de la nourriture ou en la remarquant dans notre environnement – nous pouvons intégrer une énergie dont nous avions besoin en nous et qui aura ensuite un impact extérieur.

Le but de cette méditation consiste à rétablir le courant d'énergie sur une base quotidienne bien tangible. Il s'agit de notre propre énergie qui s'ouvre à l'énergie de vie, qui se permet de recevoir et de se renouveler sur une base constante. D'un point de vue psychologique, cela correspond au principe d'Erik Erikson voulant qu'au premier stade de son développement, l'enfant expérimente les sentiments de confiance et de méfiance. Par la méditation de l'abondance, vous rajustez et redirigez votre courant de vie. En rétablissant quotidiennement l'habitude de la foi en la vie, vous vous accordez en fait un nouveau soutien parental et vous apprenez à recevoir le support de la Terre Mère, non pas d'une manière métaphysique, mais en entrant en contact réel avec le courant de vie. Plus vous vous connectez à ce courant, – plus vous vous sentez soutenu et nourri par lui – plus vous créez de l'espace afin d'expérimenter, vous tromper, apprendre et accepter votre situation actuelle, tout en étant totalement réceptif à ce qui est. Vous n'aurez plus besoin de vous infliger la paralysie par des explications. En accédant à la source même de votre être, vous passez graduellement au mode kinesthésique, c'est-à-dire que vous touchez, ressentez, pressentez les choses et que vous vous permettez d'être porté par la vie.

Aussitôt que nous entrons en relation avec ce courant, les nombreux problèmes de manque, tels que les comptes impayés, la course contre la montre, l'épuisement, etc. apparaissent sous un nouveau jour. Nous ne nous attaquons plus à ces problèmes. Nous les situons plutôt dans un contexte plus large. La différence de point de vue est cruciale. Une carrière authentique procède nécessairement de cette perspective élargie, de cet espace de plénitude.

À ce stade-ci, je vous suggère de faire une pause afin d'identifier vos « crises énergétiques ». Portez votre attention sur les objets de frustration et les lieux de résistance présents dans votre quotidien. Ressentez-vous de la frustration vis-à-vis les contraintes de temps ? L'argent ? Les relations interpersonnelles ? Comprenez que ce ne sont jamais là de véritables problèmes, mais bien des symptômes. Plutôt que de se réduire à toutes sortes de contorsions afin de mieux s'insérer dans le monde, la stratégie « anti-carrière » nous invite à reconnaître que les bases de notre travail sont d'accepter, recevoir et croître à notre plein potentiel, ce qui constitue notre droit inné.

Quand vous vous reliez de façon kinesthésique au courant de vie, il devient de plus en plus difficile de faire des choses qui bloqueraient l'expression naturelle de votre énergie. Vous cherchez à vous engager de manière créative dans la force de vie. Cette relation influence alors votre posture physique, vos choix alimentaires, votre agenda et votre vocabulaire. Elle affecte radicalement votre rythme de vie et vous découvrez la joie profonde que procure le sentiment de se savoir soutenu par la nature, autant sur les plans émotionnel que financier. Là où vous pensiez que le temps vous faisait défaut, vous découvrirez qu'il y en a plus. Là où vous croyiez autrefois être seul, vous découvrirez que vous êtes accompagné. Tout cela parce que vous aurez accepté de laisser entrer l'abondance et la confiance régénératrice dans cette vie qui vous a été donnée.

Le succès ne se manifestera peut-être pas tout d'un coup. Nous sommes en effet conditionnés à vivre dans un état de contraction. Toutefois, rien ne vous empêche de commencer à prendre votre juste place dans l'énergie de vie dès maintenant. Tentez l'expérience, ne serait-ce qu'une heure. Essayez ensuite toute une journée. Allez-y enfin pour toute une vie.

4

Deuxième étape :
Réveiller la passion endormie

*L*es nombreux livres portant sur le succès vous diront que pour obtenir ce que vous désirez, vous devez être en mesure de voir vos buts, les visualiser dans le détail, affirmer leur réalité quotidiennement et les garder bien présents à votre esprit. Vos rêves pourront alors devenir réalité. Le problème avec ce type de stratégie, c'est que ce que nous désirons consciemment peut être totalement à l'opposé de ce que nous entretenons ardemment comme désir inconscient. Nous sommes passés maîtres dans l'art de l'autosabotage et nous jetons le blâme sur d'innombrables boucs émissaires tels notre patron ou l'économie. Parfois, nous obtenons bel et bien ce que nous désirons – comme Midas à qui on avait accordé le pouvoir de transformer tout ce qu'il touchait en or – et cela concourt à notre destruction. Il serait certainement très tentant d'obtenir le pouvoir de tout transformer en or, et certains d'entre nous possédons effectivement ce don. Mon mentor, Hilda Charlton, détenait la capacité de manifester l'argent dans la vie des gens. Sathya Sai Baba, un saint homme très connu en Inde, possède le don de faire apparaître des objets. De nombreuses personnes – incluant moi-même – en ont été témoin et ce phénomène a été enregistré sur pellicule. Dans

71

ces cas précis, il semble exister si peu d'interférence entre la pensée et son actualisation que la manifestation se produit instantanément. Si le commun des mortels possédait ce don, on se retrouverait toutefois, comme Midas, aux prises avec un royal gâchis. Le fait est que la plupart d'entre nous sommes empêtrés dans toutes sortes de débris émotionnels inconscients et non-traités. Ce que nous désirons réellement et ce que nous *pensons* que nous désirons sont bien souvent aux antipodes.

Rosalyn Bruyere, l'une des membres du *Healing Light Center* de Los Angeles, donna un jour l'exemple d'une de ses connaissances qui avait décidé de pratiquer la visualisation créatrice afin d'acquérir une nouvelle automobile. Cette personne n'allait pas se contenter de peu. Elle désirait ni plus ni moins qu'une Rolls Royce. Elle entreprit donc de visualiser de façon répétitive une Rolls Royce de couleur rouge dans son garage. Elle répéta cette affirmation plusieurs fois par jour durant des mois. Puis son souhait se matérialisa : un soir, une rutilante Rolls Royce entra carrément... en collision avec son garage ! Cette femme ne s'était jamais préoccupé de vider son garage au préalable. Autrement dit, elle n'avait pas préparé l'espace psychique nécessaire afin d'être en mesure de recevoir ce qu'elle désirait. Mary et Byron Gentry enseignent tous deux la guérison du champ énergétique humain et citent parfois en exemple le cas d'une femme qui décida de visualiser l'homme de ses rêves. Elle maintenait la vision de la voiture qu'il conduirait et des endroits où ils iraient, le tout dans les détails les plus exquis. Elle finit par rencontrer cet homme. Il possédait la Lincoln Continental qu'elle avait visualisée et l'amena danser, exactement comme elle l'avait souhaité. Ce qu'elle n'avait pas vu, par contre, c'est qu'il ferait partie du crime organisé et la traiterait misérablement. Cette personne a visualisé les circonstances extérieures, mais celles-ci n'étaient pas en alignement avec sa source. Un tel alignement est essentiel pour une visualisation éthique et bénéfique.

Si votre souhait est d'être positif et productif – non-seulement pour vous-même mais aussi pour les autres – il vous faut développer de la clarté. Cette clarté intérieure proviendra du nettoyage et de la compréhension de votre espace psychique. Cela signifie qu'il faut d'abord devenir conscient des nombreuses comédies, tragédies et vilaines farces que nous répétons tous sur le plan inconscient. Dans l'énergie de base du premier chakra, nous nous accordons la permission de désirer des choses, et cette permission est cruciale. Le désir est l'énergie créatrice de la vie. Il ne faut pas voir le désir comme l'ennemi à abattre, comme cela nous a été inculqué à travers nos anciens modèles moraux. En tant qu'humains, nous sommes fondamentalement des êtres précieux. Nous appartenons à ce monde et nous y sommes pour créer *avec* lui, non pas pour en sortir. Ainsi donc, nous avons le droit d'être nous-même. Nous n'avons pas besoin de passer des années à chercher notre « vérité intérieure », car plus souvent qu'autrement, cette quête se fonde sur un modèle problème/solution qui nous suggère subtilement d'attendre encore puisque nous ne sommes pas assez parfaits. Plutôt que de chercher à obtenir la perfection ou l'amélioration, commençons par nous faire confiance ; commençons par développer notre foi en nos élans profonds et à faire grandir cette foi à travers l'action.

Ainsi, la question à se poser dépasse-t-elle le traditionnel « Qu'aimerais-je faire » ?. Une question aussi tiède ne pourra jamais générer les grandes percées issues de la passion. Si le choix de carrière était simplement relatif à ce que nous voulons ou aimons faire, il serait effectivement possible de passer chez l'orienteur, remplir quelques formulaires sur nos goûts et aptitudes, puis de trouver des équivalences sur le marché du travail. La démarche « anti-carrière » puise sa source à un niveau plus profond, celui de l'âme. Une question se rapprochant davantage du niveau de l'âme pourrait alors se lire comme suit : « Par quels moyens pourrais-je exprimer le désir et l'énergie de vie qui m'animent, de manière à faire grandir la vie elle-même ? ».

Afin de répondre à ce genre de question et afin de fixer des buts et priorités viables, il nous faut traverser le labyrinthe émotionnel de notre passé, de nos motivations, de nos insécurités, de nos fantasmes relatifs au succès, à l'emploi, à l'argent et bien plus encore. Autrement, nous devenons des champions de la haute performance dans le but de plaire à quelqu'un d'autre, ou encore les victimes de nos souffrances passées. Nous manifestons dans notre vie diverses situations indésirables, chacune étant le reflet de nos patterns inconscients.

LE SCRIPT EST DANS LES TRIPES

Les configurations émotionnelles qui prédominent dans notre inconscient sont représentées par le deuxième chakra et se situent symboliquement dans la région inférieure des intestins. Dans cette zone, nous assimilons les éléments nutritifs dont nous avons besoin (informations) ou bien nous les laissons en dormance, les retenons, les bloquons ou les laissons se putréfier au point d'empoisonner le reste de notre système. Le deuxième chakra se situe donc devant la colonne vertébrale, au niveau des organes reproducteurs. L'élément correspondant à ce chakra est l'eau, qui représente notre univers émotionnel. Le deuxième chakra est également associé à la couleur orange. Avez-vous d'ailleurs remarqué combien cette teinte fait rarement partie des habitudes vestimentaires des Occidentaux ? La chaleur et la nature expressive de l'orangé rendent les gens de notre culture plutôt inconfortables.

Examiner nos préoccupations professionnelles à travers la symbolique des chakras nous aide à reconnaître les problèmes centraux qui influencent la qualité de notre carrière. La démarche « anti-carrière » est par-dessus tout un processus organique. Votre situation professionnelle actuelle est le parfait miroir des divers aspects de votre psyché. Si vous continuez de frapper à toutes les portes et d'envoyer votre curriculum vitae un peu partout, vous risquez de répéter le même pattern d'échec qui vous pousse à frapper aux mauvaises portes dès le départ.

La mythologie nous offre des histoires qui nous rejoignent si profondément qu'elles ouvrent spontanément des portes sur de nouvelles possibilités. Lorsque nous constatons que notre mauvais sort fut partagé par quelqu'un d'autre, nous pouvons plus facilement cesser de nous apitoyer sur nous-même et commencer à exploiter nos talents et notre potentiel uniques, en écrivant notre propre histoire. Au lieu de tenter de résoudre nos problèmes, nous permettons aux situations de trouver leurs propres solutions.

L'histoire du Minotaure fait particulièrement référence au deuxième chakra. Ce personnage issu de la mythologie grecque dévorait les humains, et les habitants de l'île de Crète devaient lui sacrifier leurs enfants. Le Minotaure symbolise l'énergie destructrice qui se cache à l'intérieur de nous, ne faisant qu'une bouchée de nos talents et de nos possibilités créatrices[1]. La naissance du Minotaure provint du désir d'un roi de posséder quelque chose qui ne lui appartenait pas. Le roi Minos de Crète fut sacré gouvernant de cette région maritime par Poséidon, mais en guise de sacrifice, le roi devait offrir au dieu son superbe taureau blanc. Dans les traditions anciennes, le sacrifice symbolisait la reconnaissance du fait que tous les êtres et toutes les choses sont interdépendantes. La loi de l'interdépendance constitue l'un des principes de base de l'économie. En termes « anti-carrière », nous dirons que la richesse se crée dans le partage et que la prospérité de l'un est au service de la prospérité des autres.

---

1. La corrélation entre la légende du Minotaure et le deuxième chakra me fut transmise en premier lieu par mon collègue Ron Young qui l'utilise depuis plusieurs années dans le cadre de ses séminaires.

Le roi Minos avait toutefois d'autres plans. Il cacha son précieux taureau et offrit à la place un animal de moindre valeur. Par le biais d'Aphrodite, Poséidon affligea alors la femme de Minos, Pasiphaé, d'un désir ardent envers le taureau blanc. La reine persuada Dédale, le chef artisan du royaume, de fabriquer une vache en bois dans laquelle elle put se dissimuler. Ainsi, le taureau blanc pénétra la reine et assouvit son désir brûlant[1]. De cette union, naquit le Minotaure, une créature possédant un corps d'humain et une tête de bœuf. Le Minotaure se nourrissait de chair humaine. Son appétit était insatiable. Rongé par la honte et par la peur, le roi cacha la créature dans les méandres d'un imposant labyrinthe en pierres. Afin d'apaiser le monstre, on devait chaque année lui offrir en sacrifice deux des plus beaux enfants de Crète. On les conduisait de force jusque dans le labyrinthe d'où personne ne revenait jamais.

Dans le labyrinthe de notre deuxième chakra (le labyrinthe de nos secrets accumulés), nous sacrifions notre beauté et nos possibilités à notre honte cachée et aux permutations inconscientes de nos secrets et de nos tragédies familiales. Chaque jour, nous sacrifions des parts de nous-même parce que nous ne savons pas gérer nos zones d'ombre, c'est-à-dire les énergies refoulées dans les replis de notre passé. Il nous arrive peut-être de ressentir des élans, mais nous ne savons pas vraiment qui ou quoi nous propulse. En d'autres moments, nous devenons apathiques, mais nous n'osons pas lever le voile sur les causes de notre fatigue et de notre inertie.

La porte de sortie nous est révélée dans le mythe. La fille du roi Minos, Ariane, assista le héros de l'histoire, Thésée – fils de Poséidon – en lui donnant un fil magique qui lui permettra

---

1. Voir « *The Mythic Tarot* », de Juliet Sharman-Burke et Liz Greene (New York : Simon and Schuster, 1986) pour une interprétation poétique de cette légende. J'ai paraphrasé le passage suivant : « elle pénétra le taureau et le taureau la pénétra » (« *she entered the bull and the bull entered her* »,), car je ne pouvais rien de mieux.

de gagner la sortie, une fois que le Minotaure aura été tué. Le fil d'Ariane symbolise la reconstitution de notre histoire psychique. Le héros masculin n'agit pas seul. C'est l'union entre l'intuition et l'intelligence active qui nous permet d'avancer dans ce domaine. Cette zone marécageuse bien cachée est celle de notre honte où se cramponnent nos vieux complexes. Elle peut aussi être un cocon où se cache notre créativité. Malheureusement, les héros se consacrent trop souvent à des idéaux frauduleux (les idéaux de l'ego) et partent sans cesse à la conquête d'un nouveau monde (de nouveaux projets) sans faire face aux problèmes qui provoquent les sentiments d'inconfort et d'agitation qui les poussent réellement sur le chemin. En tant que fille de Minos (le vrai responsable de la situation), Ariane montre que le problème et sa solution se trouvent dans la même famille. Cela nous indique que nous ne sommes pas obligé d'aller en-dehors de nous-même pour trouver notre «appel». Votre vraie carrière prendra précisément forme à partir des symptômes qui entravent actuellement votre chemin. Les ressources dont vous avez besoin sont là. Il suffit de vouloir demeurer en vous-même et négocier avec votre situation. Aussi étonnant que cela puisse paraître, votre porte de sortie est en direction de l'entrée! Vous devez pénétrer dans le labyrinthe si vous voulez découvrir vos véritables convictions et passions.

L'une des portes d'entrée du labyrinthe consiste à se montrer attentif à nos émotions et symptômes indésirables. Les symptômes parlent au nom des énergies qui cherchent à faire entendre leur voix. Ils agissent en tant que messagers des dieux pouvant nous guider jusqu'au cœur de nos préoccupations les plus profondes et ainsi, jusqu'à notre contribution dans le monde. Pourquoi? Parce que l'émotion procède du deuxième chakra et les symptômes sont la manifestation des émotions refoulées. Une carrière peut se développer à partir de n'importe quelle émotion, qu'elle soit joyeuse ou douloureuse, mais pas à partir de la torpeur. Si je suis conscient de ne pas aimer mon travail, je ne me tiens qu'à la surface du problème. «Qu'est-ce qui me dérange, exactement ? Qui se terre dans mon labyrinthe ? Est-ce l'ennui que je dédaigne ? Ou bien l'autorité stupide qui règne dans l'entreprise où je travaille ? Est-ce la vitesse folle avec laquelle je dois fonctionner alors que j'aimerais tant valser avec la vie » ? Ressentir de la frustration vis-à-vis un emploi n'a rien d'inhabituel, mais avant de pouvoir concevoir un plan d'action pour s'en sortir, il est nécessaire d'identifier ces frustrations et de pénétrer à l'intérieur du labyrinthe.

Joyce Critendon compilait des données pour la compagnie d'assurances *Northwestern Mutual Life ;* son mari, Paul, occupait un poste au département du marketing. Tous deux étaient d'excellents soldats du monde corporatif. Ils avaient développé au fil des ans d'excellentes connaissances techniques et avaient pu gravir les échelons de l'entreprise. Tous les deux privilégiaient les contacts humains. Ils adoraient recevoir. Un autre de leurs passe-temps favoris étaient les randonnées en plein air. Pendant des années, Joyce et Paul avaient éprouvé une frustration plus ou moins aiguë par rapport à leur emploi. De temps à autre, ils discutaient de la possibilité d'acquérir une auberge, d'ouvrir un commerce de vêtements ou de liqueurs. Bref, ils avaient envisagé diverses possibilités afin d'être davantage en contact avec les gens. Ils n'en firent rien, cependant, trop pris qu'ils étaient par la peur de vivre à leur propre compte. Qui paierait pour l'assurance-santé ? Après tout, leur emploi était stable, le salaire satisfaisant, tout comme les bénéfices marginaux. Le cas de Joyce et Paul est tout ce qu'il y a de plus typique. Notre emploi fait l'affaire, mais il ne nous fait pas vibrer. Puis arrive le jour où, à la mi-temps de notre vie, nous nous demandons s'il ne nous sera plus jamais possible de vibrer. Il est très clair que nous ne ressentons plus de joie et que la spontanéité nous a quittés, mais il nous faut jongler avec tant d'éléments pour garantir notre qualité de vie que nous préférons rester dans la même position, aussi précaire soit-elle, plutôt que de risquer l'ouverture des vannes qui nous projetteraient au beau milieu du labyrinthe.

Paul continua donc à rêver, et Joyce, à résister, même si cela devenait de jour en jour plus pénible pour elle de se rendre au travail. Joyce réalisa que la lourdeur qu'elle ressentait n'avait rien à voir avec son emploi. Ce qui l'affectait, c'était d'ignorer sa tristesse, et cette tristesse était reliée au fait d'avoir trahi son rêve de travailler un jour dans le public. J'entends constamment cette question, dans le cadre de mon travail de consultant : « Mon emploi est pas mal, mais est-ce que c'est tout ce que je peux faire de ma vie ? ».

Lorsque nous nous satisfaisons du « pas mal », voici ce qui se produit : nous recouvrons le deuxième chakra et nous engourdissons la colère générée par le fait de ne pas vivre en fonction de notre passion. Une manière très répandue de réagir à ce type de situation consiste à manger. La nourriture devient notre anesthésiant. Nous nous remplissons par le travail et la nourriture, dans l'espoir de soulager la douleur causée par notre incapacité à être authentique.

Un vendredi, Paul rentra à la maison et annonça à Joyce qu'on venait de lui offrir une promotion mais qu'il y avait de fortes chances que cela implique un déménagement dans une autre ville. Il réalisa qu'il ne désirait pas du tout se déraciner de son milieu en échange d'une récompense minime. Après des années d'un ennui plutôt tiède, cet événement cristallisa leurs frustrations. Ils décidèrent de partir pendant le week-end. Ils utilisèrent ce temps pour réfléchir et faire la liste de ce qui les rendaient heureux. Le fait de dresser ces listes marqua leur entrée dans le labyrinthe, car cela allait soulever des émotions et des désirs refoulés depuis des années. Chacun rédigea donc sa liste individuellement. En comparant le fruit de leur réflexion, Joyce et Paul découvrirent qu'ils détenaient un grand point en commun : aucune des tâches reliées à leur emploi ne figurait dans leur liste de priorité ! En premier lieu, Joyce avait écrit : « Être en compagnie de ma famille ». Comment pouvait-elle être auprès de sa famille si Paul était absent toute la journée ? Elle devait travailler et leur petit garçon allait à la garderie. Parmi les choses qui les rendaient heureux, figuraient également de part et d'autre le plaisir de recevoir et le plein air, deux types d'activité plutôt difficiles à réaliser lorsqu'on fréquente un bureau de 9 à 5, tous les jours de la semaine.

Au bout d'un certain temps de mûrissement, il devint très clair pour Joyce et Paul que ce qui était le plus important dans leur vie, c'était l'interaction avec les gens. Ils désiraient mettre leurs talents à profit pour être en contact avec le public. Joyce caressait depuis des années le rêve d'ouvrir un *Bed & Breakfast* dans la région du Door County, au Wisconsin. Au cours d'une de leur période de vacances, ils avaient déjà examiné les annonces concernant les auberges à vendre dans le secteur. Cette fois-ci, ils décidèrent de passer à l'action. Ils prirent congé le lundi, se rendirent dans le Door County, et logèrent chez des amis en chemin. Après avoir raconté leur histoire, durant la soirée, leurs amis leur parlèrent d'un endroit qui semblait correspondre en tout point à ce qu'ils cherchaient. Cela vient ici illustrer un autre principe « anti-carrière ». Des alliances secrètes se forment en effet, dès que vous commencez à vous engager vis-à-vis vos priorités, afin de vous poussez en direction de votre carrière authentique.

Les Critendon finirent par faire le grand saut. Ils achetèrent une petite propriété en bordure d'un lac et la convertirent en B&B. L'idée d'ouvrir une auberge était stimulante, car elle leur permettait d'être en contact avec le public, en plus de réaliser plusieurs de leurs activités favorites comme cuisiner, décorer la maison et recevoir des invités. Joyce et Paul s'y consacrèrent avec tout leur cœur, peinturant, publiant des annonces et s'organisant pour créer un intérieur chaleureux et accueillant. Ils savaient que ce serait difficile au début, mais le bonheur d'enfin faire ce qu'ils aimaient surpassait la peur de perdre leurs anciens avantages corporatifs.

Les banques de Milwaukee ne voulurent rien savoir de leur projet, bien sûr. Lorsqu'on leur demandait de décrire leur expérience dans le domaine hôtelier, tout ce que Joyce et Paul pouvaient répondre, c'était : « Nous adorons recevoir ». Ils étaient néanmoins déterminés à trouver une solution et, encore une fois, un allié fit son apparition. Un ami du père de Paul fut d'accord pour leur prêter l'argent dont ils avaient besoin pour démarrer leur entreprise et, en l'espace de deux ans, ils firent du *Griffin Inn* un succès retentissant. Paul et Joyce n'ont jamais eu envie de regarder en arrière.

S'ouvrir à nos sentiments d'agitation et de frustrations, puis les identifier au lieu de les camoufler ; voilà ce qui constitue la deuxième étape du processus «anti-carrière». Souvenez-vous qu'il faudra accumuler au préalable une réserve considérable d'estime personnelle, de façon à pouvoir passer à travers vos désillusions passées sans qu'elles ne se retournent contre vous-même. Il y a une grande différence entre ne pas réussir quelque chose et croire que vous n'êtes fait que pour les échecs. Vous devez être capable de faire preuve d'honnêteté en ressassant votre histoire sur les plans personnel et social, pour entrer en contact avec vos convictions et vos passions véritables. Une telle ouverture à soi-même doit être tempérée par le sens de l'investigation et par la volonté sincère de faire face à tout ce qui pourrait être découvert. Avant l'achat de l'auberge, Joyce et Paul durent confronter leur peur de l'échec. De plus, selon Joyce, il leur a fallu une bonne dose de courage pour ne pas croire ceux qui affirmaient qu'ils venaient de faire une folie. Un des vice-présidents de leur compagnie leur avait même dit qu'ils avaient complètement perdu la tête. La période d'incertitude précédant l'ouverture de l'auberge ne fut pas facile, certes, mais elle fut cruciale. Une fois leurs principales résistances mâtées, les Critendon furent capables de penser plus rationnellement et de se dire qu'au fond, le pire qui pourrait arriver serait de retourner en ville, retrouver leur emploi et leur assurance-santé. À partir du moment où leur décision fut ferme, ils reçurent un encouragement inattendu. Un autre vice-président leur avoua combien il aurait toujours voulu faire comme eux.

COMMENÇONS PAR LE COMMENCEMENT

Si vous désirez transformer votre carrière afin qu'elle devienne nourrissante pour le corps et pour l'âme, il faut vous attendre à un travail d'excavation important. Une telle démarche nous mène presque invariablement à faire la paix avec les individus à l'origine de nos conditionnements les plus profonds, c'est-à-dire nos parents. C'est un fait, si l'on souhaite comprendre sa destinée, il n'y a pas à chercher plus loin que dans l'histoire de nos parents. Il s'agit d'observer les routes qu'ils ont prises, comme celles qu'ils n'ont jamais empruntées. Le père de Stan Jay, le propriétaire du magasin de musique *Mandolin Brothers*, travaillait aussi dans le domaine de la vente. Il lui avait toutefois recommandé de ne pas suivre ses traces. « C'est trop difficile, disait-il, et les récompenses sont trop réduites ». Stan est donc devenu professeur d'anglais. L'univers persista cependant à lui envoyer un message différent. Un jour qu'il visitait la Californie durant les vacances d'été, Stan eut besoin de louer une voiture. Il avait fait l'acquisition d'une guitare quelques temps auparavant et découvrit qu'il pouvait troquer sa guitare contre une automobile et ce, pour toute la période estivale. « Si je pouvais tout le temps faire la même chose, pensa-t-il, pourquoi devrais-je travailler ? ». Avant de fonder une entreprise en accord avec sa nature, Stan dut d'abord *découvrir* sa nature. Il dut aussi clarifier son passé et sa vision d'avenir. À cet égard, l'un des exercices les plus puissants avec lesquels j'ai eu la chance de travailler est celui de la « biographie parentale ». Les résultats sont remarquables lorsque nous faisons cet exercice dans le cadre d'un atelier de groupe, mais vous pouvez aussi le réaliser seul et obtenir des résultats significatifs.

La biographie parentale

Installez-vous dans un endroit paisible et commencez à méditer sur le parcours de vos parents (ou des adultes ayant joué le rôle de parents durant votre enfance). Permettez aux images du passé de réapparaître. Laissez remonter à la surface les différentes choses que vous avez vues ou entendues au fil des ans, concernant la vie de votre mère ou de votre père. Lorsque vous vous sentez prêt, rédigez leur histoire. Une fois que vous aurez commencé, les mots vous viendront aisément. Il ne s'agit pas de pondre un rapport factuel précis ou un chef-d'œuvre de littérature. Ce texte n'est pas écrit en fonction de l'approbation de quelqu'un d'autre. Prenez tout le temps dont vous avez besoin. Le document peut aussi bien tenir sur une feuille, que sur dix ou trente pages. Certains éprouveront toutes les misères du monde à entamer ce travail. D'autres verront les mots s'aligner sur le papier avec facilité. Laissez votre ressenti et votre imagination vous guider. Votre texte pourra prendre une forme narrative ou se présenter comme une pièce de théâtre, un poème, un dialogue ou même une lettre à votre intention de la part de la personne concernée. À mesure que vous avancerez, vous risquez de voir apparaître très rapidement sous un nouveau jour le parcours de vos parents. Vous pourriez également être surpris de constater combien leurs luttes et leurs espoirs correspondent aux vôtres.

Une fois la biographie rédigée, lisez-la à voix haute. Même si vous êtes seul, le fait de lire à voix haute vous permettra de mieux percevoir ce qui résonne profondément en vous. Une fois la lecture complétée, laissez le travail se poursuivre à l'intérieur de vous. Laissez-le vous habiter encore pendant un certain temps. Cela dit, il n'existe aucun mode d'emploi pré-établi concernant cet outil. Le fait d'écrire puis de lire à voix haute suffira déjà à vous révéler les points communs entre la vie de vos parents et la vôtre, en plus de montrer combien il vous faut souvent faire face à des circonstances similaires. Le but de cet exercice n'est pas de se comparer, mais plutôt de ressentir et de mettre en lumière certains éléments. La biographie vous permet de découvrir que votre vie professionnelle n'est pas un phénomène isolé, ni un produit du monde actuel de l'emploi, ni même une situation en rapport avec vos talents et aptitudes. Il s'agit plutôt de constater que votre vie s'inscrit dans un processus de continuité avec des patterns se perpétuant de génération en génération, au sein de votre famille et de votre communauté culturelle.

On me demande souvent comment ma propre carrière s'est développée. Pour répondre à cette question, je n'ai pas besoin de remonter plus loin qu'à l'histoire de mon père. Mon père avait reçu une formation de dentiste, mais avant même de pouvoir entreprendre sa pratique, il dut abandonner en raison de la maladie. J'ai des souvenirs très nets de cet homme rentrant le soir à la maison, à la fois irritable et résigné. Il se calait dans son fauteuil devant la télévision et s'enfermait dans le silence. Mon père vendit des produits pharmaceutiques pendant quinze ans et se montra assez habile à cette tâche. Son mutisme portait toutefois un message. Il parlait de ce que l'on ressent en faisant quelque chose de moins important que ce qu'on se sent capable de faire. Ces longues soirées de silence traduisaient aussi le fait de se sentir amoindri par rapport à l'être unique qu'on se sait être en réalité.

À un certain moment dans sa vie, mon père retourna dans le domaine de la dentisterie. Même s'il me fallut trente-cinq ans pour lui demander comment cela s'était produit, je n'oublierai jamais sa réponse: «J'étais en train de prendre une tasse de café lors d'un dîner, dit-il, et puis soudainement, je me suis demandé: Mais voulez-vous bien me dire pourquoi je fais tout cela?». Dans mon jargon, je dirais que ce soir là, mon père est entré en contact avec ses sentiments profonds et qu'il a réussi à toucher son sens réel de l'estime personnelle.

« *Mais voulez-vous bien me dire pourquoi je fais tout cela* » ? Lorsque quelqu'un me demande comment il lui sera possible d'en arriver à un changement, je réponds souvent : « Quand vous serez suffisamment en colère, vous bougerez ». Lorsqu'on demanda à Paul Critendon d'occuper un poste dans une autre ville, il réagit de la même manière : « Mais voulez-vous bien me dire pourquoi je fais tout cela ? S'il me faut déménager, aussi bien le faire pour quelque chose qui a du sens ! ». Si vous êtes insatisfait de votre travail, c'est un bon point de départ. Il suffit ensuite de croire que vous êtes voué à quelque chose de mieux que ce que vous faites déjà.

Pour en revenir à mon père, il passa un coup de fil à un vieil ami qu'il avait rencontré à l'école de dentisterie et qui possédait une clinique à Manhattan. Pendant deux ans, il se rendit à cette clinique après son travail et reprit son entraînement de dentiste. Durant les vingt dernières années de sa vie professionnelle, il dirigea sa propre clinique à New York. Je vis combien ce changement de carrière alla de paire avec un changement dans sa vie et celle de notre famille. Je resterai toujours marqué par cette expérience. Je fus le témoin privilégié de ce qui se passe lorsqu'on conserve un travail qui nous rend malheureux, et puis de ce qui se produit sur le plan de l'estime personnelle lorsqu'on a l'impression d'apporter notre contribution au monde.

En ouvrant le livre de votre histoire personnelle, vous découvrirez combien la totalité de votre passé affecte votre vie professionnelle. Cette force est présente, que vous le vouliez ou non. Ou bien elle vous nourrit, ou bien elle vous déjoue. Il n'existe aucun mode d'emploi ici. Il ne suffit pas tout bêtement de dresser la liste des cinq qualités héritées de votre famille et de souhaiter continuer à les développer, ou encore d'identifier un pattern familial que vous désirez transformer.

Lorsque vous entrez dans l'univers de vos émotions profondes, vous vous reliez au pouvoir de votre lignée (non seulement à travers les liens du sang, mais aussi à travers vos liens professionnels et spirituels.) Ce contact donne accès à un champ de possibilités professionnelles où sont consciemment engagés vos sentiments profonds et les défis de votre vie. Autrement dit, il ne s'agit pas d'idéaliser ni de condamner votre passé, mais de vous y relier de manière à en exploiter tout le potentiel.

Si vous êtes disposé à entendre leurs messages, les démons que vous avez entassés dans votre labyrinthe – la luxure, alimentée par les images véhiculées dans les médias ; la jalousie, générée par le succès des autres ; l'avidité, issue de vos ambitions professionnelles ou de votre attrait pour l'argent – livreront leurs enseignements et ouvriront un passage vers une libre expression. « La pierre rejetée devient la pierre angulaire ». Les feux d'une énergie sexuelle désalignée peuvent être redirigés vers votre passion véritable. Ils perdent leurs effets destructeurs pour devenir les feux de la croissance et de l'accomplissement. Je connais quelqu'un qui démarra une entreprise dédiée à la fabrication et à la vente d'huiles essentielles. Un jour, il m'accorda une interview au sujet de son succès. Je me souviens qu'à un moment de notre conversation, il recula son fauteuil, posa les deux pieds sur son bureau, replia ses bras derrière sa tête et s'exclama : « Ce travail est encore plus passionnant que le commerce de la drogue ! ». La carrière de Gandhi fut propulsée par l'humiliation rencontrée au moment où on le jeta hors d'un train en Afrique du Sud, parce que sa peau n'était pas de la bonne couleur. La fougue de Florence Nightingale émergea de sa colère et de son indignation vis-à-vis la façon dont on traitait les patients dans les hôpitaux. C'est ce qui la mena à transformer radicalement la profession médicale en Grande-Bretagne.

Il y a des moments où il est extrêmement difficile et douloureux de faire la paix avec notre passé et d'en tirer profit.

Souvenez-vous toutefois que plus grand est le défi, plus grande est la récompense. Lors d'un atelier, une participante décrivit les efforts qu'elle dut déployer afin de surmonter le souvenir d'un viol subi à l'âge de 18 ans. Au bout d'un long et pénible travail d'intériorisation, une image très puissante vint à elle, soit celle d'un pieux fermement enfoncé dans le sol. Cette image parlait clairement de la blessure qui lui avait été infligée. Or, c'est aussi de cette blessure qu'émergea sa vision et sa force, c'est-à-dire sa capacité de semer les graines de son futur à partir d'une expérience profondément ancrée dans la terre fertile de sa vie. Sa carrière de consultante en gestion de crises reflète d'ailleurs très bien cette image. Ainsi en est-il pour de nombreux survivants de cas d'abus, de ceux qui furent déracinés par la guerre ou la maladie, ou pour quiconque fut affecté par les innombrables formes de traumatisme existant à notre époque. Au cœur de la blessure, se trouve le fondement de votre puissance. Vous le découvrirez si vous êtes prêt à vivre votre deuil, puis à permettre la mise en place du processus de guérison. Faire son deuil signifie laisser la blessure saigner, laisser les barrages céder et inonder votre jardin; cela signifie permettre à la douleur, à la vulnérabilité et à la déception en crue de faire leur chemin. Il est normal de redouter le moment où vous laisserez s'écrouler le barrage, mais est-il vraiment préférable de dépenser toute cette énergie à retenir continuellement le mur et à colmater les brèches? Ce barrage, c'est l'édifice que vous avez érigé entre vous et le monde, c'est l'enveloppe de protection tissée autour de votre deuxième chakra. Le «sang» s'échappant de votre blessure peut s'avérer abondant, mais si vous êtes sans jugement vis-à-vis ce qui arrive, ce processus de deuil vous conduira vers un espace tout à fait nouveau.

Ceux que l'on pourrait considérer comme des privilégiés peuvent aussi se trouver dans une situation problématique, du point de vue «anti-carrière». C'est connu, les individus dont les parents jouissent d'une grande notoriété ont souvent de la difficulté à émerger de l'ombre parentale et définir leur propre identité. Plusieurs héritiers de grandes fortunes sont réputés pour être incapables d'investir judicieusement, sentant intérieurement qu'ils n'ont pas mérité ce confort. Au cours des nombreux ateliers que j'ai eu la chance d'offrir ces dernières années, j'ai souvent rencontré des participants aux prises avec des sentiments de honte et de culpabilité reliés à un héritage. Le processus de guérison pour ces personnes n'est pas différent de celui des autres: si nous faisons fi de notre labyrinthe, nous finissons par sacrifier les parts de nous-même qui sont les plus précieuses. Rencontrer le Minotaure, c'est rencontrer et accueillir ce qui nous a marqué dans la vie. C'est s'aimer assez soi-même pour être capable de s'ouvrir et de laisser ces forces circuler librement, sans craindre qu'elles nous détruisent. Que nous devions faire face à l'abondance ou au manque, que nous devions composer avec les attentes de parents célèbres ou de la résignation typique de la classe moyenne, peu importe notre histoire, il nous faut faire la paix avec elle et la laisser nous stimuler, plutôt que de nous étouffer.

Lorsque vous êtes prêt à entamer cette exploration, la route à suivre est marquée par les espaces vides dans votre vie, les lieux d'anxiété qui en disent long sur votre configuration émotionnelle. Nous avons vu qu'au sein du chakra de la base, il faut choisir entre la voie de la plénitude ou la voie du manque. Le chakra des émotions nous propose quant à lui un choix entre la voie du travail intérieur et la voie de la réaction. Vos réactions émotionnelles face aux autres et aux situations peuvent être utilisées comme des clefs vous donnant accès au passé. Dès cet instant, vous pouvez chercher et découvrir les éléments de complexité constituant votre personne et provoquant toujours en vous les mêmes réactions. Ces clefs peuvent vous servir à expérimenter consciemment le processus déclencheur, puis à libérer l'énergie contenue.

L'énergie émotive de votre labyrinthe vous alimentera ou bien vous paralysera. Si le taureau demeure prisonnier du labyrinthe, vous devrez lui sacrifier vos rêves et vos objectifs. Les replis de votre personnalité – l'influence capitale du foyer, de la famille, de la sécurité émotionnelle – doivent être reconnus pour le rôle *positif* qu'ils ont joué dans votre vie. Sans cette reconnaissance, vous déracinez votre énergie émotionnelle. Vous utilisez la profession soit pour oublier, soit pour compenser pour votre déséquilibre intérieur. Votre relation avec le monde du travail doit être le fruit de votre relation avec les gens et avec votre milieu, et non un substitut. Les rencontres que vous ferez dans des séminaires de croissance personnelle ne remplaceront jamais les relations sincères vécues au quotidien. Sans elles, vous construisez des châteaux de cartes et vos activités professionnelles sont criblées de patterns familiaux répétitifs.

La psychothérapie – ou tout autre type de soutien thérapeutique – peut s'avérer utile pour qui veut soigner ses zones les plus troubles, de façon à ce que les émotions libérées puissent ensuite s'intégrer à la carrière. Lorsqu'on parle de soutien thérapeutique, il n'est pas question de régresser ou de se complaire dans ses blessures. Il s'agit plutôt de consacrer le temps et l'énergie voulus pour explorer et libérer les déséquilibres du passé. Cela vous permettra d'apporter de nouveaux éléments à votre carrière. Certains diront que le travail n'est «que pour les grandes personnes, car ce n'est pas une partie de plaisir», une partie où se joue notre survie et notre recherche de statut social. Cependant, une fois notre énergie de base convertie en intégrité, une fois que nous avons amadoué notre instinct de survie primaire, nous pouvons ressentir la grâce, nous pouvons aussi commencer à voir la recherche de statut pour ce qu'elle est, c'est-à-dire un pauvre substitut au bonheur d'aimer et d'être aimé. Lorsque ce renversement s'est opéré, nous pouvons intégrer à notre carrière nos sentiments profonds et tout l'émerveillement que nous avions perdu depuis notre enfance.

RAPATRIER SES SENTIMENTS

À partir du moment où vous laissez vos véritables sentiments opérer en vous et à travers vous, vous êtes en mesure
de faire ce que vous rêvez de faire et votre carrière dépasse le
besoin pressant de recevoir de l'amour et de la reconnaissance. La gamme des émotions et des sentiments comptent
parmi les énergies les plus puissantes que les humains puissent expérimenter. La supériorité que nous voulons absolument donner à la raison par rapport aux émotions fait de nous
une société de ratés raisonnables. On peut dire adieu au feu, à
la vie, à l'exultation, lorsqu'une société s'organise pour que les
émotions perdent leur valeur ou qu'elle se fassent siphonner
par des distractions futiles. Lorsque les émotions ne sont pas
vécues dans la justesse, elles deviennent chaotiques et se
retrouvent liées à des schèmes de pensées sans aucun fondement solide. Vos émotions et vos sentiments se transforment
en force lorsque vous les conduisez, non pas quand vous vous
laissez conduire par eux. Lorsque vous rapatriez ces énergies,
vous pouvez accéder aux possibilités infinies qu'offre la force
de vie individuelle. En redonnant toute la place que vos émotions et sentiments méritent, vous prenez bien soin de vous,
vous devenez plus enthousiaste et, à la base de votre être,
vous ressentez que ce que vous faites a de la valeur.

La joie apparaît lorsqu'il vous est possible d'être vous-
même. Lorsque vous faites quelque chose de bon, la joie coule
de source et cette énergie est contagieuse. Cela ne veut pas
dire que la joie va de paire avec la loi du moindre effort. Les
athlètes, artistes et danseurs travaillent avec acharnement,
mais dans un effort joyeux. Une sorte d'excitation circule
constamment en nous dès que nous nous alignons avec une
estime personnelle bien enracinée. La joie ne devrait pas être
confondue avec les bonheurs ou les plaisirs superficiels. La
douleur et la colère sont aussi « joyeuses » si elles proviennent
de la base. L'énergie des émotions et des sentiments doit

circuler depuis notre centre d'enracinement et de pouvoir. Cet alignement nous permet de progresser toujours davantage en direction de l'action authentique.

L'éminent psychologue américain, William James, (qui souffrit lui-même pendant de longues années de ne pas savoir quelle direction donner à sa carrière) plaça «l'âme malade» au-dessus de «l'âme en santé», par rapport à la profondeur. Il s'agit donc de libérer les émotions, non pas simplement d'ignorer la douleur. Les drames, la nostalgie, la dépression sont autant d'expériences pouvant mener quelqu'un en direction d'un travail authentique. Isadora Duncan expérimenta une «conversion» lorsque ses deux enfants furent tués dans un accident d'automobile. Tous les enfants du monde devinrent les siens et propulsèrent son art. Bien sûr, cela ne veut pas dire qu'il faut chercher à provoquer les drames ou toute autre expérience intense dans le seul but d'obtenir de l'inspiration. Cela constituerait en fait un retour vers le sentiment de manque. Je connais un artiste qui, après avoir été heurté par une voiture, s'exclama : «Merci mon Dieu, quelque chose m'est *enfin* arrivé»! Nous devons au contraire nous sentir soutenu par le sol que nous foulons. «Car c'est là, est-il dit, que se trouve le remède».

Tout sentiment pur et vrai nourrit notre feu intérieur. Le pouvoir de mener une carrière authentique est proportionnel au niveau de liberté ressenti face à la culpabilité et la tendance à rationaliser les choses. À l'origine, le mot *passion* faisait référence à la douleur, mais il s'agit d'une douleur qui sert l'organisme. Le mot *joie* fait partie du mot *jouir*. Chaque être humain ressent le besoin de jouir de la vie. Le fait que la plupart des gens ne jouissent pas de la vie au travail (c'est-à-dire dans ce à quoi nous consacrons une majeure partie de notre temps et notre énergie) en dit long sur le douloureux déséquilibre qui prévaut dans notre société. Si cette douleur est rapatriée, le processus d'alignement entre sentiment et pouvoir s'amorcera, ce qui créera un espace permettant à la joie d'entrer. Le jour où ce sera chose courante, nous ferons de nouvelles rencontres et nous n'aurons plus envie de poser la question «Que faites-vous dans la vie?», mais plutôt: «Bonjour! Décrivez-moi ce qui vous passionne dans la vie?» À partir du moment où vous toucherez à ce ressenti profond, votre travail authentique pourra naître.

L'INVENTAIRE DE VOS TALENTS

Il convient donc de se demander: «Quelle est ma passion»?, «Quelles sont mes convictions de base»? ou «Qu'est-ce qui compte le plus pour moi dans la vie?». Votre contribution dans le monde réside dans les réponses à ces questions. C'est en procédant à cette introspection que vous pourrez faire l'inventaire de vos talents et de vos habiletés. Il existe plusieurs excellentes méthodes pouvant vous assister dans cette tâche. Si vous ressentez le besoin d'être guidé, je vous suggère le livre de Richard Bolles, intitulé *What color is your parachute* (« *De quelle couleur est votre parachute* »). Même s'il fut écrit il y a 25 ans, cet ouvrage, qui nous invite à la création d'un travail enrichissant, est encore des plus pertinents. Dans la plupart des cas, les exercices suggérés par les consultants comme Richard Bolles consistent à réévaluer notre histoire en jetant un coup d'œil sur les événements de notre passé où nous avons bien travaillé et où nous nous sentions bien par rapport aux tâches que nous venions d'accomplir. C'est exactement ce que nous faisons dans le processus «anti-carrière». Nous nous concentrons sur le ressenti et la passion, sur ce qui nous a réellement motivé durant notre vie et sur ce qui nous motive encore. Un simple inventaire de vos talents n'est toutefois pas suffisant. Après avoir décidé de ne pas enseigner à l'école, Thoreau suivit les traces de son père, un manufacturier de crayons de plomb. Il s'appliqua diligemment à l'art de fabriquer des crayons, tentant constamment de mettre au point le meilleur instrument que personne n'ait jamais conçu. Il montra son prototype à des chimistes et à des artistes de

Boston qui confirmèrent que son crayon était aussi bon que le meilleur crayon au monde, fabriqué à Londres à l'époque. Ses amis le félicitèrent chaleureusement, pensant que sa fortune et son avenir étaient maintenant assurés. Or, Thoreau décida de ne plus jamais fabriquer de crayons. « Pourquoi devrais-je le faire? Pourquoi recommencer ce que j'ai déjà fait »?, déclara-t-il[1]. « Ainsi donna-t-il un sens, expliqua plus tard Emerson, à ses interminables marches et ses études variées, faisant désormais de chacune de ses journées une nouvelle rencontre avec la nature[2] ». Thoreau détenait un talent particulier, mais ce talent n'était pas aligné sur sa passion (c'est-à-dire sa passion pour la nature). Dans *Walden*, il parle de lui-même en tant « qu'inspecteur autoproclamé des tempêtes de neige ». Il finit d'ailleurs par développer un style de vie lui permettant d'être en contact intime avec la nature et la sagesse qu'elle possède.

C'est autour de votre passion que votre vie va commencer à graviter et ce, même si vous ne vous concentrez pas consciemment sur elle. Toutefois, si vous n'avez pas suffisamment exploré votre labyrinthe, c'est votre histoire familiale qui prendra le dessus, au bureau ou ailleurs. Afin de pénétrer au cœur du labyrinthe, vous devez diriger le projecteur sur vos émotions et sentiments. De là, vous pourrez faire le point sur ce qui compte le plus pour vous, sur les activités auxquelles vous désirez consacrer votre temps et votre énergie, ainsi que sur les aptitudes développées au fil des ans et qui correspondent à vos aspirations.

PASSION VS APPROBATION

Une fois que vous entrerez dans cette sphère, vous découvrirez probablement qu'en de nombreux lieux et en maintes occasions, vous avez compromis vos sentiments

---

1.   Ralph Waldo Emerson, « *Thoreau* », dans « *Ralph Waldo Emerson* », 475-90.
2.   Ibid.

véritables. Quelles étaient les circonstances entourant ces expériences? Lorsqu'on aborda cette question en atelier, le souvenir le plus lointain d'une participante remontait à l'époque de la maternelle, au moment où on lui avait demandé ce qu'elle voudrait faire quand elle serait grande. Lorsqu'elle répondit «coiffeuse», l'enseignante et la directrice de l'école s'esclaffèrent et l'intimidèrent au plus haut point. À partir de ce moment, cette femme s'éloigna de son rêve, car le message qu'elle venait de recevoir n'était pas: «Fais ce que tu aimes», mais bien «Fais ce qui est accepté».

S'il vous est difficile de contacter vos sentiments réels, c'est qu'on vous a souvent envoyé des doubles messages du style «Je t'aime, mais...». Comme le confirment les études réalisées par Alice Miller, l'enfant est alors contraint de parler et d'agir en fonction de l'approbation parentale, laquelle peut être donnée ou refusée par un simple geste[1]. Dès le tout jeune âge, la plupart d'entre nous apprenons à restreindre notre action. Sous le couvert de certaines valeurs telles que la politesse, le partage et la maîtrise de soi, on nous passe le message selon lequel l'approbation sociale est la plus grande valeur de notre culture. Ainsi, les jeunes personnes sont-elles encouragées à développer leurs talents et leurs habiletés, mais en contre partie, on leur offre très peu de reconnaissance si leurs aptitudes particulières vont à l'encontre de ce qui est normalement approuvé. Si vous êtes passionnément attaché aux performances d'une équipe de baseball, c'est bien, mais ce ne l'est pas si vous entretenez une profonde passion pour la beauté des nuages. Pas étonnant qu'il soit si difficile de trouver et faire ce qu'on aime. Afin de développer un mode de travail authentique, vous devez retrouver le contact avec votre ressenti, là où le courant de vie prend son expansion et devient un sentiment, un élan, un désir de faire quelque chose qui a du

---

1. Alice Miller, «*The Drama of the Gifted Child*» (New York: New American Library/Dutton, 1988), «*Banished Knowledge: facing Childhood Injury*» (New York: Doubleday, 1991).

sens. Dans ce contexte, le sens ne peut qu'émerger d'un esprit sincère. Il ne s'agit pas de prendre des décisions existentielles. Les prises de décisions ne produisent des résultats que lorsqu'elles sont alignées avec le ressenti et le courant de vie.

La plus noble des quêtes de vérité peut s'avérer un écran de fumée si nous ne faisons pas la paix avec nos sentiments. L'ego est balayé par un mouvement ou un idéal mais ses amarres sont très peu solides, alors le mouvement ou l'idéal devient un substitut pour le manque de contact avec le ressenti véritable. Lorsque la guerre est terminée ou lorsque le mouvement se transforme en institution, la posture héroïque ne peut plus être maintenue. L'ego se met alors à la recherche d'une nouvelle cause. Attention, il ne faut pas en conclure que les causes sont à proscrire. Une cause peut souvent être bonne et constituer un canal puissant pour l'énergie vitale. Il faut simplement veiller à ce que les causes ne soient pas des substituts. Elles ne doivent pas être notre raison de vivre et d'agir. Elles doivent plutôt être une expression naturelle de notre passion, sinon l'énergie de notre vrai ressenti sera encore en état de latence.

Il existe une attitude peut-être encore plus insidieuse que l'idéal de la « grande quête de vérité », soit celle du relativisme amer qui, à partir du sentiment de désespoir, conspire à contrecarrer nos tentatives à mener une vie authentique. Dans *The Closing of the American Mind* (*NDLT : « La fermeture de l'esprit américain »*), Alan Bloom évoque ce type de tragédie en parlant de la disparition de notre capacité à croire en quoi que ce soit ou d'agir avec quelque passion que ce soit[1]. Tout cela peut être des activités quotidiennes futiles comme le *shopping*, par exemple, ou les conversations incessantes. Ces stratégies inconscientes nous empêchent d'entrer en lien étroit avec nos sentiments les plus profonds. Pour plusieurs personnes, ce qui

---

1. Allan Bloom, « *The Closing of the American Mind : Education and the Crisis of Reason* » (New York : Simon and Schuster, 1988).

en résulte est un manque flagrant de passion, ce qui complique leur situation professionnelle. Elles ressentent une forme de désespoir entre les possibilités infinies de la vie et « si peu d'arguments irrésistibles pour en venir à faire des choix[1] ». Voilà pourquoi il est si important de commencer par le point d'attache entre le corps physique et le corps énergétique. Une carrière authentique *doit* trouver son origine au sein du corps physique et de sa relation avec le courant de vie. Si vous ne savez pas comment faire, allez dans les bois pendant un certain temps et commencez à ressentir le flot d'énergie circulant dans votre corps. Explorez la vie et ses rythmes qui nous rappellent notre capacité constante à renaître.

Les chaînes qui entravent nos mouvements s'appellent *amertume* et *idéal*. La libération de notre capacité à ressentir passe par le fait de briser ces chaînes, puis par l'acceptation de nos émotions et sentiments tels qu'ils sont véritablement. Lorsque nous nous accueillons comme nous sommes, nous pouvons aussi accueillir nos sentiments tels qu'ils sont. Cette énergie fera émerger les paroles et actions appropriées pouvant nous mener à une vie authentique et à la vitalité. C'est à partir de cette énergie que nous pouvons trouver un espace de clarté par rapport aux doubles messages véhiculés sur l'argent, le pouvoir, la sécurité et le succès. Nous pouvons rester fort et stable vis-à-vis ce que nous voulons. Dès lors, nous pouvons vivre et travailler dans le monde depuis un espace de conviction véritable.

Méditation du 2ᵉ chakra
Le courant des émotions

Installez-vous confortablement de façon à pouvoir ressentir le contact entre votre corps et le sol. Ressentez votre colonne vertébrale qui s'étire du pelvis jusqu'à la nuque. Ressentez sa force et sa

---

1. Ibid.

flexibilité. Inspirez et expirez doucement. Votre respiration est libre et profonde, permettant la détente de tout votre être. Ressentez la respiration dans vos bras et dans vos jambes, dans votre colonne vertébrale et dans le creux de votre bassin. Si vous rencontrez des points de tension ou de résistance, respirez dans cet espace et laissez doucement la détente s'installer. Pour vous aider, vous pouvez émettre un long « Aaaah », à l'expiration.

Votre souffle vous conduit plus profondément dans votre monde intérieur. Permettez à votre corps d'être lui-même « respiré » au rythme de vos inspirations et expirations. Portez votre attention sur les endroits où vous vous cramponnez, où vous tentez de garder le contrôle. Relâchez doucement cette énergie en accordant toute votre confiance au courant de vie omniprésent. À chaque respiration, soyez de plus en plus profondément lié au courant. Vous êtes connecté à la terre, à ses forces subtiles et à sa grande patience.

Portez maintenant votre attention sur le deuxième chakra, devant le sacrum. Laissez le souffle monter et descendre. Ce mouvement est celui de vos grandes eaux intérieures. La respiration est comme le mouvement des marées, comme le sang dans vos veines, comme la lymphe, comme toutes les forces de vie sous forme liquide dans votre corps... L'eau... L'océan... Le roulement des vagues... Les vastes étendues sous-marines... Les mille et un visages de la Mère divine... Profondeurs insondables de l'être... Le passé, les replis de la mémoire sont protégés au creux de la matrice. Pénétrez avec confiance au sein de ce fabuleux espace, là où se trouve la mémoire de toute votre existence.

Maintenant, imaginez que vous marchez à reculons dans une caverne sous-marine. Sur les murs de la caverne, sont projetées des images de votre vie, des chemins empruntés et non-empruntés, des moments de douleur et des moments de joie. Reculez lentement. Si vous éprouvez des difficultés à mesure que vous retournez dans votre passé, demandez l'aide d'un guide pour vous tenir la main. Revenez en arrière, très loin en arrière, dans le labyrinthe du passé. Remarquez les routes qui vous étaient offertes et que vous avez refusées. Remarquez en chemin les images plus floues ou plus troubles, les endroits où l'énergie fut obstruée.

Laissez maintenant votre guide vous conduire jusqu'au moment de votre vie où vous avez ressenti pour la toute première fois la pulsation de l'émotion, ce moment de votre vie où vous avez été rempli d'émerveillement et où vous avez réalisé que la vie était bien plus intense que ce qu'on vous avait porté à croire. Ce fut peut-être un moment de grande joie ou de tristesse, une révélation par rapport à la beauté de la nature, l'excitation de découvrir comment fonctionnait une chose. Il sera possible de vivre une expérience différente chaque fois que vous entreprendrez cette méditation. Ayez confiance en votre sagesse intérieure et goûtez entièrement à ce moment. Ressentez ses formes subtiles, ses textures, ses sons, ses goûts, ses odeurs. Comment vous sentez-vous? Comment réagissez-vous au fait d'être en vie, en ce moment? Demeurez dans cet instant tant qu'il sera vibrant, puis préparez-vous à le laisser partir doucement. Gardez une porte ouverte, sachant que vous pourrez retourner en ce lieu aussi souvent que vous le voudrez afin de puiser à son énergie.

Inspirez. Expirez. Réintégrez lentement la conscience de votre corps, tout en conservant l'empreinte de l'expérience que vous venez de vivre.

Pendant un certain temps, juxtaposez cette vision à la vie que vous vivez présentement. Comment votre vie actuelle reflète-t-elle votre expérience intérieure? Permettez-vous l'existence de la joie, de l'émerveillement, de la passion, de la conviction, dans votre quotidien? Ou alors les avez-vous enfermés quelque part? Ici, maintenant, pensez à un geste – aussi simple soit-il – que vous pouvez poser afin de permettre à la vie de mieux respirer, dans votre quotidien. Que pouvez-vous faire, chaque jour, afin de susciter l'expression de votre joie profonde? Que ce soit chanter, méditer, arroser les plantes, cultiver un potager, vous entraîner au gym – peu importe ce que c'est, pourvu que cela devienne une pratique vous permettant de relier votre joie intérieure à votre vie extérieure.

5

Troisième étape : Le bon usage de la volonté

Nous avançons dès le moment où nous recrutons nos troupes et que nous leur donnons le signal du départ.

I-Ching

*U*ne question comme « Dans quelle branche vous dirigez-vous » ? n'a plus réellement sa place dans le monde actuel. Non seulement la majorité des gens changeront-ils d'emploi au moins trois fois (et souvent beaucoup plus) au cours de leur vie professionnelle, mais ils changeront carrément de branche, également. Il importe donc d'être plus précis : « Comment aimerais-je être et me sentir ? Comment aimerais-je vivre ma vie et intégrer mon travail à ce style de vie ? ». En répondant à ces questions, vous cernerez mieux vos aptitudes et intérêts, sans négliger vos passions et vos convictions profondes. Si vos choix de carrière sont en congruence avec ce qui compte le plus pour vous, vous aurez accès à la force et à la clarté d'esprit.

À différentes périodes de notre vie, nos priorités peuvent changer, de même que les critères auxquels nous nous référons pour choisir un travail. Ce qui compte, c'est de *savoir* ce

qui est absolument prioritaire pour vous au cours de ces différentes périodes, que ce soit la famille, la créativité ou l'argent,
pour ne nommer que ceux-là. La congruence entre notre travail et nos convictions personnelles ne signifie pas nécessairement qu'elles doivent être amalgamées. Par exemple, Victor
œuvra en faveur de la paix pendant dix ans, en Nouvelle-
Angleterre. C'était un activiste reconnu dans son milieu. Son
travail d'organisateur à temps complet était alimenté par une
grande force de conviction. Même si la flamme idéaliste de
Victor était toujours bien vivante, de nouvelles préoccupations très concrètes firent un jour leur apparition dans sa vie.
Après avoir exploré son labyrinthe, il réalisa que sa relation
avec son fils était maintenant devenue sa priorité. Âgé de
13 ans, son garçon serait bientôt prêt à quitter la maison et en
attendant, il avait besoin de son père. Victor savait qu'un poste
de travailleur social venait de s'ouvrir dans un organisme de
son voisinage. Cet emploi lui permettrait d'aider les autres,
tout en lui donnant la chance de passer du temps avec sa
famille. Au début, Victor envisageait comme un net recul
l'idée de quitter son statut de militant hautement engagé pour
la paix afin de devenir « simple travailleur social ». Or, à partir
du moment où il vit clairement ce qui comptait le plus pour
lui à ce carrefour de sa vie, Victor réalisa que le travail social
entrait très bien en congruence avec ses convictions. Il fut alors
en mesure de choisir ce nouvel emploi. Créer un travail que
l'on aime est subordonné à la création de la vie que l'on aime.

LE SIÈGE DE LA VOLONTÉ

Quel que soit notre domaine, nos orientations professionnelles sont inévitablement influencées par nos vieilles
croyances concernant la notion de choix. Si vous êtes actuellement en mesure de choisir votre voie ou de créer votre carrière, vous avez fort probablement obtenu cette liberté aux
prix de nombreuses batailles épiques menées sur plusieurs
fronts. Lorsque nous parlons du bon usage de la volonté, nous

ne faisons pas uniquement référence aux choix immédiats d'un individu. Dans bien des cas, nos choix de vie doivent se faire en fonction des personnes ou des éléments avec lesquels nous voulons nous aligner : des organisations politiques ou sociales, par exemple, des entreprises écologiques ou encore de nouvelles manières d'échanger des biens et services. L'alignement de la volonté, qui relève du 3e chakra, va au-delà des préférences personnelles. Ici, nous tentons en effet de faire des choix en congruence avec l'esprit et son pouvoir. Ce n'est pas une mince affaire. Force est de constater que les choix tenant compte de la croissance personnelle et des libertés individuelles détiennent rarement une valeur commerciale, avec pour résultat qu'ils sont rarement encouragés. De plus, nous devons nous frotter à la myriade de modes et influences qui gravitent autour de nous et qui ne demandent qu'à être adoptées. Pensons également à toutes ces voix qui martèlent que «nous n'avons pas le choix, que nos possibilités professionnelles sont tributaires des conditions existantes du marché ou du gouvernement ou du destin, et que nous devrions nous considérer chanceux de pouvoir nous débrouiller avec ce que nous avons». En parallèle, d'autres voix vont nous assurer que «nos possibilités sont illimitées et que nous pouvons accomplir tout ce que nous souhaitons si nous parvenons simplement à penser de la bonne manière». Évidemment, aucune de ces voix ne détient le monopole de la vérité. Il n'en tient qu'à nous de trouver notre propre voix, de choisir à partir de notre propre espace de clarté et de pouvoir.

Dans plusieurs traditions anciennes, la notion de choix ne prenait pas autant de place que dans la vie d'aujourd'hui. Un homme/dieu, ou tout autre personnage considéré comme sage et tout puissant, faisait figure d'autorité. Dans le monde occidental moderne, ce qui faisait figure d'autorité se trouvait dans les écritures, de même que dans les religions et les institutions politiques reconnues. Au siècle dernier, notre société fut témoin des tristes résultats obtenus après avoir suivi tous ces hommes savants et leur pouvoir institutionnel. En tant que représentants de l'Occident postmoderne, nous aimerions bien croire que nous avons réussi à détrôner tous ces faux dieux. À priori, c'est l'image initiale que nous nous faisons de nous-mêmes. Pendant ce temps, certains feront valoir que notre nouveau dieu est devenu l'économie, et que l'opinion publique dicte désormais la conduite de la population. De façon à mieux comprendre notre relation avec le phénomène de l'autorité ainsi que les possibilités qui en découlent par rapport à la notion de choix, j'ai choisi trois personnages issus de notre inconscient collectif qui symbolisent bien les diverses stratégies utilisées par la volonté humaine. Ces trois personnages sont encore vivants à l'intérieur de nous. J'aimerais toutefois ajouter que le mieux serait de les exorciser un à un, afin de bien établir votre processus «anti-carrière». L'histoire qui va suivre est une métaphore imaginaire, une étude de cas archétypale. Elle a pour but de brosser le portrait des différentes applications de la force de volonté. En devenant de plus en plus conscient de nos modèles culturels, nous serons mieux en mesure de les reformuler et de canaliser nos choix de manière plus puissante.

Œdipe : Tel père, tel fils

Dans l'univers d'Œdipe, le destin est le roi suprême, sans égard à la volonté humaine. La tragédie écrite par Sophocle et dont s'est inspiré Freud (qui aimait orner son bureau de statuettes représentant des dieux grecs), dépeint une situation où le destin l'emporte sur les efforts déployés pour le contrecarrer. Le roi Laïos est averti par un oracle que son fils le tuera. Ébranlé par cette prophétie, le roi transperce le pied de son fils avec une lance et l'envoie mourir sur une montagne. Le garçon est trouvé par un berger, puis adopté par le roi de Corinthe qui le baptise Œdipe : «Celui au pied enflé». Devenu prince de Corinthe, Œdipe reçoit à son tour un avertissement de l'oracle. Le destin veut qu'il tuera son père et qu'il épousera ensuite sa mère. Dans l'espoir d'échapper à cette prophétie, Œdipe fuit la Corinthe, mais il se retrouve impliqué dans une altercation, à la jonction de deux routes. L'altercation se transforme en combat. Œdipe tue l'instigateur de la bataille et, sans le savoir, tue aussi son père, Laïos, qui se trouvait dans le convoi.

Plus tard, après avoir résolu l'énigme du Sphinx – ce qui lui permet de sauver sa ville, Thèbes, – Œdipe est proclamé roi de la contrée. Sans le savoir, il épouse la reine veuve, Jocaste, sa mère naturelle. Tout semble bien aller jusqu'au jour où Thèbes est frappée par un fléau. La malédiction ne pourra être levée que lorsque l'on trouvera le meurtrier de Laïos. C'est alors qu'Œdipe découvrira graduellement la vérité.

Dans cette histoire, le destin est révélé par le biais d'un oracle et frappe tous les personnages. Le roi Laïos, son fils Œdipe, la reine Jocaste tentent tour à tour à leur manière de s'y soustraire. Laïos est averti qu'il sera tué par son fils ; il le rejette donc et l'envoie mourir dans les montagnes. Jocaste, craignant le pire, essaie de persuader Œdipe de renoncer aux efforts qu'il déploie afin de découvrir la vérité. Enfin, Œdipe, dans son immense effort et sa détermination sans borne à résoudre le mystère, se détruit lui-même ainsi que sa maison.

Le fléau constitue le problème initial de la tragédie. Cette malédiction sur le royaume (qui n'est pas sans rappeler la malédiction pesant sur notre propre royaume contemporain) est un signe avertissant qu'en dépit des apparences extérieures, l'ordre ne règne pas et que quelque chose va profondément mal. C'est souvent le cas avec notre situation professionnelle. Nous sommes bien payés, les bénéfices marginaux sont intéressants, l'emploi est potable, mais au fond de nous, nous sentons que nous nous sommes laissés tomber et que nous ne vivons pas en fonction de ce qui nous appelle.

La fonction du roi – symbolisant la force de cohésion de la collectivité – est intimement liée à celle du père, car Laïos agit autant à titre de roi qu'à titre de père, dans l'histoire ; de plus, traditionnellement, le roi agissait en tant que père pour son peuple. L'autorité s'applique ainsi d'un personnage à l'autre, sans que la chaîne ne se brise : depuis les dieux, en passant par le père/roi, jusqu'à la populace. C'est l'ordre dans lequel le peuple se sent soutenu, un ordre dont la validité – comme dans le monde du travail – n'est pas remis en question, du moins jusqu'à ce que les choses commencent à mal tourner. L'action juste, dans une telle situation, est d'être en bonne relation avec les dieux et leur autorité, peu importe leurs caprices, tel que réclamé par les dirigeants de la communauté et leurs institutions.

Lorsque quelque chose ne va pas bien dans votre vie, vous pouvez parfois sentir que, quelque part, vous avez transgressé l'ordre des choses. Vous avez péché ou trompé le gouvernement et maintenant on vous rend la pareille. Et cela est vrai, jusqu'à un certain point. Vous êtes le roi de votre propre royaume. La malédiction qui pèse sur votre royaume est cette impression lancinante que quelque chose ne tourne pas rond. Si vous croyez que le destin est irrévocable ou que vous réagissez par peur de représailles, – comme Laïos le fit – vous vous acculez vous-même au pied du mur et il n'y a plus de porte de sortie. Le même phénomène se produit lorsque vous cédez au jeu des statistiques, en envisageant votre carrière. Vous tombez alors dans le piège du fatalisme. Comme l'a démontré Richard Bolles de façon convaincante, les statistiques sur le chômage ne nous disent absolument rien sur le nombre d'emplois réellement disponibles. Chaque mois, des centaines de milliers de postes sont ouverts sans même être annoncés dans les journaux[1].

L'enchaînement irrévocable de coups du destin, tel qu'il-lustré dans l'histoire d'Œdipe, commence par un geste basé

---

1. Richard Bolles, « *What Color is your Parachute ? 1995 : A Practical Manual for Job Hunters and Career Changers* » (Berkeley : Ten Speed Press, 1994).

sur la peur. La voix de l'autorité – de la prophétie – est entendue, mais pas écoutée. Sa validité n'est pas remise en question. L'ego tente simplement d'en éviter les conséquences et réagit : «Si la prophétie dit que mon fils me tuera, je vais le tuer le premier». Ainsi, la roue du karma entre en mouvement.

Œdipe cherche des témoins, écoute leur compte-rendu et devient furieux quand le prophète Teiresias déclare que le roi est responsable de son propre malheur. Sous l'emprise de la colère, Œdipe se moque du prophète et le chasse. Le mystère s'éclaircit graduellement et Œdipe est horrifié lorsqu'il découvre cette vérité qu'il espérait tant obtenir. *Il est* celui qu'on recherchait !

Cette histoire illustre, entre autres choses, la tragédie de l'esprit soumis. À la première lecture, on pourrait pourtant croire qu'il s'agit du contraire, car les personnages résistent aux mâchoires du destin qui se referment lentement sur eux. Œdipe et sa famille sont systématiquement déjoués. Le message reçu étant que chacun de nous devrait simplement jouer le rôle qui lui est imparti dans la vie et espérer que tout aille bien. Ce qu'on ne voit pas, c'est que les réactions de fuite font *aussi* partie de la prophétie ! Ainsi, l'étiquette de l'esprit soumis convient-elle parfaitement aux personnages de l'histoire. Elle décrit bien l'humain qui réagit sans trop réfléchir, tout comme celui qui suit le troupeau sans trop réfléchir. Il serait donc plus juste d'envisager la légende d'Œdipe comme étant une métaphore de l'esprit en réaction. Les humains de l'ère postmoderne n'ont peut-être plus à se soumettre, mais ils sont en réaction. Nous apprenons aux infos télévisées que la récession approche ; immédiatement, nous nous mettons à l'abris. «Les doctorats ne sont plus à la mode, mais les MBA sont branchés» ? Les murs de béton et d'acier de la *Wharton Business School* deviennent soudainement plus attrayants que les lierres entourant les murs des universités de *Princeton* et *Yale*.

L'une et l'autre, soumission et rébellion, sont le reflet de notre habitude à considérer les choses dans une perspective unidimensionnelle. En tuant son père sans le savoir, Œdipe agit selon les paroles de l'oracle, en partie parce que la prophétie avait suscité la peur dès le départ. Si l'autorité extérieure a parlé et que la soumission prend place automatiquement, l'individu ne dispose d'aucune autre option. On peut voir ici combien cela nous ramène à l'importance fondamentale d'une réelle estime de soi. Que se passe-t-il en moi, à propos de l'information que je reçois ? Où se situe mon pouvoir de choisir dans cette situation ?

Si vous croyez que l'autorité est extérieure, vous êtes aveuglé par rapport à vous-même et par rapport à vos propres possibilités. Si vous réagissez aveuglément contre le système, vous serez toujours pris dans les fils de la toile d'araignée. Il existe une autre manière de répondre. Quand Laïos entendit la prophétie, il aurait peut-être pu faire face à sa peur de voir son fils usurper son pouvoir. Peut-être aurait-il pu trouver une autre façon d'utiliser cette énergie[1]. La voix du prophète résonne dans nos oreilles – dans *nos* oreilles. Notre manière de répondre à cette voix dépend de notre volonté de lâcher prise sur la panique initiale qui nous fait penser que nous serons détruits par la colère de Dieu, la récession ou l'inspecteur des impôts. Elle dépendra de notre volonté de nous ouvrir à de nouvelles possibilités basées sur notre sentiment d'avoir de la valeur et sur l'accueil de nos émotions véritables. La première stratégie erronée en rapport avec le concept d'autorité est donc notre réflexe «soumission/réaction». Le fils demande pourquoi. Le père répond : «Parce que je l'ai dit». Dérouté, l'enfant obéit ou bien il pique une crise. Encore une fois, la roue est mise en action.

---

1. Voir James Hillman, « *Œdipus Revisited* » dans « *Œdipus Variations* », par Karl Kerenyi et James Hillman (Dallas, Tex. : Spring Publications, 1979).

Hamlet : La paralysie du choix

L'histoire de Hamlet, un autre symbole culturel ayant traversé les âges, illustre le dilemme auquel fait face la personne ayant perdu la capacité de contacter une puissance supérieure et qui plonge dans les abîmes de son propre processus de pensée fracturée. Comme dans le récit d'Œdipe, le royaume est frappé par une malédiction. Le roi du Danemark est mort, apparemment de causes naturelles, et son frère, l'oncle de Hamlet, est sacré roi. Hamlet est déçu du nouveau roi, son oncle, ainsi que des affaires du royaume, au lendemain de la mort inattendue de son père. Encore plus aiguë est sa réaction vis-à-vis l'attitude de sa mère qui décide à la hâte d'épouser son oncle sans trop pleurer la mort du roi.

Contrairement à Laïos, Hamlet ne peut accepter les paroles prophétiques qui lui sont livrées par la bouche même de son père. Ou est-ce vraiment le cas ? Le spectre du père de Hamlet lui apparaît et déclare avoir été assassiné par son frère. Hamlet s'en doutait déjà, mais le fantôme est-il réel ou s'agit-il d'une projection provenant de son imagination ? Hamlet ne peut en être absolument certain ; les premiers mots de la pièce – « Qui est là » ? – annoncent d'ailleurs ce dilemme. Dans Œdipe, la parole de ceux qui font figure d'autorité est absolue. À l'opposé, dans Hamlet, nous assistons à une situation où la confiance envers la génération précédente est brisée. La forme du père est immatérielle. Elle ne peut parler que depuis sa tombe.

Hamlet est tellement absorbé par « les pâles reflets de la pensée » qu'il n'arrive pas à choisir. Il est hanté par la possibilité que cette voix d'autorité puisse être fausse.

« L'esprit que j'ai vu pourrait bien être le démon ;
car le démon a le pouvoir de revêtir une forme séduisante ;
oui ! et peut-être, abusant de ma faiblesse et de ma
mélancolie, grâce au pouvoir qu'il a sur les esprits comme le
mien, me trompe-t-il pour me damner ».

(Acte II Scène 2)

Hamlet doit dès lors mettre à l'épreuve les paroles de son père-fantôme. Cette idée aurait été impensable pour sa contre-partie pré-moderne, Œdipe. Hamlet ne fait confiance à personne, et cela reflète bien ce que nous vivons dans le monde moderne. Libéré de ses amarres archétypales, l'esprit est incapable de déterminer par lui-même la meilleure façon d'agir. Hamlet reste figé jusqu'à ce que les circonstances le poussent à se lancer. Ce faisant, il laisse présager les difficultés à venir pour les libres-penseurs. En effet, Hamlet se fait piéger par ses propres paramètres mentaux, rejetant le surnaturel et, comme nous le verrons, craignant aussi la femme.

Hamlet est incapable de se confier à qui que ce soit, en particulier aux femmes[1]. Il se sent trahi par sa mère et ne peut faire confiance à celle qu'il aime, Ophélie. Symboliquement, les femmes que Hamlet repousse avec mépris représentent l'aspect féminin en chacun de nous, symbolisant l'intuition et le ressenti. Privé de toute certitude extérieure et d'une piètre confiance intérieure, notre héros est indécis quant à son avenir. Si nous n'admettons pas que certains choix sont au-delà de notre volonté et que nous refusons d'être guidés par une autre lumière, nous deviendrons aussi victimes de la cacophonie régnant dans notre tête. «Après tout, comment savoir si les appels que nous ressentons sont bien valides? Qui devrions-nous écouter? Nous sommes tellement influençables!». Un jour, nous sommes déterminés à quitter la ville pour devenir fermiers, le lendemain, nous voulons retourner sur les bancs d'école pour obtenir un nouveau diplôme en administration des affaires.

Il n'existe aucune solution discursive à ce problème. Au départ, cela peut sembler décourageant. Aucun test d'aptitude, aucun processus par étapes, aucune technique de

---

1. L'on pourrait prétendre qu'Horatio est le véritable ami et confident de Hamlet, mais Hamlet garde Horatio à distance respectable. Hamlet exige sa fidélité mais se confie à peine à lui.

visualisation ne vous dira nécessairement ce que vous êtes appelé à être. Il s'agit plutôt de vous abandonner au processus constant de la foi, de l'investigation, de l'écoute et de la réalisation de votre vie. Hamlet est incapable de faire un acte de foi. Il est donc incapable de vivre. Malgré toute son ingéniosité et son intégrité, il transgresse l'une des lois fondamentales de la manifestation en rejetant les relations humaines et le soutien qu'elles peuvent lui fournir, et en tentant de traverser le labyrinthe seul.

D'une part, Œdipe illustre notre problème à situer la notion de choix face à un autre, infaillible (ancienne réalité); d'autre part, Hamlet symbolise le problème du manque d'initiative dû à la perte de confiance en l'autre et en soi-même (nouvelle réalité).

Sur la corde raide

Le personnage de Zarathoustra, tel qu'imaginé par Nietzsche, est un être lumineux qui revient d'une longue retraite au sommet d'une montagne afin de faire bénéficier l'humanité de sa sagesse. En chemin, il s'arrête pour prêcher sur la place d'un marché et aperçoit un funambule entamant son numéro. Le funambule évolue très haut au-dessus de la foule. Soudain, il perd l'équilibre lorsqu'un personnage clownesque émerge de la tour. Le bouffon avance sur la corde et saute par-dessus la tête du funambule qui perd pied et se tue.

Jung vit dans cette scène une métaphore illustrant certains aspects de la personnalité de Nietzsche: un ego bien gonflé tentant d'évoluer au-dessus de la foule, et un inconscient – son ombre – qui le fait dégringoler[1]. Notre monde est sur une corde raide. Nous nous donnons des airs importants avec nos armes, nos gratte-ciel, nos banques et nos compagnies d'assurances qui se dressent au-dessus de la communauté

---

1. Carl G. Jung, « *Nietzsche's Zaratustra : Notes of the Seminar Given in 1934-1939* », 2 vol., Éd. James L. Jarrett, Bollingen Series 99 (Princeton, N.J. : Princeton University Press, 1988).

des humains. Nous parlons de forger notre destin et de développer une puissance illimitée (comme si nous étions en mesure de savoir quoi en faire), alors que nous n'avons pas la moindre idée de qui nous sommes, d'où nous venons et où nous allons.

Zarathoustra proclame la mort de Dieu et nous suivons ses pas. Le membres du clergé et les prophètes ne nous intimident plus comme naguère; nous ne recevons plus les messages des oracles ou de notre propre intuition. Nous désirons plutôt modeler notre propre réalité. Nous sommes désireux de bâtir des entreprises qui dévorent la planète; une fois que cela sera chose faite, nous planifions la création de nouveaux marchés dans l'espace. Lorsque la productivité humaine remplace notre sens de l'humanité, nous marchons sur la corde raide sans toutefois nous douter que la nature, subissant viol après viol, est prête à répondre en son temps. Lorsque les forêts disparaissent, que les inondations nous frappent ou que les épidémies se répandent hors de notre contrôle, nous ne comprenons simplement pas pourquoi.

Le processus «anti-carrière» n'a ni à voir avec les limites du pouvoir, ni avec le pouvoir illimité, mais bien avec le fait d'être dans notre propre pouvoir. En route vers l'institut psychiatrique, Nietzsche apporta avec lui un livre écrit par Emerson. Emerson nous enjoignait à «bâtir notre propre monde[1]». Ce n'est cependant que la moitié de la solution, car si on applique cette exhortation à la lettre, on crée le chaos. Être dans son propre pouvoir suppose aussi la relation aux autres et à ce qui nous entoure. Ce n'est que de cette façon que l'individu offrira sa contribution au tout et qu'il recevra, en retour, le soutien du tout. C'est depuis cet espace que doivent provenir les choix basés sur le pouvoir intérieur.

L'ego séparé croit que les affirmations ou les systèmes psychologiques peuvent remplacer la relation à la puissance

---

1.   Emerson, «*Nature*», dans «*Selected Writings of Ralph Waldo Emerson*», 223.

vivante du monde. Les nations séparées s'imaginent qu'elles peuvent camoufler leur égocentrisme de base en consacrant des fonds à l'aide étrangère. Ce qui arrive au funambule dans Zarathoustra est exactement ce qui se produit pour nous lorsque nous répétons nos affirmations positives ou que nous faisons nos poids et altères tout en avalant nos suppléments protéiniques, en oubliant de nous aligner sur l'Esprit et son pouvoir. La même chose se produira sur le plan international si nous négligeons d'entretenir une relation juste avec les pays les «moins importants» de la planète.

Faire les bons choix, c'est aligner votre volonté avec les grandes forces de la vie; c'est ne pas séparer vos prises de décisions de votre ressenti, vos énergies, votre cœur ou votre âme. Si vous envisagez votre destin comme étant scellé d'avance, – comme dans *Œdipe* – vous resterez prisonnier du mode du héros tragique ou encore d'une apathie dissipant votre énergie. Si vous considérez votre destin comme étant uniquement personnel et non en interaction avec celui des autres, vous serez envahi par l'ambivalence et le manque de confiance. Vous vous poserez constamment ces questions : «Que devrais-je faire? Cela est-il bien?». Tout comme Hamlet, nous sommes paralysés. Si nous nous prenons pour Superman, nous pourrons bel et bien construire de merveilleux monuments et d'extraordinaires machines, mais nous détruirons le monde. Ce dont nous avons besoin, ce n'est pas un nouveau type de gouvernement ni un nouveau système ou un retour vers soi subjectif. Il faut plutôt renouveler notre relation avec le processus vivant suscitant la confiance et ses expériences résultantes. Ainsi, nous pourrons réinventer le langage du choix, les formes que les choix pourraient prendre, et le chemin résultant de ces formes. Voilà la voie de la carrière authentique.

Suivre ce chemin, c'est accepter un pouvoir de décision qui ne provient ni de soi ni d'un autre. C'est vivre selon une loi ni écrite ni non-écrite. C'est suivre, mais sans se soumettre ou se mentir à soi-même. Ce n'est pas être paralysé en son esprit ni perdre l'esprit. Laissons cette loi vivante se confirmer à travers la rencontre avec l'autre. Laissons-la être le fondement de notre action dans le monde des formes. La démarche «anti-carrière» requiert le développement d'une personnalité forte, mais intégrée. Une personnalité forte est capable de choisir à partir d'un espace d'alignement, ce qui n'est pas une mince tâche. Jamais auparavant n'avons-nous été confrontés à une telle quantité de choix, avec, comme possible résultante, une énergie et un intérêt diffus ou encore un manque d'engagement profond. Comment pouvons-nous surmonter les passions éphémères et les engagements inconsciemment imposés, de façon à commencer à vivre en fonction de choix éclairés?

Sartre croyait que l'homme devait s'inventer lui-même, mais pouvons-nous vraiment choisir indépendamment de tout et de tous sans nous diriger tout droit vers le désespoir? Savons-nous vraiment ce que nous voulons, ou encore si ce que nous voulons est bon pour les autres et pour nous-mêmes? Si nous connaissions toutes les variables impliquées, peut-être pourrions-nous faire des choix logiques par rapport à notre carrière, mais le fait est que nous ne pouvons saisir la portée de tous les facteurs découlant de nos choix. Non seulement sommes-nous influencés par l'hérédité, l'environnement, les opportunités et les conditions économiques, mais nous devons aussi composer avec une pléthore de besoins inconscients, de patterns et de désirs, en plus des divers aspects de la réalité collective: récessions, famines, séismes, dictatures, etc. Ces myriades de courants entremêlés influencent le destin de chaque individu.

SE HÂTER LENTEMENT

Il est impossible de réinventer notre vie à l'aide des seuls aspects connus de notre personnalité. En contrepartie, nous pouvons nous permettre d'être réinventé par la grandeur de la vie. Se réinventer soi-même, c'est se décharger du poids des savoirs et ne plus répéter la chute du jardin d'Eden ; ce n'est plus tenter de jouer le rôle du père et tout savoir ; ce n'est plus imiter l'un des personnages de Sophocle dans l'espoir de forger notre destin comme nous l'entendons.

Être réinventé, c'est simplement être aligné, vivre dans la foi et suivre la loi de ce qui nous anime. Ce qui nous anime nous indique l'endroit où nous sommes en ce moment, le lieu où se trouve notre plaisir. Lorsque nous sommes alignés sur notre estime personnelle, lorsque nous vivons dans la grâce, nous pouvons sentir l'esprit créatif de la vie nous guidant dans telle ou telle direction. Alors nous pouvons prendre des initiatives, car une initiative vraie est alignée sur l'action. En étant connecté à nos sentiments et leurs énergies, nous pouvons commencer à cultiver l'intention et son pouvoir. J'utilise le mot *cultiver* de façon délibérée ici. Il ne suffit pas d'entreprendre une démarche de fixation d'objectifs, car nos choix premiers sont souvent autant le produit de nos inhibitions que celui de notre alignement. Nous devons être prêts à cultiver nos buts, à vérifier s'ils sont bien nourris par notre ressenti, nos rêves et notre élan de vie. Cela dit, il nous faut aussi procéder à des choix, à un certain moment, de façon à évoluer dans une participation active avec nos possibilités. Si vous ne choisissez pas votre destin, vous le perdrez ; vous risquez de devenir un autre de ces « êtres de lumière » passifs, si légers et aériens qu'ils se retrouvent encore et encore ballottés ou écrasés par les autres et les événements.

DÉVELOPPER SES PRIORITÉS

La plus importante question à se poser à partir de maintenant est : « Qu'est-ce qui m'anime et jusqu'à quel point ce champ d'intérêt a-t-il de la valeur pour moi ? ». Nous parlons ici de valeurs, une question très importante car nos valeurs sont souvent inconscientes. Si vous ne le croyez pas, faites un compte-rendu honnête de votre emploi du temps pendant une semaine. Observez, heure par heure et minute par minute, si vos gestes correspondent à l'image que vous avez de vous-même. Si tel est le cas, laissez tomber ce livre et offrez-le à un ami. Vous êtes une «personne anti-carrière».

Si votre compte-rendu révèle toutefois que vous épar-pillez votre temps et votre énergie dans toutes les directions, si vous noircissez les pages de listes de choses à faire et que vous ne pouvez les cocher, ou, plus important encore, si votre journée ne vous semble pas être une nourriture pour l'âme (autant votre âme que celle du monde), alors il est temps d'agir. Il est temps de prendre conscience des croyances de base qui gouvernent réellement votre quotidien.

Qu'est-ce qui compte réellement pour vous, en ce qui concerne la façon de vivre vos journées et vos nuits? Quelles sont les lignes de force ayant réellement dirigé votre existence jusqu'à maintenant? Quels sont les passions qui vous gouver-nent? Quels sont les dieux et déesses sur les autels desquels vous sacrifiez votre temps et votre énergie? Il convient d'in-vestiguer ces questions de façon exhaustive avant d'entrer dans le processus de décision et de priorité. Vous devez voir où vous avez concentré votre attention jusqu'à ce jour et pour-quoi vous l'avez fait.

LE FEU SACRÉ

La capacité à discerner et à prendre des décisions est tra-ditionnellement associée au troisième chakra, localisé dans la région du plexus solaire. L'élément correspondant au troi-sième chakra est le feu et sa couleur est le jaune. L'élément feu réchauffe, brûle et transforme. Il peut également se focaliser dans un tout petit rayon, un peu comme un laser. Ce feu inté-rieur doit être activé, si l'on veut faire des choix depuis un espace de pouvoir, d'engagement et de complétude. Ce feu est aussi celui de la digestion. Il assimile la nourriture, mais aussi de l'information comme les expériences passées, l'opinion des autres et le flot constant de données qui pénètre notre champ énergétique. Le feu intérieur doit être allumé, puis nous devons focaliser son énergie afin de renforcer et aiguiser l'intellect. Cela permettra de fixer nos choix et de les respecter. Quand un choix est clair et profondément enraciné, une puissance considérable est générée. Les obstacles qui apparaissaient autrefois insurmontables deviennent soudainement gérables. Au lieu de rester dans les nuages en attendant l'arrivée du nouveau millénaire, nous posons des gestes à partir d'un espace de force en nous. C'est à travers l'action que nous pouvons être guidés.

Il n'est pas nécessaire de ressentir un brûlant désir envers une mission précise ou de focaliser sur un but unique en excluant tout le reste. Il faut plutôt développer une sorte de consensus intérieur entre les divers aspects de vous-même. Si votre travail ne reflète pas cette unité, il n'exprimera pas votre sens du sacré et il ne pourra pas résister aux fortes marées des énergies contradictoires omniprésentes dans le monde.

Méditation du troisième chakra :
Le Feu sacré

Inspirez profondément. Détendez-vous complètement. Sentez que votre corps se recentre et qu'il est soutenu par la terre sur laquelle il réside. Inspirez... Expirez... Ouvrez-vous afin de connecter votre être profond à l'abondance omniprésente de la vie qui se trouve en tout lieu, en tout temps. Inspirez... Expirez... Ce faisant, laissez aller les distractions appartenant au niveau superficiel de la pensée. Sentez le pouvoir émanant des racines de votre être. Le pouvoir de l'abondance... Le pouvoir connecté à la terre, qui agit comme une base sur laquelle peuvent se mouvoir les grandes eaux des émotions et des formes... Tout en respirant, ressentez la force de vos passions et de vos convictions personnelles. Ressentez ce qui vous anime réellement dans la vie... Les choses que vous voulez absolument faire avant de mourir...

Détendez vos épaules, votre colonne vertébrale, de la nuque jusqu'au coccyx. Commencez à ressentir l'alignement entre le premier et le second chakra ; entre la racine et le sacrum ; entre les centres énergétiques de l'abondance et des émotions. Puis, portez votre attention plus haut, jusqu'au plexus solaire. Laissez les énergies du premier et du second chakra circuler jusqu'au plexus, en suivant le courant de votre respiration.

Maintenant, revoyez l'année qui vient de s'écouler dans votre vie... Les chemins que vous avez empruntés, ceux que vous n'avez pas pris ou que vous avez négligés ; vos allées et venues, vos relations, votre travail, votre santé, vos finances, les différentes lignes de force ayant influencé votre vie, ces douze derniers mois... Puis, posez-vous les questions suivantes : « Quels sont les dieux qui m'ont interpellé, cette année ? Quelles sont les énergies qui m'ont sollicité ? *En mon for intérieur, qu'est-ce que je ressens comme étant la chose la plus importante à accomplir au cours des six prochains mois ?* ».

En contemplant la réponse à cette question, vous ressentirez peut-être une certaine énergie se concentrant dans votre plexus solaire. Respirez dans ce centre. Entrez en contact avec l'énergie du feu. Le feu de la digestion transforme les aliments en nourriture pour le corps. Le feu du rayon laser pointe en direction des zones nécessitant votre attention. Le feu de la conviction suscite la détermination nécessaire dans tous vos efforts. Ressentez les flammes de ces trois feux ; ressentez la chaleur qui s'en dégage. Laissez se consumer le non-essentiel. Faites brûler ce que vous transportez qui n'est pas essentiel à votre croissance en ce moment. Visualisez le matériel, les endroits, les activités inutiles qui se consument, libérant l'espace et la liberté nécessaires afin de vous concentrer sur ce qui compte vraiment pour vous.

Inspirez... Expirez... Laissez ce feu devenir encore plus ardent. Remarquez combien vous êtes capable de supporter sa chaleur sans même en être incommodé. C'est le pouvoir du troisième chakra :

irradier comme du charbon ardent, tout en étant capable de soutenir cette énergie brûlante, car elle a commencé à bien se concentrer... Plus vous laissez le non-essentiel se dissiper dans les flammes, plus vous êtes en mesure de vous en tenir à ce qui est important. Vous devenez de plus en plus capable de concentrer votre attention sur cet espace à partir duquel vous avez réellement besoin d'être pour la croissance de votre âme. C'est aussi à partir de cet espace que vous pourrez avoir un impact positif sur le monde qui vous entoure.

Préparez-vous maintenant à recevoir un message en provenance de la priorité qui émerge à cette étape-ci de votre vie. Sentez simplement ce message naître à l'intérieur de vous. Vous ne le créez pas consciemment ; vous ne le décidez pas ; vous lui permettez plutôt d'émerger depuis votre abondance et votre passion. À partir de là, laissez le message entrer dans votre centre du pouvoir. « À quel endroit est-ce le plus important de concentrer votre énergie, de passer votre temps, d'accorder votre attention, durant cette prochaine période de votre vie » ? Tout en continuant d'inspirer et d'expirer, laissez monter une réponse – une priorité, un point sur lequel fixer votre attention. Sans rien forcer, voyez avec quelle clarté vous arrivez à sentir ce point de concentration.

Chaque jour, en répétant la méditation du troisième chakra et en vous délestant de ce qui n'est plus nécessaire dans votre vie, vous pourrez sentir le pouvoir agissant du feu sacré dans votre plexus. C'est le pouvoir de passer à l'action, le pouvoir de traverser les obstacles, le pouvoir de dire « non », le pouvoir de mobiliser votre énergie et de fixer des objectifs réalisables. Chaque jour, voyez votre priorité se faire de plus en plus claire et concentrée. Lorsqu'elle sera totalement claire, il s'agira de votre priorité professionnelle. Vous serez alors prêt à agir en fonction de cette priorité et prêt à recevoir le soutien dont vous avez besoin pour offrir votre contribution au monde.

6

Passer à l'action :
La Roue de la manifestation

Tant que quelqu'un ne s'engage pas, il y a de l'hésitation, un risque de retrait, toujours de l'inefficacité. Pour toute initiative ou tout acte de création, une vérité élémentaire existe et lorsque celle-ci est ignorée, on tue dans l'œuf d'innombrables idées et projets splendides. Cette vérité, c'est que dès le moment où quelqu'un s'engage définitivement, alors la Providence agit aussi. Toutes sortes de choses qui autrement ne se seraient jamais produites concourent au dessein de cette personne. Tout un enchaînement d'événements s'enclenche : divers incidents imprévus, des rencontres, de l'assistance matérielle qu'aucun homme aurait pu imaginer voir venir jusqu'à lui même en rêve. J'ai appris à respecter profondément cette citation de Gœthe : peu importe ce que vous pouvez faire ou rêvez de faire, commencez. L'audace contient en elle-même le génie, le pouvoir et la magie.

– W.H.Murray,
Expédition du Mont Everest, 1951[1]

---

1. Murray, W.H. « *The Scottish Himalayan Expedition* » (London : J.M. Dent & Sons, 1951).

*E*n anglais, le mot *focus* réfère au point de concentration et de convergence dont nous venons de parler. Il est intéressant de constater qu'étymologiquement, il est relié au feu par le terme latin *focus*, qui désigne « un point où les rayons de lumière se rencontrent ». À partir du moment où votre consensus intérieur se concentrera de la sorte, il deviendra possible de créer une série de priorités étalées sur six mois. Cette période de six mois n'est pas arbitraire. C'est le temps qu'il faut à la Terre pour un parcours complet autour du soleil, – d'un solstice à l'autre, d'un équinoxe à l'autre – reflétant le contraste et l'équilibre existant entre l'ombre et la lumière. De plus, cela semble être un cycle puissant à l'intérieur duquel nos idées peuvent entrer en gestation, puis en action. Cependant, n'hésitez pas à procéder selon votre propre échéancier si vous ressentez le besoin d'agir en fonction de votre rythme personnel. Ce qui compte, c'est de commencer à former vos idéaux et projets en les insérant dans le temps et l'espace. Les coucher sur le papier enclenche leur processus d'incarnation.

Il importe de réaliser que ces priorités sont temporelles. On peut les concevoir d'une manière analogue au concept hindou du *sva-dharma*. Alors que le *sanatana-dharma* constitue l'occupation éternelle de l'âme et qu'elle ne change pas, le sva-dharma se réfère à la position que l'on occupe dans le monde. Idéalement, le sva-dharma – notre place dans le monde – guide et soutient notre sanatana-dharma. Le développement d'une carrière connectée à l'âme est un processus organique par étapes ; il ne survient pas en un éclair soudain. Le processus requiert que vous soyez réalistement idéaliste. Autrement dit, vous devez trouver un objectif sur lequel vous concentrer, puis laisser patiemment le chemin se dérouler devant vous. Vos priorités changeront avec le temps. Cette transformation est tout à fait naturelle et le fait de le savoir peut donner un élan à vos projets actuels. Vous comprenez qu'ils ne sont pas pour la vie, ce qui fait que pour l'instant, vous pouvez leur offrir tout ce que vous avez à donner car ils sont alignés sur le processus perpétuel vous menant vers la complétude. Ainsi, vous n'êtes ni attaché ni identifié à vos priorités. Vos priorités sont nées de votre vie et leurs énergies sauront vous guider. Vous n'êtes pas retenu par elles. Votre action coule librement à l'intérieur et à l'extérieur de votre être. Votre être ne se retrouve pas subordonné à votre action.

Vous pouvez opter pour plusieurs priorités sur lesquelles travailler au cours de cette période de six mois, mais n'en choisissez pas dix-sept! Vous ne voulez tout de même pas vous diriger vers l'échec! Sélectionnez les secteurs où l'essentiel de vos énergies auront besoin de se concentrer. Comprenez que ceci n'est ni un but ni une décision fixe, mais bien un commencement, une façon de galvaniser vos forces afin de vous permettre de définir et concentrer vos choix de carrière. Idéalement, vous devriez inscrire vos priorités sur des fiches et les placer de façon à ce que vous puissiez les voir tous les jours. Certaines personnes aiment utiliser des codes de couleur ou bien dessiner leurs priorités en utilisant des symboles. Elles affichent ensuite leurs œuvres dans des endroits stratégiques de la maison. De cette manière, vous envoyez un message constant à l'inconscient qui fait l'essentiel du travail, en réalité. Cet élément de compréhension est crucial : l'emploi, le lieu, les gens souhaités apparaîtront dans votre vie en fonction du degré de clarté et d'alignement de vos priorités sur votre être profond. Ils se manifesteront comme un beau travail d'horlogerie, parce que vous aurez réalisé le processus intérieur nécessaire. Il n'y a pas plus d'efforts à faire et il n'y pas non plus d'effort plus important à faire que de développer la clarté de vision.

La clarté de votre vision d'avenir est le domaine du troisième chakra, le centre du pouvoir. Ce centre, qui nous permet de focaliser sur nos objectifs et de nous discipliner, est souvent celui qui est le moins développé chez les personnes s'identifiant comme spirituelles. Peut-être est-ce relié au fait que tant de personnes parmi nous avons été témoins d'abus de pouvoir scandaleux au cours du siècle qui vient de s'écouler? Peut-être sommes-nous devenus extrêmement sensibles à la polarité négative du pouvoir? On n'a qu'à penser aux génocides perpétrés ces cent dernières années sur la planète. On ne peut faire autrement que se demander si l'issue de ces événements aurait pu être différente si ceux qui furent opprimés ou ceux qui auraient pu leur venir en aide avaient considéré l'usage du pouvoir d'une façon plus volontaire et habile. Nous ne pouvons pas changer le passé. Il est toutefois possible de comprendre qu'en refusant de développer notre centre du pouvoir, nous demeurons inefficaces et incapables de participer pleinement à l'évolution du monde qui nous entoure. Nous pouvons également puiser de l'inspiration chez ceux qui ont vaincu le pessimisme et l'inertie de façon à transformer le monde. L'esprit résolu de Nelson Mandela illustre admirablement bien le pouvoir de la détermination alignée. Du point de vue «anti-carrière», nous ne cherchons pas à user ou à abuser du pouvoir, mais à aligner le pouvoir. Nous focalisons sur une priorité qui elle sera alignée sur notre énergie, notre force vitale. Si vous ressentez l'alignement de votre priorité, c'est que vous êtes prêt à la faire fleurir, c'est-à-dire à entreprendre le travail de manifestation de votre vision intérieure.

LA ROUE DU DÉSIR ACTIVÉ

Le modèle suivant est basé sur la roue de médecine de la tribu Lakota. Pour ce faire, je me suis fié aux enseignements que j'ai reçus de la part de leaders amérindiens de ma région. Ces connaissances furent fortement amplifiées par la Révérende Rosalyn L. Bruyere dont les enseignements ont eu un impact considérable sur moi. C'est grâce à elle que j'ai fini par associer la roue de médecine à la dynamique de la carrière. J'utilise ce modèle (auquel j'ai apporté certaines modifications) depuis plusieurs années. Certains croient que les connaissances relatives à la roue de médecine n'auraient jamais dû être révélées aux cultures non-autochtones, mais cette transmission est déjà accomplie et on dirait qu'il existe un dessein plus élevé derrière ces mouvements interculturels. Mon intention n'est pas de divulguer les secrets d'une pratique sacrée ni de vulgariser un enseignement traditionnel. Mon but est de générer un mouvement de manifestation positif et conscient. C'est précisément ce que permet la roue de médecine. Ce modèle sophistiqué et efficace d'activation des désirs nous aide à aligner les intentions individuelles sur la totalité de notre être et du monde qui nous entoure.

Dans le bouddhisme Theravada, de même que dans plusieurs autres traditions orientales, le désir est considéré comme un ennemi, la cause de la souffrance du monde. Étant donné que le désir mène naturellement à d'autres désirs, les attentes perpétuelles sont vues en tant que principal écueil humain. Un tel paradigme peut être utile si nous considérons l'action humaine comme étant uniquement basée sur des désirs illusoires destinés à la satisfaction personnelle. Mais l'on peut également envisager la notion de désir comme étant l'énergie même qui nous alimente, engendrant la créativité et l'extase, créant de nouvelles possibilités et procédant de l'abondance plutôt que du manque. En vérité, si vous ne voulez jamais rien, vous n'aurez jamais rien. Cela dit, si vous êtes sincèrement aligné sur l'idée de ne rien avoir, cela est très bien aussi. Le musicien John Cage a basé sa carrière sur cette idée, travaillant consciemment à partir d'un espace de « non-but ». Cela requérait tout de même de la discipline. Pour la plupart d'entre nous, ne posséder ou n'être rien n'est pas en alignement avec notre passion. Nous avons besoin de trouver de nouvelles façons d'être en relation avec nos désirs, des façons de faire qui nous guideront vers des modèles positifs de vie et de partage.

D'âge en âge, cette question a tourmenté l'Occident tout autant que l'Orient. L'une des plus grandes controverses historiques sur la question du désir mis en action survint entre l'Église catholique et ceux qu'on baptisa les *Manichéens*, au 12ᵉ siècle[1]. Le conflit prit place autour de la question de la valeur du monde. La perspective manichéenne-gnostique déclara que le monde était fondamentalement irréel et qu'il nous conduisait uniquement à la mort. Ainsi donc, la seule valeur du monde consistait à y renoncer et à cultiver l'essence spirituelle régnant dans l'au-delà. L'Église rétorqua que le monde avait une valeur due à l'incarnation du Christ. Ainsi, les gestes posés dans l'esprit du Christ permettaient la rédemption du monde. Malheureusement, cette notion fut trop souvent considérée dans sa perspective la plus limitée, l'action étant mise au service de l'Église en tant qu'institution. Quoi qu'il en soit, il nous est possible de donner de l'amplitude à cette idée, afin d'envisager de nouvelles perspectives concernant le désir. Nous pouvons en effet développer des désirs alignés sur l'amour, la compassion et la liberté, le tout en opposition à la dévalorisation du monde.

La dévalorisation du monde matériel est un principe commun à plusieurs enseignements absolutistes, incluant le Vedanta, le Gnosticisme ou le Christianisme monastique. Comme ces enseignements sont souvent romancés par des gens qui ne possèdent aucune expérience ou connaissance de première main des textes et des ramifications sociales dont sont issues leurs traditions, ils n'offrent en fait que peu de modèles d'action positive et offrent donc peu d'espoir pour le mieux-être de la société. Est-ce si étonnant alors de constater combien ceux qui ont prononcé des vœux spirituels semblent éprouver autant de difficultés dans le monde matériel?

Certains ont répondu à ce schisme en fuyant la société et en établissant de nouvelles structures comme des communautés spirituelles ou des sectes. Ces personnes arrivent habituellement à tirer leur énergie à partir de l'extase émotionnelle

---

1. Voir Denis de Rougemont, «*Love in the Western World*», trad. M.Belgion (New York: Pantheon, 1956).

que l'expérience de groupe génère. Ces communautés alternatives se referment trop souvent sur elles-mêmes et leurs membres se retrouvent avec une vie sociale limitée. Ils ne parviennent pas aisément à faire une expérience plus large de la mutualité, au sein d'une communauté plus grande ou encore dans une diversité culturelle créative. Une fois encore, les possibilités d'action positive sont limitées. Les tenants du nihilisme – qui peuvent entre autres s'exprimer à travers un anarchisme adolescent, la déconstruction linguistique, ou un hédonisme sans conscience – considèrent le monde, en bout de ligne, comme étant sans valeur. Pendant que ces contestataires dénoncent encore et toujours les abus de l'autorité en place, ils restent cantonnés dans leur isolement et leur désespoir, derrière leurs idéaux d'affirmation.

Il y a, et il y a toujours eu, d'autres options que celle de la négation du monde. Il existe des avenues qui cherchent à honorer la beauté, le mystère et l'émerveillement. Il y a moyen de faire en sorte que ces qualités imprègnent nos actions. Le travail avec la roue de médecine est une de ces avenues[1].

La roue est une forme primordiale et archétypale, symbolisant l'état d'ignorance, de même que l'illumination. Le *Uroboro* circulaire : le serpent cherchant à attraper sa queue (recréant ainsi la forme utérine) évoque les profondeurs endormies de l'énergie latente[2]. Cette énergie est entière, mais encore statique et non-éveillée. La roue archétypale apparaît dans deux lames du tarot, soit la Roue de fortune et le Monde. La Roue de fortune symbolise le mouvement incessant des

---

1. Pour en savoir plus long, voir l'introduction écrite par Robert Thurman, dans «*Holy Teaching of Vimalakirty : Mahayana Scripture*», trad. Robert Thurman, Institute for Advanced Studies of World Religion Series (University Park, Penn». Pennsylvania State University Press, 1976). Voir, également, le poème épique et évangile hindou de la Bhagavadgita, pour obtenir un exemple classique de l'action positive dans l'Inde ancienne.

2. Erich Neumann, «*Origins and History of Consciousness*», trad. R.F. Hull, Bollingen Series 42 (Princeton, N.J.: Princeton University Press, 1954). Ce livre analyse en profondeur l'archétype de la roue.

circonstances tournant sur elles-mêmes, selon le sort et le destin ; la lame du Monde représente l'état d'éveil et l'intégration essentielle dans l'existence d'un individu. Ces deux images pourraient en fait être vues comme le commencement et la fin de l'aventure « anti-carrière ». Plutôt que de fuir le monde matériel ou de se retrouver prisonnier de ses filets, nous utilisons notre situation professionnelle comme un véhicule nous menant vers l'éveil. Aussi incertaine qu'elle puisse paraître, la Roue de fortune peut devenir une alliée, puisque la roue tourne indéfiniment. Même les moines reclus dans des cavernes au sommet des montagnes dépendent du travail des laïques pour leur survie. La roue tourne et nous tournons avec elle. C'est *la façon dont nous tournons* qui compte.

La roue tourne également comme les mandalas de méditation, utilisés dans le but d'atteindre la liberté intérieure. Le cercle fermé peut être vu comme étant tracé autour de nous, procurant protection et concentration. La forme circulaire du mandala représente le désir dans toutes ses possibilités, de même que les manifestations reliées au désir. Comment œuvrer en conjonction avec ces énergies ? Voilà en quoi consiste réellement le processus « anti-carrière ». En utilisant le cercle, notre intention n'est pas de fuir nos désirs ni de s'y complaire, mais bien de les aligner.

Une histoire qu'un saint homme me raconta en Inde illustre bien le propos. Un jour que le saint homme voyageait en autocar dans les Himalayas, il fit la rencontre d'un vagabond occidental et engagea la conversation avec lui :

— « Que faites-vous ? », s'enquit le saint homme.

— « Je suis un ex-gourou », répondit l'homme.

— « Oh, c'est très bien, dit le swami. Et que faites-vous maintenant ? »

— « Je suis mon cœur et mes désirs. »

- « Oh, très bien, excellent, répliqua le swami. Me permettrez-vous d'apporter un ajustement à votre réponse ? »
- « De quoi s'agit-il ? », demanda le jeune voyageur.
- « Suivez *le* cœur et *les* désirs. »

Le désir aligné permet de prendre part au mouvement de la création, de telle sorte que nos actions inspirent et sont inspirées par la vie qui nous entoure. Ainsi, la profession devient plus que « mon emploi », « ma carrière » et « ma vie ». Nous ne sommes pas liés à la roue de fortune. Nous ne cherchons pas non plus à y échapper et à devenir des saints. Nous acceptons qui nous sommes et ce que nous voulons, mais nous ne concevons pas cela comme un problème. Nous nous intégrons plutôt à ce qui est, en voyant comment et où nous pouvons apporter notre contribution.

La loge de l'idée

Il y a huit zones ou « loges » dans la roue de médecine lakota. Chacune de ces loges nous permet de mieux comprendre et renforcer nos priorités. Tout d'abord, il vous faut une idée, une priorité envers laquelle vous engager. L'idée appartient à la première loge. J'appelais autrefois cet endroit la zone du désir initial, mais plusieurs participants en atelier sentaient que ce concept était trop étroit et qu'il pouvait être interprété à tort comme une simple motivation de l'ego. Je me suis rallié à leur opinion. Je considère maintenant ce point initial – qui correspond au point cardinal de l'est – comme l'espace de contribution. C'est ici que vous demandez : « Comment puis-je apporter ma contribution à ma communauté, au monde auquel j'appartiens ? Comment mon désir peut-il servir le tout ? ». La première loge agit en association avec l'élément feu, avec la capacité à assimiler et choisir, la capacité de diriger l'énergie. C'est dans cette loge que vous affirmez : « Voilà ce que je veux accomplir durant les six prochains mois. Voilà mon objectif ». Les objectifs n'ont pas besoin d'être extérieurs. On peut décider que « développer la patience » sera notre priorité, ou encore avoir pour objectif d'augmenter notre revenu. Ce qui compte ici c'est de susciter la clarté et la direction. La force de concentration des priorités est ce que vous pouvez développer au sein du troisième chakra. Cette force se manifeste dans votre capacité à bien préciser vos engagements à l'intérieur d'un échéancier donné. Si votre priorité est parfaitement sincère, l'énergie sera là. Question de vérifier votre degré de sincérité, vous pouvez ensuite avancer d'un pas dans la roue.

La Loge de la paix

Une fois que votre objectif/priorité est fixé(e), vous demandez: «Suis-je en paix avec mon objectif? Est-ce qu'il sonne vrai? Me donne-t-il envie de me lever tôt le matin et de m'y consacrer sans attendre?». Si vos priorités sont encore enfoncées dans des «devrait» ou «faudrait», vous n'êtes pas vraiment confortables avec elles. Elles masquent d'autres questions plus importantes que vous n'avez pas encore soulevées. La prochaine activité proposée par la roue de la manifestation vient justement vous aider à être réellement en paix avec ce que vous désirez. Une participante à un atelier disait que sa priorité était de perdre du poids, mais ses nombreuses diètes et tous ses programmes d'entraînement n'avaient jamais été couronnés de succès. Quelque chose clochait. Lorsqu'elle examina la question dans la Loge de la paix, elle réalisa qu'elle n'était pas alignée sur cette priorité. Elle n'était pas en paix avec cette idée. Ce qu'elle désirait vraiment, c'était s'amuser. Son objectif de perdre du poids n'avait rien de très ludique. À mesure qu'elle se donna le droit de jouer – de prendre du temps pour se détendre, marcher dans le parc, être avec ses amis et simplement respirer – son anxiété disparut, de même que son surplus de poids.

Le message prépondérant de la voie «anti-carrière» est d'évoluer à partir d'un espace de complétude et non de manque. Cela est valable pour n'importe quel type de carrière que vous voudrez développer.

MANDALA
selon la
ROUE DE MÉDECINE
des Amérindiens des Prairies

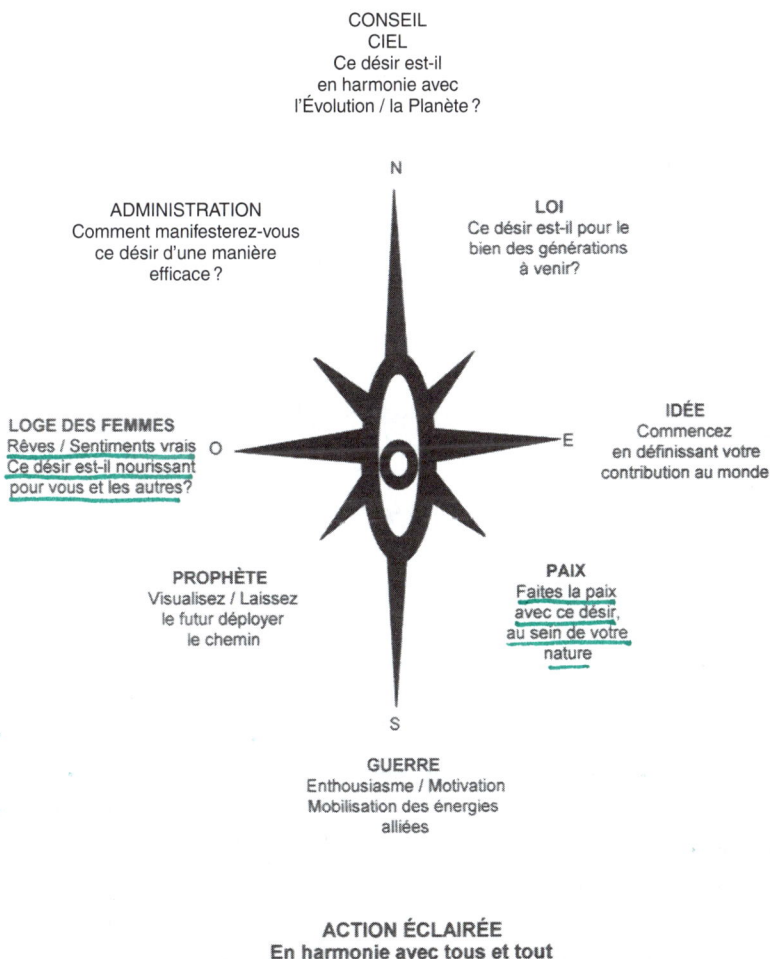

CONSEIL
CIEL
Ce désir est-il
en harmonie avec
l'Évolution / la Planète?

N

ADMINISTRATION
Comment manifesterez-vous
ce désir d'une manière
efficace?

LOI
Ce désir est-il pour le
bien des générations
à venir?

LOGE DES FEMMES
Rêves / Sentiments vrais
Ce désir est-il nourissant
pour vous et les autres?

O

E

IDÉE
Commencez
en définissant votre
contribution au monde

PROPHÈTE
Visualisez / Laissez
le futur déployer
le chemin

PAIX
Faites la paix
avec ce désir,
au sein de votre
nature

S

GUERRE
Enthousiasme / Motivation
Mobilisation des énergies
alliées

ACTION ÉCLAIRÉE
En harmonie avec tous et tout

Jack Schhwager se spécialise dans les transactions boursières. Il travaille pour la *Prudential Securities*. Selon lui, les courtiers qui connaissent le plus de succès sont ceux qui croient avoir gagné la partie avant même d'avoir commencé. Ils ne négocient pas à partir du besoin désespéré de réussir. Par ailleurs, lorsqu'on lui demande pourquoi plusieurs courtiers continuent de travailler même après avoir fait fortune, Jack Schhwager répond qu'ils ne le font pas à partir d'un besoin compulsif, mais bien parce qu'ils adorent leur boulot[1].

Êtes-vous en paix avec votre travail, sur le plan moral? Sentez-vous que ce vous faites est bien? Votre conscience est-elle nette? Si tel n'est pas le cas, ne soyez pas surpris si une partie de vous se rebelle ou sabote vos efforts. J'ai souvent réfléchi à ces questions par rapport à la vie de Hitler. Comment se fait-il que cet homme – qui créa et organisa la machine de guerre la plus redoutable de son temps et qui n'est jamais passé près de perdre la moindre bataille – se mit tout à coup à prendre les décisions militaires les plus irrationnelles qui soient, comme la décision d'envahir la Russie, par exemple? Se pourrait-il que, quelque part dans ses retranchements intérieurs, Hitler sentait que ce qu'il faisait était mal et allait à l'encontre de la vie? Se pourrait-il qu'étant incapable de le reconnaître consciemment, il finit par saboter ses propres plans?

La Loge de la paix veille à ce que nous soyons honnête avec nous-même, à ce que nous sentions jusqu'au bout des orteils que ce que nous faisons est juste. Ici, nous évitons de gaspiller notre énergie à tenter de convaincre les autres (et de nous persuader nous-même!) que nous faisons quelque chose de bien. À propos du besoin de s'en remettre aux autres, si vous posez trop de questions ou si vous cherchez trop à recevoir des conseils, vous n'êtes pas encore en paix. Prenez le temps de mûrir ce que vous avez à mûrir. Laissez la vision se cristalliser. Le sentiment vécu lorsque tout coule de source en vaut vraiment la peine.

1. Voir Jack D. Schwager, « *The New Market Wizards: Conversations with America's Top Traders* » (New York: HarperBusiness, 1994).

La Loge de la guerre

Une fois que vous êtes en paix avec vous-même, alors seulement serez-vous prêt à entrer en guerre. La guerre, dans ce contexte, est associée à la capacité de mobiliser nos forces, de nous discipliner et d'éliminer tout ce qui contrevient à notre objectif. La guerre du Vietnam fut un exemple tragique de ce qui survient sur le plan national lorsqu'on tente de mobiliser nos forces sans être en paix avec nous-même. Comme la moitié de la population s'y opposait, cette guerre ne pouvait être gagnée ni même abandonnée simplement. Sur le plan de la manifestation personnelle, il vous faut être clair avant de pouvoir mobiliser vos énergies. Comment parviendrez-vous à cette mobilisation ? Avec le concours du pouvoir du guerrier. L'archétype du guerrier est décrit dans l'ouvrage de Robert Moore intitulé *King, Warrior, Magician, Lover* (« Roi, Guerrier, Magicien et Amoureux »). Moore y explique que le guerrier représente un aspect de la psyché humaine suscitant « le sacrifice au nom de la mission[1] ».

L'énergie du guerrier – ou énergie de mobilisation – peut être activée par un mouvement double. D'une part, le guerrier doit rassembler énergies, ressources et alliés afin d'accumuler des forces ; d'autre part, il doit éliminer tout ce qui fera obstacle à la survie de sa priorité. Il devra rationaliser pour focaliser sur son objectif.

L'aide en provenance de sources extérieures est la résultante naturelle de l'alignement. Lorsque votre intention est claire, d'autres personnes ayant consciemment ou inconsciemment une intention en résonance avec la vôtre apparaîtront. Vous n'avez même pas besoin de les appeler ; il suffit de rester ouvert. Qui plus est, apprendre à recevoir l'aide des autres ne vous fera pas de tort. Un des points faibles de la

---

1. Robert Moore et Douglas Gillette, « *King, Warrior, Magician, Lover : Rediscovering the Archetypes of the Mature Masculine* » (San Francisco : HarperSanFrancisco, 1991).

mobilisation, est la croyance selon laquelle nous devons tout faire par nous-même. Toute mobilisation constitue un effort coopératif et ne doit pas devenir une entreprise machiavélique. Selon les lois de la nature, une intention claire, associée à l'intelligence du cœur, attire l'aide nécessaire. Comme nous le mentionnions plus tôt, lorsque Joyce et Paul Critendon explorèrent la possibilité de fonder le *Griffen Inn*, ils avaient besoin de capitaux. Comme les banques n'étaient pas très enclines à l'idée de financer un projet peu conventionnel situé à des centaines de kilomètres de distance, ils durent chercher d'autres solutions. Les ressources se manifestèrent par le biais d'amis et de membres de la famille. Joyce et Paul possédaient une propriété à Milwaukee, mais elle ne pouvait être vendue immédiatement. Toutefois, un ami du père de Paul fut d'accord pour avancer l'argent en échange d'une prime sur la vente de la propriété. Certains pourraient certes qualifier cet événement de chance. Mais attention! Ce n'est pas en misant sur la pensée magique que vous convaincrez les autres de délier les cordons de leur bourse, si vous en avez un jour besoin. En contrepartie, lorsque votre intention sera ferme et que vous serez en paix avec vous-même, des alliés se pointeront. Lorsque vous serez prêt à accueillir leur aide, ils apparaîtront et cela se fera souvent par des voies mystérieuses. Nous explorerons cet aspect plus en détails dans le prochain chapitre.

Pour être en mesure de recevoir une assistance extérieure, il faut libérer l'espace nécessaire. Voilà pourquoi un des moyens les plus efficaces de mobiliser l'énergie consiste à commencer à se débarrasser du superflu. De façon très concrète, cela signifie faire le ménage de vos classeurs, de vos carnets d'adresses où l'on retrouve les noms de personnes maintenant décédées; mettre aux ordures vos notes de biologie du 3e secondaire; disposer des vêtements offerts par votre mère et que vous n'avez jamais portés; laisser aller les cassettes et les disques que vous n'écoutez plus, et ainsi de suite. Voyez qui pourrait avoir besoin de ces articles. Faites un don à l'Armée du Salut ou immolez vos vieilleries dans un grand feu rituel, mais délestez-vous de ce qui est en excès dans votre vie. Nous croulons tous sous le poids de la porcelaine héritée de grand-maman, des meubles en trop, vêtements, livres, etc. Lors d'un atelier, un participant – qui travaillait comme consultant dans le monde corporatif – raconta s'être débarrassé de huit cents livres, puis s'être soudainement senti léger, libre et prêt à accueillir la vie d'une manière qu'il n'avait plus ressentie depuis l'adolescence. La première fois que je me suis moi-même soumis consciemment à cet exercice, je décidai de m'attaquer à mes classeurs qui débordaient depuis plusieurs années. Après avoir disposé de nombreux papiers inutiles, je tombai sur un dossier renfermant des titres que ma grand-mère m'avait légués à son décès, huit ans auparavant. Au fil des années, ils s'étaient bonifiés et valaient maintenant cinq cents dollars.

Rationaliser. Simplifier. Voilà la voie du guerrier. Voilà le secret qui ouvre encore plus grand la porte afin de laisser entrer la vie.

On confère souvent un caractère masculin à la capacité de faire la guerre, mais ce n'est pas nécessairement le cas. Dans les traditions lunaires basées sur la Déesse, l'énergie d'accumulation et d'élimination correspond aux phases de la lune. La nouvelle lune marque le commencement d'une chose. Au croissant de la lune, l'énergie est emmagasinée. Ce mouvement culmine avec la pleine lune, puis à mesure que la lune décroît, apparaissent les énergies d'élimination et de rationalisation. En suivant les cycles lunaires, vous pourriez vous sentir connecté à la nature et renforcé par ses rythmes de fond. Vous pourriez commencer à ressentir la joie que procure l'art de toujours savoir poser le bon geste au bon moment.

Lorsque vos paroles et vos actes s'en tiendront à l'essentiel, vous sentirez immédiatement qu'on vous prend davantage au sérieux. Vous dégagerez l'énergie du guerrier, celui qui va en droite ligne et qui est prêt au sacrifice pour le bien de la mission. Tant que votre priorité ne sera pas alignée de la sorte, elle vacillera. Le livre restera à moitié écrit, la chanson emmurée dans le silence et la maison ne sera guère plus qu'un beau projet sur du papier.

La Loge des prophètes et des visionnaires

Une fois que vos forces sont plus concentrées grâce au travail de rationalisation, votre vision prend tout son sens. Vous passez de la rêverie à la vision créatrice ; vous n'agissez plus sur le coup d'impulsions fortuites, mais bien à partir de rêves possibles émergeant tout naturellement. Lorsque votre intention sera claire et que vos énergies seront concentrées, la vision de ce qui est possible commencera à se manifester en vous. Vous n'aurez pas besoin de recourir à des méthodes manipulatrices de visualisation, car votre enthousiasme naturel vous conduira au règne de l'imagination visionnaire. Vous commencerez à rêver, à imaginer et à pressentir le futur. Vous serez capable de laisser le futur vous guider. Cela est bien différent de l'attitude où l'on tente de planifier chaque étape du futur, une attitude qui nous fait d'ailleurs perdre toute la magie de la vie. Vivre dans l'énergie de la vision, c'est être constamment réinventé dans le ici, maintenant ; c'est défier les limites que les autres nous imposent et, par-dessus tout, c'est se laisser guider par l'inconnu.

L'énergie visionnaire ajoute de la magie à la mobilisation des forces. Vous ignorez ce qui adviendra de votre futur professionnel, mais vous commencez à ressentir une intuition par rapport à vos possibilités. Une carrière privée de l'élément visionnaire se dessèche bien vite. Elle devient cassante et prévisible. Quand votre énergie visionnaire se met en branle, elle commence à susciter diverses idées et circonstances ; elle vous permet de découvrir de nouveaux marchés et autres paradigmes organisationnels. Tout cela vous permet de faire passer vos priorités à l'étape de la manifestation.

Stan Jay passait son temps à dénicher des guitares de collection et à les revendre, principalement par le biais des annonces classées. Il avait un compétiteur de taille. Un jour, le téléphone sonna. C'était son compétiteur à qui il n'avait jamais parlé auparavant. L'homme le contactait pour l'aviser qu'un lot d'instruments de collection était disponible. Il n'était pas particulièrement intéressé par cette marque d'instruments et pensait que Stan Jay pourrait l'être. Ils finirent par décider d'aller jeter ensemble un coup d'œil aux instruments. Ce jour-là, une association naquit entre les deux hommes. Elle devint connue sous le nom de *Mandolin Brothers*. Stan Jay était un collectionneur hors pair et son nouveau partenaire, un promoteur hors pair. Leur partenariat s'est avéré concluant, non pas à l'issue d'un planning rigoureux ou d'un acte de volonté ; il n'a pas fonctionné à la suite d'une série d'études de marché, mais simplement parce que ces deux hommes partageaient une vision qui les fit se rencontrer au bon moment.

À mesure que nous nous ouvrons à notre sagesse visionnaire, notre sens du *timing* se développe aussi. Au lieu de laisser l'horloge nous mener par le bout du nez, nous commençons à nous trouver au bon endroit au bon moment. Plus nous développons notre sens visionnaire, plus nous devenons conscient d'un différent type d'horloge qui ne fonctionne pas selon la rigueur des lois économiques et mécaniques. À mesure que vous commencerez à avoir foi en sa précision, cette horloge se synchronisera à merveille sur les rythmes de votre vie.

La loge des femmes

Une fois que votre priorité se sera précisée à travers ces différentes questions, il faudra revenir en arrière et demander : «Est-ce que tout cela me semble juste ?». Vous pouvez entretenir une vision de vous-même en tant que futur président des États-Unis d'Amérique, mais comment vous sentez-vous par rapport à cette vision ? Vous sentiriez-vous plus authentique si vous deveniez géologue ? En fait, c'est dans cette loge que nous entrons dans le domaine de notre sagesse féminine. La loge des femmes relève aussi du domaine des rêves. Tout en vous mettant en contact avec l'énergie visionnaire, les rêves vous permettent de vérifier quels sont vos sentiments réels par rapport aux choses. Si vous êtes sur le point de vous engager dans un projet mais que vous recevez constamment une information contraire dans vos rêves, ou si dans vos rêves, vous êtes continuellement poursuivi, jugé, scruté, vous devez commencer par travailler sur ces émotions avant de pouvoir manifester votre vision. Autant la vision nous transporte au sommet des montagnes, autant les rêves nous conduisent dans la vallée, dans les endroits cachés, dans les forêts denses de notre vie intérieure. Étant donné que les rêves ne procèdent pas du conscient, ils peuvent devenir encore plus révélateurs que les visions (voire même déconcertants). La richesse des messages reçus dans nos rêves est tributaire de notre patience et de notre degré d'attention. Les méthodes d'analyse des symboles oniriques basées sur une approche intellectuelle peuvent nous empêcher de développer une familiarité avec les mondes intérieurs. Si les mondes intérieurs – ce que Jung appelle le domaine de l'anima/animus – ne sont pas consultés ni inclus dans vos plans de carrière, vous vous retrouverez entravé par vos états d'âme, le désordre à la maison et au bureau, bref par tout ce qui peut vous sembler une opposition de la part des circonstances environnantes. C'est ici que la Roue prend sa valeur. Il est impossible de remédier aux bureaux encombrés et aux agendas qui débordent par des stratégies d'efficacité. Si l'on tente simplement de s'attaquer à ces zones névralgiques, tôt ou tard les mêmes problèmes referont surface. Le simple fait de répondre aux offres d'emploi dans les journaux ou de passer des entrevues ne réglera pas non plus le problème. Tant que les émotions et la volonté ne seront pas alignées ; tant que vos espaces conscients et inconscients n'entreront pas en dialogue et ne coopèreront pas, vous serez toujours pris au milieu de forces divergentes.

Peu importe les efforts que vous mettrez à faire du ménage ou à redresser la situation autour de vous, votre vie extérieure reflètera votre discorde intérieure.

Les rêves doivent nourrir votre travail, si vous voulez que votre travail nourrissent votre développement intérieur. Cela constitue en fait le but réel de tout travail. En incluant les rêves dans vos efforts de manifestation, vous commencerez à promouvoir le dialogue entre vos côtés masculin et féminin.

John Dempson vit le film « Wall Street » à l'âge de 19 ans et sut instantanément qu'il voulait travailler dans le secteur boursier. De façon intuitive, il savait que les marchés boursiers n'étaient pas simplement qu'une affaire d'argent. Pour lui, il s'agissait du point de rencontre international de l'économie et il désirait en comprendre la psychologie. John Dempson suivit donc son intuition. Il ne s'inscrivit pas aux études commerciales, mais commença plutôt à frapper aux portes de firmes installées sur Wall Street. Il fut bientôt engagé comme agent de change et ce, dès la jeune vingtaine. La nuit, John faisait des rêves à propos de telle ou telle marchandise. Ses intuitions s'avéraient très souvent exactes et très lucratives sur le plan financier. Au bout d'un moment, les agents plus expérimentés commencèrent à lui poser des questions sur son « système ». Ils ne le crurent pas totalement lorsqu'il répondit qu'il n'en connaissait aucun. Ce qu'il utilisait, c'était sa forte connexion avec son monde intérieur, ce qui lui permettait constamment de capter de nouvelles informations. Il savait qu'il faisait ce qu'il voulait faire et la vision qui le guidait en était une de compréhension. Il n'avait pas peur d'y aller à fond de train, car il honorait les forces qui le poussaient dans l'action. J'observe la progression de la carrière de John depuis plus de sept ans, maintenant. Elle a connu ses hauts et ses bas, comme dans la vie de tout le monde, mais chaque tournant sur le chemin ajoute une nouvelle pièce au puzzle, avec pour résultat que ce jeune homme, aujourd'hui dans la fin de la vingtaine, en sait plus sur les marchés boursiers et sur les humains que les professionnels ayant le double de son âge.

Bien sûr, il n'est pas nécessaire que les rêves vous fournissent des indications précises sur votre situation professionnelle. Vos expériences oniriques reflèteront surtout la nature de votre terrain intérieur. Par exemple, un rêve où vous vous retrouvez coincé dans un terrain de stationnement abandonné va en dire long sur votre état d'âme. Cela parlera d'un lieu où vous vous sentez seul ou ostracisé. Si votre vie et votre travail ne permettent pas de guérir cette émotion profonde, vous serez amené à la revivre ailleurs, ce qui fragmentera votre énergie. Il importe de développer un mouvement où vos rêves agissent sur votre travail et où votre travail agit sur vos rêves. Le terrain de stationnement me dit que je dois entrer en contact avec ce sentiment de désolation urbaine. Peut-être que le bureau qui m'emploie est un désert urbain et que je m'y sens abandonné ? Si j'arrive à identifier et reconnaître la situation, je m'ouvre à la possibilité d'un changement.

Vous pouvez croire que vous accomplissez quelque chose dans le monde, mais si cet accomplissement ne génère pas d'inspiration ou ne pénètre pas dans les couches les plus profondes de votre être, vous perdez votre temps. Idéalement, votre travail vous prépare à la mort. Il vous familiarise avec les mondes intérieurs, vous permettant d'expérimenter des transitions sur tous les plans, que ce soit dans le domaine de l'amour, de l'appréciation ou même de la gloire. Le travail d'un individu dans le monde n'a pas besoin d'être un combat contre l'entropie. Lorsque Dylan Thomas éprouve de la rage envers la lumière qui s'estompe – «Ne sombrez pas doucement dans cette bonne nuit... Rebellez-vous, rebellez-vous contre la mort de la lumière.. ». – il met en scène de façon poignante l'ego héroïque masculin qui n'est toujours pas en paix et qui se révolte contre son incapacité à transcender les choses. Il s'agit d'un modèle encore largement glorifié. Ils sont nombreux ceux qui nous montrent comment vivre, mais rares sont ceux qui nous montrent comment mourir.

La Loge des femmes est le lieu où nous écoutons la femme sage en nous. C'est ici que nous intériorisons nos rêves et que nous les laissons nourrir nos priorités (et au bout du compte, notre vocation) à leur manière. C'est ici, enfin, que nous consolidons et coordonnons les divers aspects de la relation avec les autres.

La Loge de l'administration

Cette nouvelle loge concerne les chefs administrateurs. C'est dans cette loge que la planification et les stratégies quotidiennes entrent en ligne de compte. Si vous voulez honorer vos priorités, vous devez être prêt à leur accorder du temps. Il faut habituellement un *minimum* de trois heures par jour pour œuvrer à la manifestation d'une nouvelle idée ou d'un projet.

Dans l'ère du Verseau, les guerres seront menées à l'aide de deux grandes armes principales : l'idéologie et l'information. Cette loge est justement le lieu où nous décidons de l'information à recevoir et à transmettre. Avec le rythme de vie auquel nous sommes confrontés de nos jours, il serait juste de dire que si vous n'élaborez pas un plan d'action pour gérer votre temps et votre énergie, vous passerez le reste de votre vie à lire des *pouriels*. Vous serez les victimes des concours organisés par *Ed McMahon* et *Publisher's Clearing House* et vous passerez une bonne heure par jour à chercher le bon timbre à coller sur la bonne enveloppe ! Disons-le une fois pour toutes : l'organisation du temps est le yoga des années 90 !

La stratégie entourant l'organisation de votre temps consiste à avoir une priorité si profondément ressentie et alignée que vous pourrez aménager votre journée en fonction de son pouvoir, plutôt qu'en fonction de l'agenda d'autres personnes[1]. Dans cette loge, vous faites de la vie un art, car tous

---

1. De nombreux ouvrages ont été écrits sur la gestion du temps et la plupart d'entre eux constituent davantage une perte de temps qu'autre chose. L'un des quelques rares produits réellement utiles à cet effet est « *Charles Hobb's Time Management Seminar* », distribué par Day Timers, Inc. Of Allentown, Pennsylvanie.

les jours, vous avez la discipline d'un artiste. Ce type de discipline est d'ailleurs l'une des définitions reconnues du yoga. La *Bhagavadgita* définit le terme yoga par «l'habileté en action». Durant les années 60, plusieurs personnes étaient enthousiastes à l'idée de se joindre aux grandes manifestations extérieures, mais peu d'entre elles étaient prêtes à pratiquer le yoga du quotidien et à ramasser les verres en carton, les papiers et les autres détritus semés derrière leur passage. Pourtant, si nous ne nous occupons pas de nos ordures, elles s'occuperont de nous! L'organisation de la vie au jour le jour constitue l'essence de la loge de l'administration. Nos idéaux doivent être soutenus par notre quotidien.

Courrez-vous toute la journée collé à votre téléphone? Jouez-vous au thérapeute avec tous vos amis sans rien recevoir en échange? Laissez-vous votre mari et vos enfants dicter entièrement l'agenda de votre journée? La conscience de vos activités quotidiennes minute par minute est aussi importante, sinon plus, que toute forme de méditation. Il est de votre responsabilité de gérer votre flot d'énergie, de savoir ce qui compte pour vous, de savoir où et comment vous voulez passer votre temps et comment vous allez administrer votre vie au quotidien. Bien des personnes très occupées conçoivent ces principes d'une manière intellectuelle; certaines d'entre elles ont même assisté à des séminaires sur l'organisation du temps. Cependant, la répétition épuisante des nombreuses tâches à accomplir au jour le jour, la quantité apparemment effarante d'informations qu'un individu doit absorber sur une base régulière dans le cadre de sa profession, et la pression constante que l'on croit devoir subir afin d'être encore plus productif sont autant de facteurs faisant en sorte qu'il est facile de perdre le nord, de reléguer nos priorités aux oubliettes encore et toujours. Si ce portrait vous semble réaliste, vous devez vous questionner sérieusement et vous engager à transformer les modèles de productivité et d'efficacité qui gouvernent cet insatiable course à l'épuisement.

La méthode «anti-carrière» d'organisation du temps ne se concentre pas sur le «temps-horloge». Il n'est pas vraiment question d'horaires, de listes ou d'agendas. Nous abordons plutôt la question par la notion primordiale d'espace. L'espace est un des éléments faisant le plus défaut au style de vie moderne. Je fais ici référence à quelque chose de plus significatif que le besoin d'installer son coussin dans un coin de la maison et de se donner du temps pour la réflexion. Je parle plutôt d'une qualité d'espace permettant l'arrivée de nouvelles personnes et de nouvelles possibilités dans votre vie, de faire assez de place pour que le flot créatif puisse venir et vous entraîner dans sa danse. L'espace est le cinquième élément, le complément à la terre, l'air, le feu et l'eau. L'espace est le contenant permettant le déploiement de la créativité. L'espace donne naissance à diverses dimensions du temps et à diverses manières d'en goûter la qualité. L'espace vous donne accès à la dimension intérieure et vous permet de vous sentir en connexion avec le tout. Si vous ne développez pas un sens réel et palpable de l'espace qui vous entoure, vous vous faites prendre dans les filets du temps linéaire. Vous demeurez prisonnier de ce cercle vicieux jusqu'à ce que vous manquiez de temps et que vous passiez complètement à côté de l'instant d'incarnation, de l'intersection entre l'éternel et le temps, ce qui peut être atteint grâce au travail authentique.

Le pré-requis pour accéder à une organisation saine de votre temps consiste donc à apprendre à habiter l'espace, à sentir littéralement l'espace à l'intérieur et à l'extérieur de votre corps. Encore une fois, je dirai qu'une carrière vraie commence par le confort à l'intérieur du corps. Vous devez d'abord être bien dans ce que vous êtes, avant de pouvoir être ce que vous faites. Bouger, pratiquer des arts martiaux, marcher et respirer sont autant d'outils pouvant vous aider à développer votre rapport avec l'espace et donc avec le temps. Ce rapport est essentiellement rythmique. Il n'est pas soumis aux contraintes d'un calendrier. Lorsqu'il y a de l'espace autour de vous, vous pouvez sentir les choses venir avant même qu'elles n'arrivent ; vous pouvez ressentir les pensées, les résistances et l'accueil des autres. Cette qualité de présence ne relève pas d'un quelconque mystère ésotérique. Elle prend place parce que vous n'êtes plus rempli à ras bord de toutes sortes de choses « à faire ». Conserver un espace libre autour de vous relève du même principe voulant qu'il soit préférable pour votre santé que vous ne tombiez pas dans les excès de table à chaque repas. Il est tout à fait logique de vous rendre ainsi disponible, si vous voulez cultiver la capacité de répondre au monde qui vous entoure.

Ne faites pas en sorte que votre agenda vous jette hors de l'existence. L'organisation du temps ne doit pas faire de vous un automate déambulant d'un rendez-vous à l'autre selon un horaire réglé à la minute près. Lorsque vous prenez le temps de cultiver une qualité d'espace autour de vous, l'organisation du temps devient une discipline d'énergie continue et c'est dans ce sens qu'on peut l'envisager en tant que yoga des années 90. Au même titre que le yogi apprend à gérer son corps, sa respiration, sa posture et le processus de sa pensée, le yogi « anti-carrière » apprend à gérer le flot des énergies évoluant entre lui-même et l'extérieur – appels téléphoniques, courrier, nourriture, amis, télévision, etc. – avec une conscience optimum.

Aussi, devrions-nous davantage parler de « conscience visionnaire du temps », car l'organisation du temps, telle que mise en pratique par la plupart des gens, est simplement devenue synonyme d'efficacité. Cette habitude contribue au maintien de l'archétype de l'homme en tant que machine. Pour sa part, la conscience visionnaire du temps considère l'efficacité comme émergeant naturellement de la vision d'un individu. Pour l'être visionnaire, la compréhension du temps n'est pas limitée à son aspect linéaire. Le temps linéaire est plutôt intégré au temps cyclique – les saisons en sont un bon exemple – de même qu'au sens de l'éternité. Autrement dit, une organisation saine de notre temps vous met en contact avec le concept d'éternité et de cette façon, vos activités quotidiennes se trouvent imprégnées de la relation avec les lois supérieures et les rythmes de la nature gérant votre vie.

La Loge du conseil (CIEL)

La zone suivante à l'intérieur de la Roue est celle du nord, c'est-à-dire le monde des dieux. Après avoir fait tout ce qui relevait de notre pouvoir – nourrir une idée, faire la paix avec elle, mobiliser nos forces, visualiser, rêver, ressentir et planifier – nous ne pouvons rien faire de plus que nous abandonner à l'univers, à Dieu, à la Puissance supérieure. C'est à ce stade que vos plans personnels s'alignent avec le plan universel. Vous devenez parfaitement conscient que vos projets ne vous appartiennent pas à vous seul. Ici, vous demandez activement l'aide des dieux et ce faisant, vous commencez à aligner votre volonté sur la volonté supérieure. Ceci ne peut fonctionner que si vous avez complété tous les préparatifs. Vous pouvez échouer un examen de maths et dire que c'était la volonté de Dieu, mais si vous n'avez pas étudié à l'avance, vous aurez créé un château de cartes et vous ne saurez jamais laquelle des deux volontés – celle de Dieu ou la vôtre – a primé dans cette situation.

Demander à être guidé peut donc être la clef vous permettant de savoir si votre œuvre est authentique. C'est ici que vous expérimentez l'inspiration et la joie de vivre vous indiquant que vous n'êtes pas seul sur le chemin. C'est ici que vous invitez activement les forces supérieures. Au lieu de croire en elles, vous travaillez avec elles. C'est également en ce lieu que les petits miracles surviennent, car vous avez franchi la barrière égoïste du « je-me-moi ». Cet abandon présente évidemment un élément de risque, mais si vous ne prenez pas ce risque, vous vous acculerez vous-même au pied du mur. Le fait de demander à être guidé ne garantit aucun résultat particulier, mais cela place votre travail dans un contexte entièrement nouveau. Vous ne portez plus le poids tout seul. Vous commencez plutôt à reconnaître que l'œuvre de votre vie est en fait la vie qui œuvre à travers vous. Ce seul concept donne un sens à votre travail qu'aucun titre ou étiquette extérieure ne pourra jamais vous fournir. Cette attitude, lorsqu'adoptée avec sincérité, confère une noblesse véritable à toute situation professionnelle.

La Loge de la communauté terrestre (LOI)

Le dernier arrêt à l'intérieur de la Roue concerne la communauté de la Terre. «Quelles seront les répercussions de mes actions pour ceux qui m'entourent, pour la Terre et pour les générations à venir? Quel héritage mon œuvre laissera-t-elle? Les enfants de mes enfants et leurs propres enfants seront-ils fiers de ce que j'aurai accompli? La Terre appréciera-t-elle mes efforts?». Se soucier de votre progéniture et de l'avenir de la planète peut sembler sentimental à prime abord, mais cette préoccupation deviendra le facteur déterminant dans le succès d'une entreprise, au cours du prochain millénaire. Le paradigme industriel de la productivité n'est plus applicable, du point de vue de la planète. Les carrières et les entreprises se mettant réellement au service de la Terre seront soutenues, les autres non. Ainsi, à l'intérieur de la dernière loge, vous confrontez vos choix professionnels à ce qui existe réellement comme besoins. Vous permettez à votre œuvre de faire partie de «l'Œuvre», ce qui confère automatiquement de la dignité à la tâche la plus simple en apparence.

Depuis un certain temps déjà, on entend que l'économie basée sur les services est en voie de remplacer l'économie industrielle. Précisons qu'il faut entendre par là: «service en faveur de la Terre, de la totalité de l'éco-existence». C'est cette notion de service qui fera naître les emplois durables de l'avenir, car notre planète s'intéresse à sa propre survie. J'ai récemment entendu parler d'un petit groupe de consultants en environnement ayant approché un géant du monde pétrolier, en Oregon. Ces consultants ont réussi à démontrer que l'instauration d'un programme de recyclage dans l'usine serait profitable en moins de cinq ans. Les entreprises ne veulent habituellement pas entendre parler de projets à aussi long terme lorsqu'il est question d'environnement. La nécessité de placer les choses dans un contexte plus large s'impose toutefois de plus en plus pour la survie des entreprises. On m'a d'ailleurs appris que la compagnie en question avait accepté d'instaurer le programme de recyclage.

Similairement, votre carrière doit s'aligner sur l'Avenir et non seulement sur votre avenir. Cela signifie qu'il faut voir comment votre travail sera un support pour l'avenir, non pas en y réfléchissant de manière rationnelle, mais bien en vous engageant vis-à-vis la Roue de l'existence. Ce faisant, vous vous adjoindrez le support d'une alliée inestimable : la planète Terre.

À partir du moment où vous commencerez à nourrir vos projets et à les mettre en action, vous ferez inévitablement face à des obstacles. Parfois, vous serez tenté de les interpréter comme des signes vous indiquant que vous faites fausse route. Sachez que les fausses routes n'existent pas, dans la vision « anti-carrière ». Toute expérience constituant un apprentissage, il ne peut y avoir d'échec ! Lorsque vous considérez avoir posé un geste manqué, rappelez-vous que vous avez d'abord cru que c'était la chose optimum à faire ; autrement, vous ne l'auriez pas fait. Si vous êtes en mesure d'envisager ce geste comme une erreur, cela indique que vous avez grandi, que vous avez appris quelque chose. L'autocondamnation rétroactive est inutile. Il convient plutôt d'agir et de rajuster le tir, de suivre le cours des choses et de les laisser se fondre à vos actions ; il convient d'utiliser les réponses en provenance de l'extérieur afin de toucher à des niveaux encore plus profonds et subtils de la force de volonté.

Un jour, alors qu'ils procédaient à des fouilles en Égypte, des archéologues tombèrent sur un hiéroglyphe disant «Mangez ce livre». Qu'est-ce que cela pouvait bien vouloir dire, «Mangez ce livre»? Au même titre que dans l'histoire dŒdipe, chercher une réponse au sens littéral serait futile. La réponse se trouve plutôt dans notre pouvoir d'assimilation, c'est-à-dire la capacité du troisième chakra à gérer l'information, la rajuster et la rediriger. Les priorités sont faites pour évoluer. Emmagasiner le pouvoir généré par l'obstacle constitue la récompense. Peu importe si l'obstacle vous assimile ou si c'est vous qui l'assimilez, il y aura synergie et, conséquemment, un surcroît d'énergie disponible pour votre prochaine action. En contrepartie, diviser, conquérir ou fuir devant l'obstacle conduit au dessèchement et à la mort.

Vous faites donc erreur si vous considérez que vous faites fausse route simplement parce que des obstacles se sont pointés. Si vous demeurez fluide et attentif, même au beau milieu d'un échec apparent, si vous êtes prêt à assimiler l'expérience et à la laisser vous rediriger, vous n'en deviendrez que plus fort. Lorsque la ville de New York fit faillite et mit à pied plusieurs professeurs d'université, dans les années 70, Stan Jay ne s'apitoya pas sur son sort. Il ne s'est pas senti rejeté et ne s'est pas considéré comme un perdant. Il profita de la situation pour transformer son passe-temps de collectionneur d'instruments de musique en entreprise lucrative à temps plein.

Voilà comment nous entrons véritablement dans le mouvement de notre œuvre. Nous nous ouvrons à nous-même et à notre ressenti, nous savons où se trouvent nos priorités et nous les gérons de façon à ce que nos actes soient alignés sur notre enthousiasme. Le mécanisme de focalisation, c'est notre feu; c'est l'enthousiasme généré par le fait de choisir et de rester engagé vis à vis nos choix. Ce feu, qui assimile et digère, donne un sens à ce que nous faisons et c'est à partir de lui que nous pouvons construire.

Nous en sommes encore au commencement. Vous avez construit la base triangulaire, la fusion entre l'appréciation de votre juste valeur, votre ressenti et votre force de volonté. N'étant plus exclusivement motivé par la survie, le manque ou le besoin de nuire aux autres pour vous sentir plus fort, vous pouvez entrer dans le royaume du cœur, dans la beauté du partage, là où vos visions se fondent et créent de nouvelles formes d'amour et de travail pour le bien de tous.

UTILISATION DE LA ROUE DE MÉDECINE DANS LES CHOIX DE CARRIÈRE

On peut utiliser la Roue de médecine d'une foule de manières. Des guides amérindiens m'ont appris comment en aménager une à même le sol, en formant un grand cercle avec des pierres. Nous entrions à l'intérieur du cercle, puis nous nous postions – debout ou assis – dans les différentes directions, afin de relier leurs énergies à tel ou tel espace de ressenti à l'intérieur du corps. Les exercices suivants sont très utiles, peu importe la manière dont vous vous servirez de la Roue. Vous constaterez qu'il est plus facile d'en profiter si vous avez mémorisé les différentes positions de la roue et leur symbolisme. Pour entamer cet exercice, il faudra avoir complété le travail relié aux trois premiers chakras, en plus d'avoir choisi une priorité. Vous pourrez alors confier votre priorité à la Roue en vous concentrant sur une loge en particulier, et voir ce qu'il y a à faire pour que votre priorité puisse prendre forme. Les exercices qui suivent vous montreront comment l'on peut travailler à partir d'une priorité.

Est: Se concentrer sur une idée

Concentrez-vous sur la priorité de votre choix. Voyez-la, sentez sa texture et laissez-la doucement se répandre en vous-même. Voyez la Roue de médecine et vous qui entrez dans la Loge de l'Est. Vous pénétrez dans cet espace avec votre priorité. Votre priorité est-elle

147

claire ? Est-elle focalisée ? Est-elle définie ? Votre projet est-il en train de grandir en vous, ou bien est-ce quelque chose d'extérieur que vous tentez de greffer sur vous ? Maintenez votre priorité dans la Loge de l'Est jusqu'à ce que vous puissiez mieux la définir et la garder concentrée. Ceci vous permettra de donner de la force à votre nouvelle direction de carrière.

Sud-Ouest : La Conscience nette

Tout en restant imprégné de l'énergie de votre projet, entrez dans la Loge de la paix et connectez-vous à votre sagesse intérieure. Êtes-vous en paix avec votre idée ? Votre conscience est-elle vraiment nette ? Pouvez-vous entamer cette nouvelle carrière sans remord ? Portez votre attention sur votre corps et voyez s'il y a des zones d'inconfort en vous, par rapport à votre idée. Soyez à l'écoute de ces zones. S'il existe au moins un lieu dans votre corps qui n'est pas en paix avec votre projet, vous devrez demeurer dans cette loge ou y retourner au moment jugé opportun, afin de permettre à votre projet de se remodeler. Si quelque chose résiste ici, faites appel aux chefs de la paix. Demandez-leur conseil. Demandez : « Pourquoi est-ce que je ne me sens pas en paix avec cette idée ? ». Demandez et permettez que la réponse vous parvienne.

Sud : La Mobilisation

Vous entrez maintenant dans la loge du Sud, la Loge de la guerre. Vous faites désormais « un » avec votre but et vous êtes prêt à mobiliser vos énergies afin de passer à l'action. Inspirez et ressentez le feu qui prend sa force dans votre plexus. En expirant, laissez aller tout ce qui pourrait faire obstacle à la réalisation de votre objectif. Peut-être devrez-vous laisser aller de prétendus amis qui s'accrochent à vous et qui ne contribuent pas à la mise en place de votre projet, en ce moment ? Peut-être devez-vous lâcher prise sur de faux besoins de sécurité ou sur une relation terminée depuis quelque temps mais qui continue de vous hanter ? Ressentez votre être tout entier aligné sur sa cible, droit et effilé comme une flèche. Dressez mentalement la liste de tous les bagages en trop dont vous êtes prêt à disposer, puis voyez-les comme s'ils tombaient un à un sur le bas côté de votre route. Ressentez la puissance du guerrier. Le guerrier se consacre entièrement à sa mission ; il ne se laisse pas intimider par les difficultés. Le guerrier est prompt, alerte et déterminé à gagner.

Maintenant, balayez votre terrain du regard à la recherche d'alliés et de ressources. Ouvrez bien l'œil. Voyez où se trouvent les gens, les lieux, les sources d'information, les institutions et les formations pouvant vous aider à progresser en direction de votre but. Une fois que cette liste se sera présentée à vous, notez les noms qui brillent de tous leurs feux sur votre écran intérieur et gardez-les en mémoire. Écrivez-les, si nécessaire. Cela fait, connectez-vous à votre force intérieure afin d'obtenir le soutien de la Puissance que vous avez l'habitude d'invoquer sur un autre plan. Acceptez de recevoir de l'aide à tous les niveaux, dans votre quête. Puisque vous êtes en paix avec vous-même, vous savez que vous méritez cette aide et que vous n'avez pas à vous en faire – les occasions seront nombreuses, dans le futur, où vous pourrez rendre la pareille à ceux qui vous auront aidé. Voyez les formes de vie se manifester et se consolider autour de vous ; voyez-les magnétisées par la force de votre intention et travaillant pour vous. Si vous sentez de la résistance dans cette loge, vous savez qu'il y a encore du travail à faire et que vous pouvez revenir ici à tout moment pour progresser.

Sud-ouest : La Vision

Vous voici maintenant prêt à entrer dans la Loge des Chanteurs et des Visionnaires. Ici, vous pouvez commencer à transformer vos patterns habituels en concevant une meilleure réalité pour vous-même et en laissant les courants de votre pouvoir imaginatif réorganiser votre structure intérieure. Inspirez... Expirez... Permettez au souffle de vous élever. Avec aisance et légèreté, votre vision se déploie et vous voyez votre projet futur vous prendre par la main et vous montrer de quelle façon votre idée pourrait prendre forme. Voyez, sentez, ressentez, goûtez, touchez, humez votre projet dans toute sa *splendeur. À quoi ressemble-t-il ? Où prend-il place ? Qui est autour de vous ? N'essayez pas de créer un futur préconçu. Ayez confiance que votre pouvoir de création peut vous conduire jusqu'à cette possibilité. Peut-être êtes-vous surpris par ce que vous apercevez ? Peut-être vivez-vous une expérience plus métaphorique que littérale ? Peut-être vous retrouvez-vous dans un univers de formes, de couleurs et de sons ? Accueillez ce processus et faites-lui confiance. Explorez vos aptitudes visionnaires. Si vous n'entrevoyez aucun avenir à votre idée, faites appel aux chefs de cette loge afin qu'ils vous guident et vous indiquent comment vous pouvez faire avancer votre projet. Soyez patient. N'essayez pas de forcer les choses. Si les choses semblent se coincer, c'est là qu'elles doivent être pour le moment. Vous pouvez retourner dans cette loge aussi souvent que vous le voudrez afin de renouveler votre pouvoir visionnaire et permettre son expansion.*

Il est également possible d'effectuer un travail dans cette loge en compagnie de vos alliés ou de vos partenaires dans ce projet. Vous pouvez vous réunir pour un brassage d'idées. Vous pouvez marcher ensemble afin de forger un rêve commun. Ainsi, en plus d'aérer vos esprits, vous et vos partenaires pourrez plus facilement articuler vos idées et vos espérances. Le temps qu'on investit dans ces moments d'activation de l'imagination est aussi important – sinon plus – que le travail physique consacré à l'accomplissement d'un projet.

Ouest : La Voie du rêve

Vous pénétrez maintenant dans la Loge des femmes. Ici, vous examinez vos sentiments et vos besoins profonds ; puis vous vérifiez si votre vision est véritablement congruente avec eux. Ressentez votre projet dans votre corps et faites un inventaire détaillé. Que ressentez-vous ? Que se passe-t-il « dans vos tripes », par rapport à votre projet ? Vous sentez-vous nourri, complet et à l'aise ? Si tel n'est pas le cas, notez où se trouvent les points de résistance dans votre corps. Comment et où apparaissent-ils ? Ouvrez-leur votre corps et écoutez. Faites appel à vos souvenirs ; remontez jusqu'à votre enfance. Votre idée entre-t-elle en résonance avec les émotions et sentiments de votre enfance ? Avec vos souvenirs prénataux ? Retournez encore plus loin en arrière. Laissez les images monter depuis les grandes eaux de votre monde caché. Laissez parler les images de vos rêves, de ce qui pourrait aussi constituer vos existences antérieures. Laissez votre paysage intérieur apparaître ; suivez ses contours sinueux, ses montagnes et ses vallées. Où avez-vous passé vos nuits, dans vos rêves ? Avez-vous construit un paysage intérieur pouvant soutenir votre projet, ou étiez-vous occupé par quelqu'autre aspect de votre vie ayant détourné votre attention nocturne ? Sur quelles facettes de votre personnalité avez-vous travaillé, au creux de vos profondeurs ? (Ces facettes se sont peut-être rarement manifestées à la lumière du jour.) Avez-vous des alliés ? Des ennemis ? Des gens qui vous jugent ? D'autres qui vous enseignent ? Invitez la sagesse des femmes-chefs de cette loge à vous guider jusque dans les zones floues de votre conscience ; invitez-les à vous révéler les besoins localisés dans cette région. Si ces besoins ne sont pas congruents avec votre priorité consciente, vous allez peut-être devoir organiser une « conférence » avec ces divers aspects de vous-même afin de redéfinir vos priorités. Prenez tout votre temps. La Loge des femmes transmet souvent ses messages par le biais du silence. Il faut souvent faire preuve d'une grande patience pour traverser ce domaine. Les récompenses seront toutefois immenses. Vous quitterez la loge enrichi d'un nouveau sens de l'intégrité et investi d'une force provenant d'une source inconnue et indéfinissable. Vous serez plus intuitif et plus à l'aise dans le monde extérieur, car les créatures habitant les profondeurs cachées de votre être seront heureuses que vous vous mettiez enfin à leur écoute. Elles se mettront à votre service, vous transmettant de précieuses informations, tant et aussi longtemps que vous aurez le désir sincère de rester en contact avec ce royaume intérieur.

Nord-Ouest : Stratégies Espace-Temps

Vous êtes maintenant prêt à entrer dans la Loge des Chefs administrateurs. Votre projet est clair et vous vous sentez en accord avec lui. Vous avez commencé à mobiliser vos forces, à entretenir la vision de vos possibilités, et vous êtes en lien avec votre intuition. Comment pourrez-vous maintenant intégrer ces éléments dans le monde bien tangible du quotidien ? De combien d'espace aurez-vous besoin ? À quoi ressemblera votre agenda ? Comment organiserez-vous la mise en place de votre projet au jour le jour ? Si votre priorité en est une de type personnel – comme l'apprentissage de la patience – dans quelles circonstances pourrez-vous développer cette qualité ? Avec qui, où et quand ?

Voyez votre fonctionnement quotidien dans l'accomplissement de votre objectif. À quoi ressemble votre environnement ? Comment subvenez-vous à vos besoins et comment gérez-vous le flot d'informations qui entrent et qui sortent ? Visualisez-vous en plein travail et prenez note du décor. Demandez aux chefs de ce domaine de vous indiquer comment vous pouvez contribuer à votre projet dans l'équilibre de votre temps et de votre énergie. Peut-être vous évadez-vous souvent dans toutes sortes d'activités plus ou moins nourrissantes parce qu'au fond, vous refusez de vous accorder du temps de qualité réel pour le repos et le plaisir ? Peut-être perdez-vous un temps précieux dans diverses obligations, justifiées ou non en fonction des autres ?

Parmi les plus importantes qualités nécessaires à l'accomplissement de nos objectifs, figure la capacité à dire « non ». Lorsque vous êtes engagé dans le travail relié à votre projet et que le téléphone sonne, entendez-vous en train de dire « non » – poliment, mais fermement – à la demande qui vous sera faite. Lorsque Ed McMahon envahira votre espace avec le tout nouveau concours associé à telle ou telle carte de crédit, entendez-vous répondre « non ». Lorsque votre ami nouvellement converti tentera de vous entraîner dans son prochain atelier-miracle, même si ce cours n'a rien à voir avec ce que vous traversez actuellement, entendez-vous répondre « non ». Dites « non » aux siphons d'énergie et aux voleurs de prana, aux spécialistes douteux du marketing et au dernier tournoi des champions. Dites « oui » à votre âme, à votre priorité et au monde meilleur que votre projet créera.

Nord : En lien avec le Supérieur

Vous voici disposé à pénétrer dans la Loge des dieux. Vous avez fait tout ce que vous pouviez et vous êtes maintenant prêt à lever les yeux vers le Très Haut. Vous voici prêt à accepter le verdict de l'univers, quel qu'il soit. Il ne s'agit pas de frapper à grands coups de poing aux portes du Ciel, mais de rester ouvert et de recevoir la lumière d'en-haut. Et vous la recevez ! Car vous êtes prêt. Dans cette loge, vous vous dépouillez de vos prétentions, de vos ambitions, de vos a priori. Ici, comme le Frère Klauss – ce saint homme originaire de Suisse de qui l'on dit qu'il a réussi à maintenir les Nazis hors de la Suisse par la seule puissance de son intention –, vous déclarez : « Quoique je fasse qui puisse me rapprocher de Toi, qu'il en soit ainsi ; quoique je fasse qui pourrait m'éloigner de Toi, que cela n'ait pas lieu d'être ».

Ici, à votre façon, vous abandonnez votre fardeau, le lourd fardeau illusoire selon lequel vous êtes celui qui contrôle votre vie et votre travail. Laissez l'Esprit vous emplir, imprégner votre corps et votre âme. Ne demandez qu'une seule chose : être guidé. Demandez à être au bon endroit au bon moment, à trouver les circonstances et être trouvé dans les circonstances en accord avec la volonté supérieure, à agir en tant qu'instrument de la grâce et de la compassion universelles. Demandez que votre cœur et vos désirs fassent « un » avec le Cœur Suprême et le Désir Suprême pour le bien de la compassion, de l'évolution et de l'éveil du monde.

Nord-Est : Notre Travail en Héritage

Vous voici parvenu à la Loge du Nord-Est où l'on vous pose cette simple question : « Ton projet, ton désir, ton idée, ta carrière serviront-ils les enfants des enfants de tes enfants ? ». Les générations à venir se souviendront-elles de votre travail avec amour et appréciation ? La sueur de votre front, le dur labeur, les efforts, les apprentissages, les projets et leur exécution, les moments de méditation et de prière laisseront-ils un héritage de paix, d'harmonie, d'ouverture, de compassion, de croissance et de prospérité sur la Terre ?

Cela ne veut pas dire que votre travail se doit de servir directement un but connu. Un artiste en lutte avec une vision génère des possibilités pour le futur ; le parent aimant crée un foyer où son enfant grandira libre de la peur ; la mécanicienne qui aime ses outils et respecte leurs pouvoirs, qui les utilise dans l'esprit de service, contribue à préparer le terrain pour l'arrivée de nouvelles technologies servant l'humanité dans le respect de l'environnement. Ce que vous léguerez à la planète sera l'amour et le soin que vous aurez mis à votre travail, rien de plus et rien de moins. La Terre sait cela, les enfants savent cela, et dans votre cœur, vous le savez aussi. L'héritage que vous laisserez derrière vous sera mémorable dans la mesure où vous serez sorti de vos peurs pour entrer dans la grande communauté du monde.

Dans cette loge, vous offrez votre travail, vos talents, vos rêves et vos aspirations aux générations futures. Vous voyez votre travail – peu importe son envergure – comme faisant partie du travail suprême qui se situe au-delà de l'humain, mais qui est nourri et soutenu par l'humain.

Nous avons maintenant réalisé un tour complet de la Roue de médecine. Chaque zone de la roue représente une zone à l'intérieur de vous. Dans certains secteurs, vous vous sentirez vibrer naturellement. Ailleurs, vous vous montrerez plus incertains ; vous aurez besoin de développer ces domaines. Commencez là où vous êtes, acceptez votre point de départ et laissez les différents secteurs de la Roue s'intégrer à votre personnalité. De cette manière, votre priorité commencera à se cristalliser dans sa forme unique. Vous vous verrez prendre une direction plus authentique et représentative de qui vous êtes au sein de la grande roue de la vie.

7

Quatrième étape :
Le cœur au travail

Regarde ses buts de près, observe les moyens par lesquels ils les poursuit, découvre ce qui lui procure satisfaction.

Confucius

N ous atteignons maintenant un pivot dans notre processus de création d'une carrière centrée sur l'âme. À ce niveau, nous effectuons une transition entre la motivation centrée sur l'ego et le rayonnement d'une participation consciente avec le tout. Les pas en avant faits par tout individu, à partir de ce point tournant, auront un impact mesurable sur le potentiel de la collectivité. Ce type de participation consciente ne devrait pas être confondu avec «faire le bien». L'action centrée sur le cœur (ce qu'est la compassion) est le résultat de la force tempérée et d'une compréhension des choses allant au-delà de la perspective du bien et du mal. Une telle action est tout à fait consciente de la futilité de la séparation et de la peur en tant que motivations; ainsi, elle ne verse pas dans le recherche de la gratification instantanée. Sans la dynamique de la participation consciente en action, nos efforts continueront, au mieux, de semer le déséquilibre.

155

LE SIÈGE DE LA PROSPÉRITÉ

Le cœur est le siège de la prospérité. Si la prospérité de quelqu'un est atteinte sans ouverture du cœur, cette personne continuera de se sentir pauvre. Peu importe ce qu'elle accumulera sur différents plans, quelque chose lui manquera. La notion du cœur au centre de la prospérité nous amène à aborder le mythe du «il faut travailler dur dans la vie». Il sont assez nombreux, sur cette planète, ceux qui arrivent à manifester les choses matériels sans avoir à travailler. Des millions de gens ont vu le saint homme indien Sathya Sai Baba manifester des objets matériels, depuis le champ universel jusque dans sa main. En découvrant un sac de pommes de terre déposé devant sa maison, Swami Jnanananda Giri dira quelque chose comme: «Quelqu'un doit être en route pour le dîner», et effectivement, des invités arriveront à l'improviste durant la soirée.

Cela ne signifie pas que l'on prône une éthique anti-travail. Richard Dominguez, cet ancien courtier en bourse prônant aujourd'hui l'indépendance financière par la simplicité volontaire, fait remarquer que les gens qui réussissent à recevoir du soutien matériel sans travailler sont généralement des êtres dévoués à une grande mission[1]. Ils sont intérieurement guidés, et l'inspiration qu'ils reçoivent soutient ceux qui les entourent. Ce qu'il faut bien comprendre, en ce qui concerne la manifestation de la prospérité, ce sont les voies du cœur dans le monde, les voies du don et de la réception. Ce mouvement de base rappelle celui de la respiration: l'inspiration accueille la vie et l'expiration redonne à la vie. En vérité, nul ne peut dire où commence et où s'arrête ce mouvement. Les mots *donner* et *recevoir* ne sont qu'une vague approximation humaine au sujet d'une loi universelle bien plus grande.

---

1. Joe Dominguez et Vicki Robin, «*Your Money or Your Life: Transforming Your Relationship with Money and Achieving Finacial Independence*» (New York: Viking Prenguin, 1992).

Nous sommes néanmoins liés à ces termes lorsque nous parlons. L'accueil est mentionné en premier, car il brille par son absence dans notre vie. Remarquez la façon dont les gens réagissent aux compliments, par exemple. Il n'est pas inhabituel de voir la plupart d'entre nous les repousser en répondant – souvent avec le langage du corps – que nous ne méritons pas de recevoir une telle reconnaissance. En contrepartie, nous pouvons ressentir un tel besoin de reconnaissance que nous cherchons constamment de nouvelles manières de nous faire valoir afin de jeter notre dévolu sur les autres, peu importe s'ils ont réellement besoin de nos dons ou non.

Les deux extrémités de cette polarité dénotent une incapacité à recevoir. Savoir recevoir, c'est faire montre d'une ouverture fondamentale vis-à-vis l'expérience ; c'est être prêt à accepter tout ce que la vie a à offrir – le bien et le soit disant mal. Bien souvent, nous ne nous permettons pas de recevoir parce que notre enracinement n'est pas assez fort et centré. Nous ne pouvons tout simplement pas soutenir l'énergie de l'abondance. Nous sommes déstabilisés par les expériences spirituelles élevées ou par ce que nous percevons comme étant « trop d'argent, d'autorité, de responsabilités », etc. Afin de recevoir, vous devez commencer à la racine, c'est-à-dire que vous devez vous établir dans votre plénitude, ainsi que dans votre droit et dans votre besoin d'être exactement qui vous êtes. En alignant vos émotions sur cette énergie, il est possible de choisir des priorités raisonnables sur lesquelles focaliser. Si vous n'êtes pas en mesure de recevoir, vos priorités n'entreront pas en contact avec la communauté.

Le mouvement de réception agit sur plusieurs plans. Vous pouvez apprendre à recevoir des éloges ou les critiques constructives ; vous pouvez vous permettre d'accepter l'argent, la beauté et l'affection, de même que les amitiés et les objets de qualité et ce, sans ressentir que vous ne les méritez pas et sans ressentir de l'inconfort dans votre participation à tout ce que la vie a à offrir comme trésors. Recevoir implique également que vous soyez disposé à accepter le rejet et la douleur, sans chercher à les bloquer ou à les juger, ce qui empêcherait la transformation de ces énergies. Lorsque l'heure est venue de boire une coupe de poison, vous pouvez la boire au complet. De cette manière, vous recevez l'impact – et donc la sagesse – de l'expérience. C'est en plongeant au cœur de vos ténèbres que vous pouvez trouver un joyau en devenir, un trésor qui vous revient en propre et que vous pouvez ensuite partager, car vous lui avez permis de grandir à travers une ouverture sincère. Si vous refusez de vous ouvrir au rejet, à la critique ou à la maladie, vous gaspillez énormément d'énergie à tenter de les repousser et vous vous retrouvez constamment à la défensive. Si vous désirez vous placer en position d'accueillir l'abondance, vous devez être persuadé de votre bonté innée et de votre valeur. Vous devez croire que vous êtes fondamentalement digne de recevoir. Enfin, pour recevoir il faut donner ; donner ouvre notre champ magnétique et active les circuits de la prospérité. Cependant, pour donner, il vous faut croire que vous *avez* quelque chose à donner. Peu importe vos talents et vos habiletés, peu importe ce que vous considérez comme des handicaps ou des faiblesses, ce que vous avez à offrir est essentiellement votre essence divine et cela, rien ni personne ne peut le minimiser ou vous l'enlever.

La première chose que vous pouvez faire pour vous entraîner à recevoir est de pratiquer l'accueil de la plénitude de votre respiration. Chaque matin, commencez la journée en recevant consciemment le souffle de vie. Vous verrez : vous vous sentirez tellement rempli d'énergie que vous *voudrez* donner, vous *voudrez* vous lever et vous mettre à l'ouvrage. Imaginez que vous êtes un réceptacle ouvert. Invitez le souffle de vie à se répandre dans tous les organes de votre corps. Tour à tour, chaque organe – poumons, cœur, foie, estomac, rate, pancréas, reins, vessie et organes génitaux – devient gorgé d'énergie. Chaque matin, vos membres, muscles, os, tendons et votre peau se font remplir d'énergie vitale. RecevezLa prochaine fois que quelqu'un vous complimentera, ne vous dérobez pas ou ne vous diminuez pas ; permettez-vous plutôt d'accueillir pleinement ces bonnes paroles. Prenez le temps de ressentir consciemment que vous êtes rempli. Donner sera ensuite la résultante naturelle de votre état.

Donner ne veut pas dire faire le bien ni servir Dieu, un gourou ou un pays. Ces concepts peuvent entretenir l'illusion de la séparation et sont souvent basés sur une forme subtile de mésestime de soi. La plupart d'entre nous nous sommes fait rabattre les oreilles des centaines et des centaines de fois quant au fait que nous devrions nous montrer serviables et venir en aide à notre prochain. Conséquemment, nombreux sont les porteurs de « la maladie du guérisseur », prêt à bondir à tout moment sur la première âme dans le besoin afin de justifier l'existence du guérisseur. Thoreau dit un jour : « Si j'avais la certitude qu'un homme fait actuellement route vers ma maison dans l'intention consciente de me faire du bien, il faudrait que je déguerpisse au plus vite[1] ». Ainsi devrait-il en être de nous, en de telles circonstances, car nous subirions l'attaque des besoins irrépressibles de cette personne, cachés derrière ses actes. Le soit disant « don de soi » se base souvent sur un sentiment d'obligation, ce qui empêche le mouvement naturel de la réception. Lorsque quelqu'un joue au sauveur, il s'agit d'une manigance lui permettant d'obtenir un profit ultérieur ; il y a un calcul, le désir d'en arriver à un résultat quelconque, ce qui veut dire que le don provient en fait d'un sentiment de pauvreté. La pauvreté, la magie et la rencontre sont évacuées. C'est la raison pour laquelle tant de gens riches ressentent le besoin de continuer à accumuler de l'argent ; ils ne savent rien faire d'autre. Même s'ils vivent dans le plus grand confort matériel, ils ne parviennent toujours pas à recevoir et ils continuent donc d'être hantés par ce qu'ils n'ont pas.

---

1. Henry David Thoreau, « *Walden* » (New York : Collier Books, 1962), 81.

Dans la tradition bouddhiste tibétaine, ce pattern est considéré comme appartenant au règne des « fantômes affamés ». Les fantômes affamés sont décrits comme étant des esprits désincarnés possédant un énorme corps et une bouche minuscule ; ils tentent constamment de sucer de nouvelles énergies et expériences parce qu'ils n'en ont jamais assez. L'enseignant bouddhiste vietnamien Tich Nhat Hanh a déjà fait remarquer que l'Amérique semble être aux prises avec le syndrome du fantôme affamé. Le besoin frénétique de consommer – sur les plans intellectuel, émotionnel et matériel – n'est jamais satisfait à cause du manque d'enracinement dans le sol et de la déficience du cycle régénérateur du don et de la réception[1].

Le don, qu'il soit de nature émotionnelle ou matérielle, n'est pas un geste calculé. Le don est spontané et procède naturellement de la plénitude. Lorsque vous vous sentez complet, vous êtes libre de donner et de recevoir. Chaque fois que vous vous surprendrez à accumuler quelque chose, demandez-vous ce que vous essayez réellement de remplir (cela inclut l'accumulation des connaissances). Chaque fois que vous vous surprendrez à donner par besoin compulsif, creusez jusqu'aux racines de ce besoin. Le don véritable est l'expression de ce que nous valons, et chaque fois que nous donnons, de toutes les manières, nous affirmons qui nous sommes. Pour chaque dollar que vous dépensez, vous offrez votre soutien à quelqu'un ou à quelque chose. Vos dépenses reflètent-elles vos valeurs ? Voyez-vous vos dépenses comme des dons ou êtes-vous encore en train de gagner votre pain à la sueur de votre front ? Si nous pouvions dépenser notre argent uniquement en fonction de nos convictions, chaque dépense nous alignerait sur nos priorités et nous rapprocherait de nos buts. Chaque fois que nous réglons nos factures, nous pourrions contribuer activement à une nouvelle vision du monde. Par

---

1. Thich Nhat Hanh, « *The Miracle of Mindfulness : A Manual on Meditation* », trad. Mobi Ho (Boston : Beacon Press, 1992).

exemple, de nombreuses personnes achètent des aliments organiques autant que possible, non seulement pour des motifs de santé mais aussi parce que cela vient en aide à l'industrie des aliments naturels ; ils offrent leur support aux fermes de petite taille et à l'agriculture écologique plutôt qu'aux géants de l'*agribusiness* qui nuisent à la communauté. Ces gens n'achètent pas simplement de la nourriture, ils donnent. Dans la même veine, des compagnies comme *Working Assets* et *Seventh Generation* ont inclus la notion de don dans leur mission corporative. Chaque fois que vous payez votre compte de téléphone chez *Working Assets*, par exemple, un pourcentage de votre argent va à des causes environnementales.

Supporter est synonyme de donner. Il est possible d'offrir notre support de diverses façons. Joyce Critendon a remarqué que lorsque les clients de son auberge sentent l'énergie du cœur dégagée par les employés (c'est-à-dire s'ils se sentent réellement supportés), ils seront heureux de revenir et ce, même s'ils ont expérimenté un problème avec le service. Les clients reçoivent quelque chose qui ne peut être mesuré, mais qui est pourtant bien tangible.

Le support a pour sa part comme antonyme, le mot envie. C'est cette même envie qu'Emerson a qualifiée d'ignorance. L'envie n'est ni plus ni moins que l'emblème venant couronner le sentiment de manque. Dès que l'envie fait son entrée dans notre vie, elle signale une zone où nous croyons que n'avons pas assez de quelque chose, ou pire, que nous ne *sommes* pas assez. Le travail au niveau du cœur nous amène à faire la paix avec l'envie.

L'envie, c'est la langue du serpent. Elle nous mord, elle nous tient, elle empoisonne tout ce qu'elle touche. La carrière de plusieurs personnes est basée sur l'envie et bien des métaphores encourageant le succès en sont teintées. Les artistes ou les spiritualistes de carrière ne sont pas immunisés. Combien de fois entendons-nous une pointe d'envie s'immiscer dans nos critiques à propos de telle ou telle œuvre, ou de tel ou tel enseignement ? Tant et aussi longtemps que l'envie occupera une place dans votre cœur, vous ne pourrez pas fonctionner librement, car l'envie se fonde sur le sentiment de pauvreté et de non-acceptation de soi. Cela ne veut pas dire qu'il faille s'armer de bonté afin de vaincre l'ennemi que représente cette émotion négative. Cela ne ferait que donner lieu à un ego humble et frustré. Comme toute autre émotion considérée comme négative, l'envie supplie qu'on l'interroge et qu'on lui vienne en aide. À mesure que nous remontons vers ses racines, nous découvrons nos espoirs cachés, telles des fleurs délicates qu'on avait piétinées et blessées. Nous découvrons des choses que nous aurions toujours voulu faire et des états d'être que nous aurions toujours voulu vivre, mais qui n'ont jamais pu voir le jour. À partir du moment où vous mettez le doigt sur ce qui est à l'origine de votre envie, il devient possible d'arrêter de projeter votre émotion sur les autres. Il existe de nouveaux outils afin d'être guidé et assisté dans l'ouverture des désirs en provenance du cœur.

Si vous croyez que le monde est gouverné par la loi de la jungle, c'est ce qui vous arrivera, et chaque rencontre que vous ferez viendra renforcer ce triste pattern. La voie du cœur est une alternative « gagnant-gagnant » qui a fait la paix avec l'envie, la méfiance et notre tendance fondamentale à retenir ou à bloquer le courant de vie. Pas besoin d'être un saint ; il s'agit plutôt de se positionner en tant qu'investigateur courageux de notre réalité personnelle. Lorsque vous vous méfiez ou que vous vous contractez devant une situation, faites-en l'exploration. Quelles émotions la situation suscite-t-elle ? Arrivez-vous à bien identifier ce qui se passe ? La méfiance et l'envie ne sont pas des ennemies mais plutôt des clefs puissantes vous permettant d'explorer les patterns issus du sentiment de manque ; ces mêmes clefs vous permettent de jeter un œil nouveau sur les parties de vous-même qui ne sont pas comblées, ce qui vous donne en bout de ligne la chance de les nourrir.

Il existe plusieurs exercices nous encourageant à se pardonner soi-même dans le but de surmonter notre état de crispation, mais il convient d'être très prudent dans leur application. La colère, l'envie, la tristesse sont autant d'émotions réclamant notre attention de façon criante. Cependant, si le pardon est remplacé par un «je devrais», nous nous torturerons constamment à tenter de devenir une meilleure personne. Peut-être conviendrait-il mieux d'utiliser le mot «acceptation» à la place de «pardon», dans le travail sur les émotions issues du cœur. Pour être plus précis, il s'agit de vivre au sein d'un sentiment d'acceptation nous permettant de rester ouvert aux situations et de dire «*ainsi soit-il*», avec le cœur. L'ouverture est atteinte non pas par la négation, mais bien par l'observation de la présence de telle ou telle émotion ; de là, l'émotion peut être explorée sans motif, sans besoin de vengeance ou sans jugement. Les situations devant lesquelles nous nous dérobons constituent nos frontières personnelles[1]. Ce sont les portes que nous n'avons jamais vraiment réussi à franchir même si nous avons toujours su qu'elles attendaient que nous le fassions. Ce sont nos frontières qui réagissent lorsque nous sentons quelque chose se nouer dans notre corps, en présence de telle ou telle personne ; ce sont elles qui nous font paniquer à l'idée d'allumer la lampe même si les ténèbres nous font nous sentir désemparés. Afin d'instaurer une carrière assurant votre plénitude, vous devrez faire face à ces zones, vous devrez franchir ces portes, l'une après l'autre, ne fut-ce qu'en posant un orteil de l'autre côté.

Une frontière, en particulier, apparaît presqu'à tout coup en consultation privée: «Comment pourrai-je gagner ma vie

---

1. Voir Stephen Levine, « *Who Dies ?* » (New York: Doubleday, 1989) et « *Healing into Life and Death* » (New York: Doubleday, 1989). Dans ses livres, Levine explore avec efficacité le concept puissant de l'existence au sein d'une telle conscience.

avec ça ? ». De nombreuses personnes œuvrant dans le domaine des services et de la relation d'aide se sentent coupables d'être rétribués. Inconfortables à l'idée de recevoir l'argent des individus, ils comptent le plus possible sur les compagnies d'assurance pour tirer un revenu. Ce comportement met en lumière le manque de compréhension du « donner et recevoir ». Lorsque nous sommes prêt à recevoir quelque chose de la part d'un autre (notez que je n'ai pas employé le mot « prendre »), d'autres voudront nous donner, car leur véritable *besoin* est de donner et non que l'on *prenne* quelque chose d'eux. De nos jours, lorsque vous demandez à un docteur quel est son tarif, il feindra l'ignorance et vous renverra à la réceptionniste. La réceptionniste vous fera connaître le tarif exorbitant du médecin sans broncher, car elle sait que les assurances s'en chargeront. Les bureaucraties, telles que l'industrie américaine des assurances, évacuent le sens du don et de la réception. Nous avons abandonné ce pouvoir parce que la plupart d'entre nous avons honte de notre manière de donner et recevoir.

Si vous voulez entretenir un bon rapport avec l'argent, vous devez entretenir un bon rapport avec vous-même ; vous devez développer votre estime personnelle et entrer pleinement dans la roue du « donner et recevoir ». Vous ne devez pas avoir peur de recevoir, car vous avez donné, et vous êtes certainement plus enclin à donner lorsque vous sentez qu'on n'est pas en train de vous prendre quelque chose. Un saint homme vivant dans les Himalayas, Swami Jnanananda Giri, m'expliqua un jour que si la monnaie était de forme ronde, c'était pour qu'elle puisse toujours rouler. « Toujours rouler » signifie entrer dans la pratique du mouvement du don et de la réception. Lorsque nous nous y mettons consciemment, nous commençons effectivement à être payé pour notre travail parce que nous lui accordons de la valeur et les autres reçoivent ce bien ou ce service avec sa valeur. Notre travail devient lui-même notre façon de redonner à la vie. Il est une expression de notre plénitude plutôt qu'un besoin de gagner notre pain quotidien. C'est la danse que nous apprenons lorsque nous développons le chakra du cœur.

Une femme rêvait d'aller en Israël et de travailler activement en faveur de la paix. Elle avait énormément de talent sur le plan organisationnel et en communication interpersonnelle, mais aucun plan d'action. Malgré tout, il ne s'agissait pas d'un fantasme momentané. Elle nourrissait son idéal depuis des années et le laissait doucement incuber dans son cœur. Ses enfants étaient entrés au collège, alors, elle se sentait plus prête que jamais à hisser les voiles et à voir ce que la vie pourrait apporter. Elle commençait maintenant à chercher des moyens concrets de réaliser son rêve et au moment où elle entrepris les démarches pour un voyage en Israël afin de sonder le terrain, la compagnie pour laquelle elle travaillait lui offrit une importante augmentation de salaire. Son cerveau entra immédiatement en action : « Je pourrais travailler pendant cinq autres années, économiser suffisamment pour assurer mes vieux jours, puis ensuite réaliser mon rêve ».

La plupart d'entre nous finissons par nous retrouver dans ce genre de position. Notre tête et notre cœur se chamaillent et nous tournons en rond indéfiniment dans l'espoir de trouver un quelconque compromis satisfaisant entre les deux. Il n'existe aucun mode d'emploi ici ; aucune manière de dire si, quand ou comment quelqu'un devrait renoncer à un salaire, à un poste établi ou à une longue expérience dans un domaine.

Suivre son cœur ne signifie pas nécessairement abandonner le monde. Certains décident de le faire dans un grand geste héroïque et reçoivent même des éloges pour leur courage. Un de mes professeurs m'a toutefois raconté avoir œuvré dans la jungle africaine avec Albert Schweitzer, le grand médecin français, Prix Nobel de la paix (également musicologue et organiste). Paraît-il que les concerts d'orgue du bon docteur Schweitzer semblaient souvent déplacés là-bas. Plusieurs personnes quittent le monde avec éclat et rentrent en rampant. Ce n'est donc pas l'émotion qui va nous transporter. L'énergie du cœur ne devrait pas être confondue avec les émotions. Ce qui nous transporte, c'est l'incubation, ce qui mijote en nous ; c'est la récurrence constante d'un rêve, l'appel intérieur qui se renforce avec le temps et qui demande à être entendu.

Le distingué théologien musulman al-Ghazali (1058-1111) enseignait à l'Université de Bagdad et jouissait du plus grand respect de la part de ses pairs. Toutefois, al-Ghazali éprouvait secrètement le sentiment qu'il manquait quelque chose à son travail. Il ressentait un appel d'un ordre plus grand. Il entendait bien cette voix, envisageait un changement, puis perdait courage. Ce manège se poursuivit jusqu'au jour où sa gorge s'assécha à un point tel qu'il devint aphone. Les médecins ne décelèrent rien d'anormal sur le plan physique et diagnostiquèrent une maladie de l'âme! Al-Ghazali quitta Bagdad et passa plusieurs années en réclusion, étudiant auprès d'ascètes du soufisme. Il retourna éventuellement à l'enseignement, mais pourvu d'une conscience approfondie de son appel, ce qui lui permit d'aider grandement à remplir le fossé qui divisait les branches mystique et juridique de l'Islam[1].

Ainsi, notre appel peut souvent nous être révélé par des symptômes, la maladie ou un inconfort. Le cœur n'a que faire des jugements de valeur. Cette même énergie qui nous tient alité peut éventuellement nous conduire jusqu'à notre œuvre. C'est lorsqu'un individu répond à son appel, quel qu'il soit, qu'on peut dire qu'il a de l'étoffe. L'appel vous mènera à l'action appropriée et vous saurez que cela est approprié parce que tout votre être se sentira clarifié, vivifié et en paix.

En résumé: le principe de base régissant le travail au niveau du cœur consiste à créer un mouvement continu et

---

1. Voir «*Deliverance of Error*», vol. 1 de «*The Faith and Practice of al-Ghazali*», trad. M.Watt (Chicago: Kazi, 1982).

tangible entre donner et recevoir. Le quatrième chakra – celui du cœur – est en fait le générateur et peut transmuter les énergies par lui-même. Il est inutile de manipuler, de ruser ou même de planifier. Vous en avez déjà bien assez à faire lorsque vous choisissez d'ouvrir votre cœur aux frontières du risque, en acceptant la présence de la douleur, de l'envie ou de toute autre émotion pouvant remonter à la surface. Lorsque vous lâchez prise sur votre désir de savoir où vous vous retrouverez, votre destinée apparaîtra. De cette manière, les situations en apparence négatives se transformeront en rencontres avec le destin ; les maladies ou les faillites deviendront des portes à franchir afin d'accéder à une réalité plus grande. Les derniers spasmes de non-alignement cesseront, l'intellect se calmera et prendra sa juste place ; vous accèderez alors plus facilement à ce que votre cœur désire. Renaître sur le chemin « anti-carrière », c'est renaître à la vie du cœur.

LE SOUTIEN OFFERT AUX CŒURS OUVERTS

Le chakra du cœur est à la jonction du ciel et de la terre. Il est associé à l'élément air, l'élément de la communication. Le chakra du cœur est le lieu, à l'intérieur du corps subtil, où nos efforts sont transformés lorsque nous donnons et recevons dans l'équilibre. Dans ce lieu, nous ne considérons plus la vie comme une lutte ; c'est aussi là que notre idéal s'incarne grâce à l'échange avec les autres.

Peu importe ce que nous avons l'intention de faire, cela ne peut jamais s'accomplir dans un vacuum. Nos actions s'appuient sur un mécanisme bien précis, lui-même régit par la loi du don et de la réception. C'est toute la beauté du chakra du cœur. Dès qu'un individu se libère des liens de la crispation chronique, un vaste bassin de ressources et de soutien lui est offert. Plus besoin de se frayer péniblement un chemin pour accéder aux meilleurs postes du monde corporatif ni d'envoyer une pluie de curriculum vitae dans l'espoir que l'un d'entre eux tombera en sol fertile. Ce qui se passe plutôt, c'est qu'en entrant en contact avec le cœur de votre être et en nourrissant cette connexion, vos convictions entrent en résonance avec le cœur de la communauté. Tom Chapin, Judy Collins, Bob Dylan, Joni Mitchell, George Harrison, bref toute une ribambelle de musiciens et de chanteurs connus sont des clients des *Mandolin Brothers*. Aucun de ces clients ne s'est fait prier, aucune promesse d'échange n'a été faite ni aucune campagne de promotion directe par la poste. Grâce à leur amour de la musique et le support qu'ils offrent aux musiciens, les *Mandolin Brothers* ont vu leur clientèle s'accroître d'elle-même. Leur réputation a fait tellement de vagues que même si le magasin se situe toujours dans l'île de Staten, c'est-à-dire bien loin du centre-ville de New York, un flot constant de visiteurs continuent de se présenter à leur enseigne. Au lieu d'agir depuis un espace d'isolement apparent, travailler à partir du chakra du cœur crée une opportunité grandissante de reconnaissance mutuelle et de collaboration parce que les autres sentent que vous n'opérez plus à partir d'un espace de besoin ou d'une ambition vous incitant à user de la manipulation. Ainsi donc, les gens vous offrent spontanément leur support. Ceci est primordial : tant et aussi longtemps que vous *exhalerez* le besoin, vous aurez tendance à repousser les gens. Ils sentiront, consciemment ou non, que vous les drainez. Lorsque vous dégagez la générosité – une énergie de don en provenance du cœur – les gens vous offriront naturellement leur support et/ou ils voudront faire équipe avec vous. En vous offrant leur support, ils sentiront qu'ils supportent quelque chose de plus grand, car vous aurez commencé à vous aligner sur le cœur de l'humanité. Ce n'est pas par hasard que deux des personnes les plus efficaces au monde dans les campagnes de financement furent le Mahatma Gandhi et Mère Teresa.

Le cœur est le lieu à partir duquel vous commencez à mettre vos priorités au service de la communauté. Vous commencez à penser et à agir en fonction du désir de partager votre abondance avec le monde. Vous commencez à recevoir parce que vous êtes capable de partager. Plus vous devenez expérimenté dans l'art de donner et de recevoir, plus ce processus se développe, tant et si bien que vous parvenez à un stade où la plus importante question à vous poser devient : « À quel degré puis-je m'ouvrir encore ? Jusqu'à quel point puis-je recevoir et partager l'abondance, ainsi que les richesses de l'existence ? ». Le cœur voué au partage est un lieu où l'abondance vécue par autrui devient votre propre abondance. Au lieu d'envier le succès des autres, vous êtes capable de leur offrir votre soutien ; en retour, vous recevez le soutien des autres pour vos propres accomplissements, car vous avez pris votre juste place.

La question du soutien relève d'un grand mystère. De plus, elle peut prendre mille et une formes : financement, mentorat, encouragements, votes de confiance et autres manifestations extérieures. Le soutien peut également vous parvenir de façons plus subtiles. Vous est-il déjà arrivé de recevoir une aide invisible, venant d'on ne sait où ? Quelqu'un que je connais a vécu une expérience fort particulière à l'âge de cinq ans. Il dévalait une route de montagne en patins à roulettes lorsqu'il entendit soudain une voix lui dire : « Arrête ». Il répondit aussitôt à cette directive et au même moment, un énorme camion surgit d'un angle caché de la route, passant à toute vitesse près de lui. En moyenne, les deux tiers de tous les participants aux ateliers « anti-carrière » ont déclaré avoir vécu des expériences semblables. Ces événements tombent souvent dans l'oubli, en partie parce qu'ils ne sont pas valorisés par l'environnement social. C'est pourtant l'identification et la reconnaissance de ce type d'expériences qui vont leur conférer leur légitimité dans le cœur de certaines personnes, permettant ainsi qu'elles puissent se produire encore plus souvent. Ces alliances invisibles – cette trame où se tisse le soutien dont nous avons besoin – se trouvent tout autour de nous et il est possible de les développer. Si vous créez consciemment une ouverture en ce sens, vous commencerez à accueillir le miracle de la création et à vivre un contact de plus en plus étroit avec cette dimension.

ŒUVRER AVEC LE CŒUR

Il existe de nombreuses méthodes conçues pour faciliter l'ouverture du cœur. L'une des plus puissantes (particulièrement dans le cadre de sessions de groupe) est la création, par le biais d'un rituel, d'un espace sacré, un *temenos*, à l'intérieur duquel les gens peuvent partager avec le cœur. L'avantage de ce rituel est qu'il permet facilement d'accueillir les limites humaines et de créer une zone où l'on se sent suffisamment en sécurité pour explorer nos frontières personnelles. Je ne parle pas ici d'une activité où vous allez vous fondre dans une mer de félicité et d'amour inconditionnel et à la suite de laquelle vous aurez besoin d'un coup de pied pour en sortir! Il s'agit plutôt de créer un cercle sacré, avec l'accord et le soutien de chaque participant. Vous pouvez vous donner rendez-vous une fois par semaine ou peut-être à chaque pleine lune. Le cercle est la forme par excellence pour le partage. Avec lui, la hiérarchie n'existe pas et les cœurs peuvent facilement s'ouvrir les uns aux autres. Il n'y a que deux règles de communication et de participation à observer à l'intérieur du cercle : l'amour et la confiance. Dans la vie, il peut vous arriver d'être plus ou moins dérangé par une personne, mais dans le cercle il est tout à fait possible de l'aimer. La forme circulaire permet l'approfondissement de la mutualité et l'expression de l'énergie du cœur au-delà des liens amoureux ou familiaux, lesquels sont généralement les seuls espaces où notre culture permet que l'on s'exprime avec le cœur.

Ces dernières années, nous avons vu de nombreuses personnes se libérer de leur dépendance à la drogue ou l'alcool grâce à la puissance des groupes de soutien. Vous seriez en droit de demander ce que les rituels d'espaces sacrés ont à voir avec les Alcooliques Anonymes. Tout d'abord, rassurez-vous, il n'est ni question de revêtir de drôles d'accoutrements ou d'entonner des chants étranges, ni de vous plier à des procédures d'initiation quelconque. Et c'est précisément la beauté de la chose. C'est la continuité, le support et la complicité de l'échange qui permettent tout simplement au cœur de s'ouvrir. Ces qualités suscitent une atmosphère dénuée de jugements, si bien que les gens parviennent à se confier en toute vérité. Au moment où vous prononcez des paroles de vérité et où vous êtes entendu, vous créez une ouverture du cœur, ce qui est en soit le chemin vers l'alignement.

Qui sait si, dans un futur rapproché, des groupes ne se réuniront pas dans le même esprit afin de se soutenir mutuellement en vue de la manifestation d'une carrière idéale. Ces cercles peuvent être d'une aide précieuse, non pas en agissant comme des béquilles pour nos travers émotionnels, mais bien comme un système où soutien et conseils sont prodigués à l'intention de ceux qui se sentent prêts à lancer un nouveau concept sur le marché, en plus de renforcer le sentiment d'abondance, par rapport à la peur du manque.

Voici un autre outil que vous pouvez essayer, cette fois sur une base individuelle, afin d'amplifier le mouvement du don et de l'accueil. Choisissez simplement trois personnes avec lesquelles vous désirez entreprendre cet exercice et, tous les jours, envoyez-leur intérieurement une énergie de soutien et d'amour. Personne d'autre que vous n'a besoin d'en être au courant. Ce travail se situe ailleurs que sur le plan physique. Offrez discrètement votre soutien à ce que désire leur cœur, à leur essence, à la vérité en eux. Ce faisant, vous expérimenterez la joie de bénir l'autre plutôt que de ressentir « l'autre » comme une menace. Aussi idéaliste que cela puisse paraître, cela fonctionne réellement. Dans le Bouddhisme, cette pratique, que l'on désigne par l'expression *maitri* ou *don d'amitié*, remonte à plusieurs centaines d'années.

L'approche «anti-carrière» se base elle-même sur la prémisse voulant que notre vie soit un présent à recevoir. Lorsque nous recevons la vie comme un présent, nous sommes inspiré à redonner avec gratitude. Il ne s'agit pas d'une obligation, et nous sommes à des lieues de l'idée répandue selon laquelle la vie est une lutte pour la survie et/ou la domination. Pourquoi tant de gens luttent-ils pour «atteindre le sommet» ou «réussir dans la vie», en se détruisant eux-mêmes en chemin? Se pourrait-il que lorsqu'ils «arrivent» enfin là où ils voulaient se rendre, il n'y a tout simplement personne pour les accueillir? Un collègue jouissant d'une excellente réputation dans le domaine de la psychologie m'a un jour confié que, selon son expérience, il n'y a plus rien à l'autre bout de la carrière. Après toutes ces années à prendre part comme il se doit à la «joute institutionnelle», suivant les règles conventionnelles et les programmes de certification standardisés, seul le cœur humain subsiste.

Je vous suggère d'utiliser cette dernière technique d'ouverture du cœur, lorsque vous expérimenterez des réactions émotionnelles de toutes sortes, en particulier celles que l'on a tendance à désigner comme étant «négatives». Plutôt que de vous soumettre aux montagnes russes émotionnelles, vous pouvez rassembler vos réactions dans votre cœur et travailler avec elles au lieu de les projeter sur quelqu'un d'autre ou sur une situation extérieure. Au début, votre cœur pourrait rester fermé, mais en tentant doucement de le faire, vous commencerez à installer la possibilité d'un nouveau type de résolution de conflits qui ne dépend pas de la mentalité du «moi contre les autres». Pour faire une image, les Bouddhistes donnent souvent l'exemple d'une barque dans laquelle vous prenez place et qui se fait soudainement percuter par une autre barque. Au moment où vous vous offusquez et où vous êtes prêt à bondir de rage, vous réalisez que cette barque était vide. Aucune accusation n'a à être projetée sur l'extérieur ou sur soi-même.

P.D. Ouspensky raconte que son guide spirituel, George Gurdjieff (qui trouva lui-même son inspiration dans le

Soufisme), encourageait étonnamment les gens à cultiver ce type de réactions accusatrices afin qu'ils puissent effectuer un travail intérieur sur eux-mêmes. Par exemple, Gurdjieff invitait un groupe de personnes à dîner. À un certain moment, tout le monde à table commençait à insulter l'un des convives qui, lui, n'était au courant de rien. Au départ, les insultes étaient subtiles, puis elles devenaient graduellement plus directes, jusqu'à ce que cette personne soit sur le point d'exploser. Gurdjieff demandait alors à tout le monde d'interrompre les injures et donnait des instructions à la personne visée afin qu'elle puisse retracer le chemin intérieur de sa réaction de colère[1].

Si vous y pensez bien, vous n'aurez même pas besoin de trouver des volontaires prêts à vous infliger ce genre de traitement. Lorsque vous conduirez à New York ou sur une des autoroutes ceinturant Los Angeles, lorsque vous devrez composer avec les erreurs de votre banque, votre compagnie de téléphone ou de carte de crédit, vous aurez amplement l'occasion de pratiquer l'observation intérieure. Je parie que peu importe l'endroit où vous vivez, votre seuil de tolérance face à la colère est souvent mis au défi. Vous avez le choix d'utiliser cette énergie afin d'atteindre un alignement plus grand ou de vous en tenir au mécanisme de frustrations réactionnelles chroniques. Cela ne veut pas dire que vous ne devriez pas vous battre afin de remédier à une situation néfaste ou injuste. Il est possible de mener votre combat à partir d'un espace intérieur de clarté et d'intention, plutôt que de le faire en réaction contre quelqu'un ou quelque chose.

LE PARDON PROCÈDE DE LA FORCE

Le pardon est souvent vu comme un acte difficile à réaliser et exigeant du temps. On croit aussi parfois que le pardon peut tomber du ciel par la grâce divine. Cette dernière

1. P.D. Ouspensky, « *In Search of the Miraculous : Fragments of an Unknown Teaching* » (San Diego, Calif. : Harcourt brace and Co., 1965).

possibilité peut effectivement se produire dans certains cas, mais la capacité de pardonner se développe également de façon naturelle à mesure que vous devenez de plus en plus aligné. Lorsque quelqu'un vous a blessé, vous avez besoin de reconnaître la blessure, sans toutefois adopter une position de victime. Vous ressentez la douleur de la blessure de façon à pouvoir y répondre, et même si l'intensité de votre réponse initiale sera directement proportionnelle à l'intensité de la blessure, ce que le cœur espère, c'est de grandir à travers cette réponse, de découvrir les racines du déséquilibre à l'intérieur de vous, d'avoir le courage de déployer votre force, plutôt que de faire preuve de sentimentalité, devant l'adversité. Tout comme la capacité à s'ouvrir au monde, le courage est associé au chakra du cœur. Si votre courage est fermement établi dans le cœur, on vous ébranlera difficilement. Quelqu'un qui vous aura autrefois blessé ne représentera plus une menace. De la même manière qu'un enfant de cinq ans ne vous dérange pas s'il vous lance un caillou, l'ignorance des autres ne vous affligera plus. Vous verrez très bien que leurs gestes procèdent de *leurs* problèmes, les poussant à agir de façon inappropriée dans telle ou telle circonstance. Le plus souvent, les comportements blessants ne sont ni plus ni moins qu'un effort maladroit visant à obtenir de l'amour. Ainsi, le pardon n'est pas nécessairement un acte de bonté ou de miséricorde de votre part. Il s'agit plutôt de la conséquence naturelle au fait d'être imprégné de la force universelle et de prendre votre juste place dans le monde. Lorsque vous vous situez dans cet espace d'alignement, vous agissez avec justesse. Quand l'autre réalise qu'il se bat tout seul, la situation devient propice au changement.

En classe de méditation, Hilda nous avait déjà demandé de lever les bras vers le ciel, puis de baisser un de nos deux bras pour essayer de taper dans les mains. « Vous voyez, déclara-t-elle, il faut être deux pour se quereller ». Je me rappelle aussi d'une journée où nous étions assis dans le salon chez Hilda, lorsque le téléphone sonna. C'était un ancien étudiant qui appelait d'une autre ville: «Hilda, je tenais simplement à te faire savoir combien je suis désolé pour toi. Comme j'ai présentement atteint l'illumination, je peux voir combien vous êtes dans un piètre état. Un jour, qui sait, peut-être pourrez-vous atteindre mon niveau et parvenir à voir les choses comme je les vois». Hilda ne broncha pas. Elle répondit simplement avec sincérité: «Et bien, c'est merveilleux, mon cher. Je suis si heureuse pour toi». Fin de la conversation. Hilda était un être comblé. Elle était libre au sein de son pouvoir et n'avait pas besoin d'entretenir quelque résidu émotionnel que ce soit. Ne confondons pas l'ouverture du cœur avec une mollesse un peu fleur bleue. Le cœur est un lieu de grande force. C'est la force du lion qui se dégage lorsque nous agissons avec authenticité.

Le cœur empreint de force est capable d'accueillir les critiques valides et de s'en servir pour grandir. C'est le courage qui permet de s'exposer, d'être à l'écoute et de se montrer vulnérable. Si quelqu'un fait remarquer que vous pourriez faire mieux, vous n'avez pas besoin de le prendre comme un affront personnel. Vous pouvez accueillir, considérer la situation et procéder à un changement si cela est approprié. Plusieurs guides spirituels avec qui j'ai eu la chance d'étudier réservaient leurs critiques les plus aiguisées aux étudiants avancés, c'est-à-dire ceux qui avaient développé suffisamment de force et d'équilibre pour accueillir sans être blessés. Lorsque le chakra du cœur est ouvert, vous n'avez pas besoin d'être intimidé par les autres. Vous êtes alerte et ouvert aux échanges. Il existe un superbe mantra à utiliser dans les situations où vous vous sentez intimidé (comme lors d'une entrevue pour un emploi, par exemple). Focalisez simplement sur la personne en face de vous et répétez en vous-même: «Le Dieu en moi rencontre le Dieu en toi». Ni attaque ni fuite; juste un échange honnête de cœur à cœur.

175

L'objectif visé, dans le processus d'alignement, est donc de renforcer le cœur. La force de volonté est tempérée par celle du cœur. Vous développez votre cœur courageux de lion, et agissez avec force et compassion pour le bien du tout. Vous pardonnez, car vous avez déraciné votre besoin de réagir. Vous ne le faites pas parce qu'il le faut ou parce que vous avez appris à afficher un sourire mièvre sur votre visage. Vous n'avez pas besoin, non plus, de vous promener avec le mot *amour* imprimé sur votre t-shirt. Le cœur sait transmettre l'énergie appropriée en toute circonstance. Le I-Ching raconte que lorsque le roi When fut emprisonné par le tyran Chou Hsin, il dut réduire sa lumière afin de bien faire face à la situation. Autrement, il aurait provoqué une réaction négative[1].

La capacité à composer avec les situations telles qu'elles sont plutôt qu'à partir d'idées préconçues, constitue un aspect essentiel de la sagesse du cœur. Lorsque je décidai de reprendre mes études après sept années de voyage à l'étranger, je me suis rendu au Département des études indiennes de l'Université Columbia. En informant le recteur de mes intentions, il me demanda si j'avais été en Inde.

– « Oui », répondis-je.

– « Avez-vous vécu dans des ashrams ? »

La question, je le savais, était délicate. C'était un test. Les gens ayant séjourné dans des ashrams ont une mauvaise réputation et ne sont généralement pas les bienvenus dans les universités. Je répondis honnêtement, lui indiquant avoir effectivement connu la vie d'ashram, puis lui décrivant mes pérégrinations en Inde. C'est finalement cette conversation qui me permit d'être admis avec succès à l'université. J'avais attaqué la situation de front. Mon approche directe et honnête fut grandement appréciée. Si j'avais disposé de plus de temps

---

1. « *I-Ching or Book of Changes* », trad. C.F. Baynes et Richard Wilhelm, Bollingen Series 19 (Princeton, Nj. : Princeton University Press, 1967).

pour y *penser*, j'aurais probablement répondu différemment. Ce fut pour moi une leçon précoce qui m'a servi à maintes reprises et qui ne s'est jamais démentie. Le chakra du cœur s'active quand vous adoptez une approche directe face aux situations, quand « le Dieu en moi rencontre le Dieu en toi ».

S'ABANDONNER : L'ESSENCE DU CHAKRA DU CŒUR

S'abandonner, ce n'est pas renoncer à sa volonté ou à son pouvoir. Cette disposition intérieure relève en fait d'une grande intimité avec la vie. La relation est le moyen par lequel nous nous abandonnons. Dans la relation, que ce soit avec les gens, les lieux ou les choses, aucune fin ne justifie les moyens. Nous interagissons à chaque instant ; nous devenons (ou nous sommes façonnés par) ce avec quoi nous entrons en contact : le bureau, l'ordinateur, la distributrice de café, les horaires, le regard échangé avec le portier ou le chauffeur de taxi, et en retour, nous les façonnons aussi.

De par sa nature, le cœur inclut toute chose, alors que la poursuite d'intérêts privés s'inscrit dans un mouvement d'exclusion. Le monde du travail a évolué de telle manière que nous n'avons plus de temps à accorder à quiconque ou quoi que ce soit se situant à l'extérieur de notre environnement quotidien. Les étrangers sont devenus suspects et le maintien constant des murs qui nous entourent nous a conduits à l'épuisement. L'intimité est la prédisposition au plaisir partagé et à l'expérience commune ; c'est la chaleur, la compassion, l'amour. L'intimité laisse « l'autre » entrer.

Un jour ou l'autre, il faudra bien décider si vous souhaitez vivre dans l'amour ou dans les concepts limités de peurs conditionnées. La compassion n'a rien à voir avec le martyre. Elle n'exige pas que vous soyez disponible pour tout le monde jusqu'à l'épuisement. Cela ne veut pas dire non plus que vous devez travailler pour soutenir tout le monde autour de vous. La compassion n'exclut pas la compétition. La compétition peut en effet devenir source de soutien lorsqu'elle inspire l'un et l'autre à se dépasser (tel que démontré dans le film « Chariots of Fire »).

Krishnamurti disait : « Le premier pas est le dernier pas ». C'est la vie, le don de nos énergies à la mécanique du monde, qui représente notre véritable défi. Voilà pourquoi le chakra du cœur constitue un espace de courage et d'action. En refusant d'agir courageusement en fonction de ce que vous savez être vrai en votre cœur, vous restez coincé à l'extérieur. Être attentif à l'autre, élargir votre perspective dans la recherche d'un emploi afin de voir comment celui-ci peut contribuer à la vie, risquer le rejet ou l'échec, et croire en vos talents d'essence divine, telles sont les qualités qui vous feront entrer dans un mode de travail produisant ses fruits, peu importe le lieu où vous vous trouvez dans l'espace et le temps. Alors, dès qu'une nouvelle étape se présente dans le cours de votre carrière, demandez : « Comment ceci pourra-t-il soutenir la vie ? ». Foi, Investigation, Écoute et Réalisation. La récompense du cœur sera tout ce qui concerne la communauté dans son sens le plus noble.

Vert et Or :
Méditation de la Prospérité

Entrez dans un état méditatif et rétablissez votre triangle de base : sentez vos racines bien ancrées dans la terre, soyez à l'aise et fluide dans vos grandes eaux, et ranimez votre feu puissant. Inspirez et expirez à partir du chakra du cœur, votre centre spirituel situé entre le milieu de la cage thoracique et la colonne vertébrale. Sentez le courant électromagnétique de votre respiration vous réchauffer, vous détendre, vous radoucir. À mesure que l'énergie de votre cœur s'attendrit, elle commence à pulser dans les tons de vert tendre et or.

Vert... La couleur de la vie qui se renouvelle sans cesse... La couleur du printemps florissant, rempli de promesses et de surprises.

L'amour, qui se tenait à distance, se rapproche maintenant. Sentez le rythme de toute vie au creux de cotre cœur. Disparue, la peur de ne pas être accepté. Disparus, les soucis d'hier, de demain et même d'aujourd'hui. Disparus, le passé, le présent et le futur...

Au cœur de votre cœur, découvrez la présence. Ressentez cette présence intérieure, puis laissez l'énergie vert tendre se répandre dans tout votre être. Si vous entretenez du ressentiment envers quelqu'un ou si quelqu'un vous dérange, incluez-le dans cette douce lumière verte, puis sentez une étincelle de renouveau, un doux lâcher-prise... Vous respirez librement, maintenant. Vous prenez votre essor, vous vous envolez dans l'espace intérieur comme si vous aviez des ailes... Vous êtes le messager de l'air, muni des ailes d'un aigle, et vous vous élancez vers le Grand Esprit. Ouvrez doucement votre cœur afin d'accueillir cette sensation. Il n'y a pas d'ennemi pour ceux qui gardent le soleil dans leur cœur. Laissez ces paroles pénétrer profondément en vous : Il n'y a pas d'ennemi, il n'y a pas de peur pour moi qui garde le soleil dans mon cœur.

Soleil éclatant, soleil ardent... Le soleil brille de tous ses feux à l'intérieur de vous. À travers ses rayons, visualisez un escalier menant à un temple aux reflets dorés, à votre sanctuaire intérieur. Deux lions sont postés de part et d'autre de l'escalier, dont vous gravissez lentement les marches avec dignité. Vous n'avez pas à craindre les lions, car ils sont désormais vos protecteurs. Ils sont aussi l'emblème de votre courage, vous qui vivez d'amour dans un monde assoiffé d'amour. Votre être tout entier est imprégné de la force et de la lumière rayonnante du pouvoir créateur. Car c'est dans le cœur que le divin rencontre l'humain ; c'est ici que l'humain transforme le courant de vie en dons multiples à offrir au monde.

À l'intérieur du temple, vous découvrez un vaste espace au centre duquel se trouve un siège devant un autel doré. Asseyez-vous devant l'autel et demandez : « Comment puis-je vivre avec le cœur ? Comment puis-je aimer et être aimé ? Comment puis-je offrir la guérison et être guéri ? ». Demandez et accueillez les réponses, qu'elles soient en paroles, en couleurs, en sensations ou même en chansons.

Voyez que vous êtes en train de vous mouvoir et de poser des gestes avec l'énergie du cœur dans votre vie. Voyez combien tout ce que vous touchez par la main est consciemment connecté à votre cœur. Voyez combien toutes vos pensées et vos idées sont touchées par la grâce de la bonté et de l'amour.

Lorsque vous vous sentez prêt, lorsque vous vous sentez comblé, levez-vous et rapprochez-vous de l'autel. Vous allez y trouver un objet destiné à vous rappeler qui vous êtes. Cet objet vous rappellera aussi de mettre votre cœur au travail.

Vous pouvez maintenant quitter lentement le temple. Laissez la porte ouverte de façon à pouvoir revenir aussi souvent que vous en aurez besoin, afin de vous régénérer et de générer les choses. Inspirez, expirez... Sentez les profondeurs de votre cœur se relier au cœur de Dieu. Laissez monter la gratitude – gratitude pour le miracle de la vie, gratitude pour qui vous êtes et où vous êtes, gratitude pour la chance de participer au renouvellement du monde. Tout en conservant cette énergie d'appréciation, laissez trois personnes venir à votre esprit – les trois personnes qui apparaissent en premier, peu importe qui elles sont. Puis, faites parvenir à ces trois personnes un courant d'amour, depuis votre cœur jusqu'au leur. Offrez votre soutien au voyage de leur âme sur cette terre, à leur croissance, à leur vie.

Visualisez maintenant un arc-en-ciel de lumière qui s'étend depuis le cœur des autres jusqu'au vôtre, depuis le cœur de vos parents, de vos ancêtres, de vos enseignants et de vos amis. Cet arc-en-ciel, qui donne et qui reçoit, existe depuis des générations et des générations. Nous recevons des autres et nous nous ouvrons afin de retransmettre ; ainsi recevons-nous et redonnons-nous encore plus aux autres. Nous faisons partie d'un arc-en-ciel infini de partage et d'amour depuis le commencement.

Restez dans cette énergie aussi longtemps que vous ressentirez son action. Inspirez, expirez... Soyez en paix.

8

Cinquième étape :
Vision créatrice

En rêve naissent nos possibilités.

William Shakespeare

*L*e mot *vision* est communément utilisé lorsqu'il est question d'un individu ou d'une entreprise : un homme de
vision, la vision d'une entreprise, etc. Il importe de comprendre que la vision n'est pas une affaire de visualisation,
d'organisation ou d'énoncé de mission (même si la vision
peut inclure ces éléments). Être un visionnaire, c'est être en
mesure de pressentir ce qui est encore inconnu ; c'est être en
mesure de concevoir et d'imaginer une possibilité, encore
inexistante dans sa forme physique. La couleur traditionnellement associée au centre de la créativité visionnaire – ou cinquième chakra – est le bleu, peut-être en raison de la vastitude
du ciel vers lequel nous pouvons lever le regard afin de passer
du monde du connu à celui du rêve. La gorge et la voix sont
reliées à ce centre, représentant le pouvoir créateur du Verbe.
Il n'est pas seulement question des mots, en tant que signi-
fiants et signifiés et avec les spécificités culturelles qu'ils véhiculent ; il est surtout question de l'énergie sonore, de la

vibration pré-conceptuelle que les mots contiennent, tels des calices, lorsqu'ils sont issus de l'âme.

Le son pénètre et affecte fortement l'inconscient. Les murs de Jéricho s'écroulèrent au son des trompettes de Josué. Le son et le rythme de la musique rock firent s'effondrer le mur de Berlin. La musique transporte la vision d'un peuple ou d'une culture et pénètre au-delà des barrières du conscient. Ainsi donc, l'énergie visionnaire ne se situe pas nécessairement sur le plan du discours. Les paroles et les mélodies du rock'n roll seraient inefficaces si elles étaient privées de leurs rythmes sous-jacents qui communiquent leur essence. De même, la vision d'une société est encodée, souvent de façon subliminale, dans ses diverses formes culturelles. Même si les symboles de la religion et du patriotisme (les véhicules traditionnels de la vision commune) sont apparemment révolus, le phénomène d'entraînement de la vision se manifeste tout de même à notre insu. On n'a qu'à penser à la publicité, aux sports, aux comédies télévisées, etc. Ce sont eux qui véhiculent désormais l'énergie visionnaire collective de notre société[1]. On peut détecter une vision particulière à travers les milliers de regroupements rattachés à une idéologie ou à une passion commune ou même, de façon plus discrète, dans les annonces classées publiées dans les journaux locaux.

La vision créatrice est un mécanisme aussi naturel que la respiration. Plus vous êtes aligné dans le corps, l'âme et l'esprit, plus elle émerge facilement. Quand vos priorités sont clarifiées, que vous êtes bien établi dans votre estime personnelle et dans votre passion, les mouvements de votre cœur génèrent un enthousiasme débordant. Influencé par cette émergence créatrice, votre esprit rayonne et commence à envisager un monde rempli de possibilités. Cette forme d'imagerie est le

---

1.   Voir Mircea Eliade, « *Myths, Dreams, and Mysteries: Contemporary Faiths and Archaic Realities* » (New Yœk: Harper, 1943) sur la perpétuation de la mythologie au sein des cultures contemporaines.

corollaire naturel de la croissance intérieure et n'a rien à voir avec les manipulations délibérées de la faculté d'imagination, telles qu'utilisées dans certaines techniques de visualisation et d'autoprogrammation. Si votre processus d'imagerie n'est pas véritable, si vous devez allez à l'encontre de votre nature afin de créer des formes, vous vous court-circuitez vous-même et vous mettez tout en place pour un sabotage éventuel. Lorsque votre faculté visionnaire est alignée sur votre énergie de base, sur vos émotions, sur votre volonté et sur votre cœur, elle dépasse vos visées personnelles pour s'adresser au corps collectif social et, éventuellement, au corps collectif supérieur.

Détenir une vision vous permet de concevoir de nouveaux rôles pour vous-même sur le «marché cosmique», en plus de transformer les attentes que vous entretenez envers les autres. Quand quelqu'un entame une phrase par un: «Je sais que cela peut paraître fou, mais...», cela indique que cette personne est sur le point de dire quelque chose d'important. En effet, cette phrase a toutes les chances de contenir le germe d'une vision. L'appréhension qui se cache derrière le fait de «paraître fou» concerne la peur d'être exposé, de perdre la protection de la posture habituelle autour de laquelle vous avez, tant bien que mal, construit votre estime personnelle. La plupart du temps, cette posture est liée à la vision collective dans laquelle vous avez grandi, comme celle de croire, par exemple, que la Terre est plate, comme ce fut autrefois le cas. Quand vous délaissez la vision collective, vous risquez le ridicule et le rejet de la part de ceux qui s'identifient aux anciens patterns. Se libérer de ces consensus hypnotiques requiert une énergie considérable, une énergie emmagasinée grâce à l'alignement. Plus vous vous sentirez à l'aise avec les élans de votre âme, plus vous vous sentirez en confiance quant à l'idée de plonger dans l'inconnu.

Lorsque vous abandonnez certaines constructions mentales collectives, ce ne sont pas les autres qui vous rejettent. C'est vous-même qui créez de l'opposition en fonction du degré d'incertitude ressentie par rapport à votre vision. Consciemment ou non, vous vous accrochez à votre propre idée de ce que les autres penseront de vous. Vous vous attendez à recevoir de l'opposition ou à être ridiculisé, et une telle réponse vous oblige à reconsidérer vos intuitions et vos motivations. Cette opposition est-elle imputable au contenu de votre idée ou au bagage de votre labyrinthe que vous traînez encore péniblement derrière vous ? Je connais un homme qui éprouve une grande passion pour l'environnement. Il s'est engagé dans les efforts visant à réintroduire l'usage de la bicyclette à l'intérieur de nos villes qui étouffent à cause du gaz carbonique émis par les automobiles. Cet homme disait se sentir comme le mouton noir chaque fois qu'il devait parler de son travail, en société. Après avoir examiné la situation de plus près, il réalisa que le fait que la plupart des gens possèdent une voiture n'était pas ce qui provoquait son sentiment de rejet. Certains facteurs personnels entraient en ligne de compte ; il s'agissait de zones intérieures conflictuelles qui se réactivaient dans ce type de situation. Une fois encore, cela nous ramène au besoin de poursuivre continuellement notre travail intérieur, si nous voulons actualiser notre vision.

Plus votre vision émergente se dirige vers son paroxysme, plus elle imprègne votre conscience. Il devient alors impossible de vivre dans le mensonge, et c'est la vision qui vous pousse à transformer vos patterns, en plus de partager vos idées avec d'autres personnes. Durant sa jeunesse, George Bernard Shaw était plutôt prospère dans son métier de commerçant. Il sentait toutefois qu'il gaspillait sa vie. Il ne voulait plus avancer sur cette route qui n'était pas la sienne. La vérité et la puissance de votre âme sont plus fortes que ce à quoi vous vous accrochez. Lorsque ce que vous souhaitez faire vous paraît bien, vous découvrez que cela est bien pour tout le monde autour également. Il pourra, bien sûr, y avoir encore de l'opposition à votre projet, mais vous ne serez pas affecté personnellement par cette opposition. Vous serez en mesure de la comprendre et de la considérer comme faisant partie de l'ensemble de la situation. Comme le dit si bien le I-Ching : « En votre propre temps, vous serez cru ».

Muni de vos qualités visionnaires, vous pourrez donc ouvrir des portes et assumer de nouveaux rôles. Cependant, ces rôles seront accessibles seulement dans la mesure où ils seront accueillis par les autres et où ils leur seront utiles. Travailler avec l'énergie visionnaire représente bien plus que le simple fait de partir en quête d'une vision. Oui, vous devez croire en vous-même si vous voulez être cru, mais il faut aussi considérer l'importance du processus interactif. En fait, dans le but de pouvoir simplement interagir sur le plan social, vous devez accepter la vision de votre communauté telle qu'exprimée dans le langage et les coutumes qui lui sont propres. Le développement de votre vision doit aller de paire avec le développement de vos interactions.

Vos gestes sont-ils toujours déterminés par des rôles sociaux préétablis ou par une ligne de conduite corporative standard ? Votre vie professionnelle est-elle constamment déterminée par la vision des autres, coincé que vous êtes dans vos complet-cravate réglementaires ? Resterez-vous toujours enfermé dans la vision d'une profession, apprenant son jargon et vous considérant dès lors connaissant ? Apprendrez-vous à penser comme des médecins, des avocats ou des journalistes, tout en perdant votre véritable identité au change ? Vos collègues de travail sont-ils les mêmes personnes que vous invitez à la maison ou votre vie sociale sera-t-elle toujours sujette aux obligations ? Votre vision est-elle en résonance avec votre travail ou vous sentez-vous plutôt écartelé entre la nécessité et l'évasion ? Devenir conscient de votre vision vous aidera à répondre à toutes ces questions. Cultiver une vision ne relève pas de l'égocentrisme. Le passage de la vision à la forme contient en lui-même le potentiel de l'amitié. La vision conduit à la création de liens profonds qui résulteront du partage de ce qui a du sens et du travail lié à sa réalisation.

Le développement de vos qualités visionnaires ne surviendra pas par le simple fait d'adopter une cause, de participer à un séminaire sur les pouvoirs psychiques ou en décidant de mener une noble vie. Cela surviendra quand vous vous accepterez tel que vous êtes, lorsque vous honorerez vos élans et vos convictions profondes et lorsque vous poserez des gestes en rapport avec ces convictions, peu importe leur nature. Cela vous guidera jusqu'aux gens, lieux et institutions qui partagent vos valeurs et vos buts. Nourri par l'énergie du partage, votre enthousiasme provoquera des étincelles de vie et la créativité se mettra en action. Même les artistes qui travaillent en solo s'inspirent les uns les autres. Picasso et Braque se visitaient fréquemment à l'époque florissante du cubisme. La capacité visionnaire est une force vitale qui se doit d'être partagée. De toute façon, elle ne peut s'établir dans un vacuum.

LA VISION : UN PHÉNOMÈNE COLLECTIF

La vision n'a rien à voir avec les buts privés. Elle ne peut émerger que depuis l'énergie collective. Tout doit se faire au bon endroit, au bon moment, et un nombre minimum de personnes doivent être prêtes à appuyer le changement de paradigme pour que l'effet de levier puisse survenir dans la collectivité.

Comment cela se produit-il ? Un individu doit-il être soudainement frappé d'un éclair de génie pour concevoir un projet qui attirera les autres ? Cela n'est pas nécessaire, comme le démontre la théorie du centième singe élaborée par Rupert Sheldrake sur le phénomène de champ morphologique. Selon cette théorie, lorsqu'une masse critique est atteinte en un lieu donné (dans ce cas-ci, lorsque cent singes vivant sur la même île inventent un nouvel outil), un changement de paradigme similaire se produit ailleurs (sur une autre île). Sheldrake a constaté que le changement semble requérir moins d'efforts à mesure que le nouveau comportement se répand en divers endroits au même moment. De tels modèles ne sont cependant qu'une tentative visant à décrire la façon dont les changements de masse se produisent. Les origines de l'innovation et de la mutation demeurent un mystère. Être créatif, c'est prendre part à ce mystère, avec les tribulations et les défis que cela suppose, et avec tout le potentiel inventif ainsi suscité.

La vision puise à même l'énergie collective. Nous la recevons. Nous pouvons tenter d'entrer en relation avec elle, mais nous ne pouvons pas la posséder. Faire des plans, lorsqu'ils sont trop fermement contrôlés et orientés sur des buts précis, ne laisse pas d'espace à la créativité. Cela vaut autant pour le monde du travail que pour tout autre milieu. Si vous avez une notion préconçue du résultat (de l'emploi que vous désirez), c'est tout ce que vous pourrez accomplir. La plupart de ceux qui possèdent beaucoup d'ambition accordent la plus haute importance aux résultats parce qu'ils continuent d'entretenir le sentiment de manque au fond d'eux-mêmes. Le plus haut sommet qu'ils puissent atteindre est celui de devenir quelqu'un d'autre que qui ils sont réellement. Lorsqu'elle n'est pas alignée sur le chakra de la créativité, la fixation d'objectifs (telle qu'elle est souvent encouragée) est anti-visionnaire et produit au mieux des succédanés.

La vision créatrice, pour sa part, élargit constamment le champ des possibilités, réunissant diverses personnes et circonstances de mille et une manières. La fixation d'objectifs peut concrétiser le potentiel, tandis que la vision créatrice crée une synergie avec le potentiel. Autrement dit, un individu peut attirer des possibilités d'emploi qu'il n'aurait même pas pu imaginer au préalable. Lorsque vous aimez quelqu'un, vous pensez constamment à cette personne et à ce qui pourrait vous réunir. De la même manière, lorsque votre priorité provient du cœur, vous êtes constamment en train de lui trouver de nouveaux potentiels ; ce processus constant crée une empreinte dans l'éther qui mène ensuite à la manifestation de sa forme.

Après une assez longue période de réflexion, Chris Townley réalisa que la plupart des emplois occupés au cours de sa vie tournaient autour du thème de l'habitation. Chris fut tour à tour ouvrier, entrepreneur en construction et agent d'immeubles. Même si chacun de ces emplois ne le satisfaisait plus, il découvrit que sa vision d'ensemble et son expertise étaient encore tournées vers le désir d'offrir des maisons à la fois plus fonctionnelles et plus esthétiques.

Chris ne quitta pas son emploi et il ne décida pas immédiatement non plus quelle serait la prochaine étape de sa carrière. Comprenant que la vie est un chemin d'apprentissages successifs, il suivit plutôt sa vision, prenant le temps d'étudier l'art de la construction résidentielle sous divers points de vue. Il commença à s'intéresser au concept d'environnement intérieur, développant une sensibilité particulière quant à l'énergie que peut dégager un lieu d'habitation et apprenant à mieux distinguer les zones de forces et de faiblesses d'une maison. Cette vision génératrice le conduisit éventuellement jusqu'à une école new yorkaise de design où il reçut les bases du *feng shui*. Cet art originaire de la Chine vise à accroître le potentiel créatif des gens en réorganisant et redécorant leur résidence ou leur lieu de travail. La vision de Chris l'a mené jusqu'au lieu et à la personne qui lui permettraient d'apprendre cet art. En moins de deux ans, il mit sur pied une entreprise d'évaluation immobilière qui connut beaucoup de succès. Il n'a jamais eu besoin d'afficher ses nouvelles connaissances en *feng shui* sur sa carte d'affaire, mais il a pu approfondir sa vision de ce qu'est véritablement une maison et utiliser cette nouvelle vision dans son travail.

Chris grandit maintenant de façon «organique», comme un arbre pourvu de nombreuses branches. Il continue donc de permettre l'émergence de nouvelles possibilités dans son travail, grâce à la maturité du sixième sens qu'il a développé dans le domaine de l'habitation. Il a développé une entreprise de finition haut de gamme où l'on crée des devantures de magasins et des intérieurs commerciaux raffinés, grâce à des techniques décoratives d'application de plâtre inspirées des fresques italiennes. Les bons résultats de son entreprise ont permit de financer son perfectionnement en Italie. De plus, Chris continue de nourrir son intérêt pour «l'alchimie de l'habitation» en apprenant à agencer différents éléments, comme la poussière de marbre et les divers oxydes et pigments dans le plâtre, afin d'équilibrer la beauté d'un lieu et son potentiel énergétique maximal.

TRAVAILLER AVEC LE CENTRE DE LA CRÉATIVITÉ

Le cinquième chakra permet la vision et non le fantasme. Les fantasmes ne sont pas nécessairement négatifs, mais c'est *la réponse énergétique au fantasme* qui produira des résultats positifs. Si l'on ne répond pas au fantasme, il se transformera, comme le dit si bien Robert Johnson, en une fuite d'énergie[1]. La capacité créatrice se dilapide elle-même et ne devient qu'une pensée vague où l'on prend ses désirs pour des réalités. Le fait de souhaiter quelque chose qu'on n'a pas est un symptôme indiquant une énergie désalignée. Ou bien cette énergie continue de fuir, ou bien nous l'utilisons en tant que matériel de base pour une action créatrice.

Traditionnellement, le cinquième chakra correspond au Verbe et à son pouvoir créateur. Il produit ce qu'évoque le Verbe (ou le *logos*), soit créer et ordonner. Il suscite le nouveau en cristallisant la pleine étendue de nos pouvoirs et de nos aptitudes. L'imagination créatrice opère de façon plus puissante à travers l'image et le ressenti qu'à travers les mots et les concepts. Une priorité bien ancrée gagne en force lorsqu'on entretient une vision quant à son potentiel et qu'on nourrit le sentiment qui l'accompagne. Pour entretenir votre vision, vous devez maintenir un lien avec ce qui émerge en vous à

---

1. Johnson, «*Inne Work*».

titre de fantasmes, rêves, idées, en plus de rester attentif à leurs signes. La croissance d'une vision est organique. La vision grandit à son propre rythme et ne peut être provoquée ou poussée.

La naissance d'une vision peut être ressentie comme de l'agitation ou un malaise. Un participant fit justement remarquer, durant un atelier: «Si j'énonce ma vision, cela veut dire que je devrai en faire quelque chose!». Vous pouvez vous sentir agité au travail et commencer à entretenir des fantasmes persistants où vous vous voyez ailleurs; vous pouvez aussi rentrer le soir à la maison et vous placer sous «sédatif télévisuel» dans le simple but d'engourdir le malaise. L'énergie requise pour réaligner le tout se trouve dans la volonté de demander, d'investiguer à propos de cet inconfort, de voir où cela veut vous conduire. Vous pouvez confier ce questionnement à la Loge des femmes, dans la Roue de médecine, et découvrir les couches d'émotions enfouies sous la surface. Vous pouvez explorer comment votre malaise se traduit dans vos rêves et entrer graduellement en contact avec sa source de pouvoir. De cette manière, vous transformez les émotions et les événements en révélations vous indiquant comment aller de l'avant par la suite. Vous commencez à galvaniser cette énergie autour d'une vision, pour enfin poser des gestes en réponse à ce que vous ressentez. Si vous expérimentez de la lassitude, par exemple, reconnaissez-la, notez en détails ses qualités, demandez qu'elle vous livre ses messages, prêtez attention à vos rêves, ainsi qu'aux réactions des autres, puis remarquez les circonstances et les lieux où ce sentiment refait surface. Voilà comment vous pouvez entrer en contact avec le messager d'un futur possible.

Le messager – que ce soit un sentiment, un incident ou un symptôme physique – est porteur du processus visionnaire. Une patiente vigilance représente la clef de son succès, car le cinquième chakra concerne autant l'écoute que la parole créatrice. Lorsqu'il est temps d'écouter le messager, écoutez. Vous ne pouvez pas lui forcer la main. Si vous êtes insatisfait de votre emploi, vous devez vous rendre à la source de l'insatisfaction, dialoguer avec elle et lui permettre de vous livrer son message. Peut-être la réponse est-elle de ne pas chercher un nouvel emploi, mais plutôt de développer un talent avec lequel vous avez longtemps flirté, mais que vous n'avez jamais osé déployer. Stan Jay a collectionné les guitares de collection pendant des années avant de commencer à les vendre ; pendant les quelques années qui ont suivi, il les a vendues par temps perdu, avant de finir par fonder les *Mandolin Brothers*. L'insatisfaction au travail pointe peut-être en direction d'un changement d'attitude nécessaire ou du besoin de réévaluer votre relation avec une autre personne. Des clients me diront très souvent : « Je déteste mon boulot », quand en vérité, c'est leur conjoint qui les dérange[1]. La patience et la vigilance vous permettront de diriger cette énergie initiale plutôt que de la laisser se dissiper.

À mesure que vous prêterez l'oreille à l'énergie initiale, vous serez de plus en plus capable d'entrevoir une nouvelle possibilité. Et parce que vous aurez entendu le messager, votre nouvelle idée sera plus qu'un réflexe en réaction à votre inconfort. Le messager vous apporte le pouvoir du changement. À ce point, vous commencez non seulement à imaginer une autre façon de faire, mais vous entrez aussi en action, ne serait-ce que sur le plan symbolique, en achetant, par exemple, un objet ou un vêtement représentatif de votre vision en évolution. De telles actions donnent en effet le signal à votre subconscient que vous êtes prêt pour le changement.

Tout au long du processus de mûrissement de votre vision, vos rêves vous guideront, de même que le cours de votre symptôme initial d'insatisfaction. Sachez que vous pouvez vous connecter en tout temps à ce mouvement

---

1. Cette dynamique fut exposée par Robert Mulligan au New York Astrology Center Conference, Juin, 1992.

symptomatique grâce au pouvoir de l'image. Grâce à une technique similaire à celle de l'imagerie active développée par Karl Jung, vous entrez dans le ressenti que vous procure la lassitude, par exemple, et vous demandez à voir apparaître son image en votre esprit. Cela fait, laissez l'image bouger, changer, se transformer et vous parler. La lassitude apparaîtra peut-être sous la forme d'une vieille fille en train de bailler aux corneilles dans une grande maison blanche du début du 19e siècle. Tout en suivant le cours de l'image, entrez dans ses détails et laissez-les vous dévoiler les patterns qui se cachent derrière l'émotion ou le symptôme concerné. Pour poursuivre avec notre exemple de la vieille fille, peut-être verrez-vous apparaître une tache grise sur la région de sa gorge. Vous vous concentrez ensuite sur l'image de la gorge et demandez quelles en sont les qualités. En vous concentrant sur le gris, vous pourriez éventuellement découvrir un feu qui couve, une énergie réprimée qui n'a pu être exprimée. Ainsi, accordez votre confiance à votre sagesse intérieure afin qu'elle vous guide au fur et à mesure que les images se dévoileront à vous et que vous ressentirez leur pouvoir. Un tel exercice permettra à votre vision de prendre forme, car vous ne serez plus en train de voiler votre énergie vitale, mais bien de la *dévoiler*.

À un certain point dans ce processus, vous serez mis au défi. Une opportunité se présentera à vous, une porte s'ouvrira ou se refermera. Votre compagnie déménagera peut-être en entier ses bureaux ou fera faillite ; ou alors, ce sera un ami qui vous donnera un tuyau pour un nouvel emploi. Quelle que soit la situation, le test en sera un d'action. Êtes-vous prêt à agir en fonction de vos sentiments et de vos intuitions ? Êtes-vous prêt à risquer le changement ?

Dès le moment où vous optez pour l'action, la porte s'ouvre grand. Il se peut que la situation ne soit pas celle à laquelle vous vous attendiez, mais vous avez franchi la barrière du doute et de l'hésitation, et l'énergie ainsi libérée commence à activer et concrétiser la vision. Vous commencerez à ressentir de l'enthousiasme. La nouvelle énergie suscitera de nouvelles idées, un nouvel émerveillement et de nouvelles résistances. Tout cela fait partie du processus « foi, investigation, écoute et réalisation ».

Vos visions seront de mieux en mieux enracinées dans l'éther à mesure que vous commencerez à ériger vos fondations intérieures, à partir desquelles les formes extérieures peuvent grandir. Le mot *éther*, en passant, fait référence à l'élément espace, l'élément du cinquième chakra. L'espace, ou *akasha* en Sanscrit, est l'élément qui contient tous les autres. La terre, l'air, le feu et l'eau baignent dans l'éther et en sont interpénétrés. Avoir suffisamment d'espace autour de soi est une condition nécessaire à la croissance d'une vision. Si vous êtes encombré, les semences de la vision ne seront pas nourries, car une nouvelle empreinte a besoin de naître de la psyché et d'y trouver refuge. Comme nous l'avons vu dans un précédant passage sur l'organisation du temps, lorsque vous vous allouez suffisamment de temps et d'espace, il devient possible de laisser mûrir de nouvelles possibilités. Vous disposez aussi de tout l'espace nécessaire pour commencer à jouer un nouveau rôle.

Quelqu'un qui nourrit une vision authentique reliée à la médecine et qui étudie pour devenir médecin peut commencer à agir comme les autres médecins ou prendre modèle sur certains membres de la profession qui sont alignés sur la même vision. S'inspirer d'un modèle est une pratique très efficace comme l'a démontré la PNL (programmation neurolinguistique). Dans les cultures traditionnelles, le fait d'avoir un modèle faisait partie de la transmission. Il ne s'agissait toutefois pas d'une pratique étudiée et calculée, mais bien d'une évolution organique résultant du travail auprès d'un maître. Ce type de transmission survient automatiquement lorsque nous gravitons autour de ceux qui incarnent notre vision en développement et que nous apprenons d'eux. Point n'est besoin d'imiter consciemment le maître. Lorsque vous baignez dans le champ énergétique d'un enseignant pendant un certain temps, vous absorbez automatiquement la discipline concernée, de la façon qui vous convient le mieux.

À l'époque où je travaillais auprès du shaman Orestes, un groupe de trente personnes se réunissait tous les lundis soir et prenait part à des guérisons. Durant mes cinq premières années avec Orestes, je ne me souviens pas l'avoir vu nous enseigner quoi que ce soit! Jamais n'a-t-il dit: «Voici comment contacter vos guides» ou «Voici comment retirer une énergie négative du champ énergétique de quelqu'un», même si c'est bien ce que nous faisions. Nous avons appris d'Orestes parce que nous étions alignés sur les mêmes intentions. Nous voulions tous aider notre prochain et explorer des outils de guérison fascinants jusqu'alors inconnus. Orestes était l'incarnation de notre vision; il activait notre énergie par l'exemple. Tout au long de ces cinq années, nous nous sommes inconsciemment synchronisés sur son mode de fonctionnement et ce faisant, nous avons appris à développer le même type d'énergies qu'il utilisait dans le travail de guérison. Je n'ai pris pleinement conscience de cela que deux ans après la mort d'Orestes. Je travaillais avec un client et remarquai que je donnais des coups de crayon sur la table, exactement comme Orestes avait l'habitude de le faire. Soudain, je pus apercevoir diverses configurations d'énergies subtiles autour de la personne, rappelant énormément ce qu'Orestes nous décrivait autrefois. Un transfert de sagesse, d'énergies et de techniques s'était produit à la suite de mon travail auprès de lui, mais cela n'a jamais été imposé d'aucune façon. Il s'agissait de la résultante naturelle de l'alignement.

La relation entre un apprenti et son maître est l'une des voies maîtresses conduisant au développement de la vision initiale et à sa maturation. En vous alignant sur un champ énergétique en particulier et sur votre propre authenticité, vous serez attiré jusque vers le mentor approprié à votre croissance et qui a besoin de votre stimulation, car le mentor a besoin d'enseigner tout autant que vous avez besoin d'apprendre.

L'histoire de Ron Young illustre bien ce propos. Ron fut un apprenti d'Orestes durant quelques années. Il n'avait pas trouvé le nom d'Orestes dans l'annuaire téléphonique ou par le biais d'une institution quelconque. En fait, avant de rencontrer Ron, Orestes (qui était Cubain d'origine) n'avait même jamais enseigné à un Américain. Lorsqu'il fit la connaissance d'Orestes, Ron était déjà un guérisseur accompli. Il avait été initié à diverses pratiques de guérison et était déjà très en demande. Il entretenait une passion pour tout ce qui a trait au champ énergétique humain, tentant de comprendre comment les diverses influences visibles et invisibles affectaient le corps, l'âme et l'esprit. Par le biais de la communauté new yorkaise de guérisseurs, Ron avait entendu parler d'un homme qui demandait à ses patients de placer leur tête au-dessus d'un bol d'eau et qui, en lisant dans cette eau, pouvait diagnostiquer avec précision une maladie et ses causes ; ce même homme pouvait également guérir les gens en balayant tout leur corps avec des fleurs.

Avant de rencontrer Orestes, Ron vit dans ses rêves qu'il était sur le point de rencontrer un être incarnant une compréhension entièrement nouvelle de l'art de la guérison. Peu de temps après cette série de rêves, Ron rendit visite à un ami dont le cancer était en rémission à la suite d'un travail en compagnie d'Orestes. Cet ami mentionna tout bonnement qu'il avait rendez-vous avec Orestes ce jour-là, et Ron l'y accompagna. Après qu'Orestes eut travaillé avec son patient, il leva la tête vers Ron et l'invita à l'intérieur du cercle de guérison. Ron Young était au bon endroit, au bon moment. Il fut profondément touché par cette première rencontre et la résonance entre les deux hommes était apparemment mutuelle, car Orestes invita Ron à revenir avec des gens qui auraient besoin d'aide de façon urgente. Young laissa régulièrement tomber des journées entières de travail pour conduire un client chez

Orestes. Il arrivait tôt et repartait tard le soir, balayant le plancher et nettoyant les lieux après qu'Orestes eut quitté. Ron racontera plus tard que durant cette expérience initiale auprès d'Orestes, il se sentait comme dans une «cocotte minute». Il devait apprendre une manière totalement nouvelle de percevoir les choses, un langage tout à fait inconnu permettant la compréhension de la santé et de la maladie. Il fallut des mois avant que Ron se sente suffisamment en confiance avec ses propres capacités afin de participer activement à ce type de guérisons shamaniques. Il se demandait parfois s'il était bel et bien à sa place auprès d'Orestes. Puis, au moment où Ron commença à sentir un peu plus d'assurance dans ce travail, Orestes déclara, comme par hasard : «OK, tu peux maintenant inviter autant de gens que tu le veux, tous les mercredis». C'est ainsi que les enseignements débutèrent. En moins de six mois, des classes complètes étaient formées et des ateliers de guérison étaient offerts deux fois par semaine.

Ron Young travaillait bien avec Orestes parce que les deux hommes partageaient la même sensibilité, un profond engagement sur la voie de la guérison et une forme commune de compréhension intuitive. Ron aimait apprendre par osmose. Il avait déjà fait beaucoup de travail intérieur et possédait un don de perception passablement grand. Orestes reconnut immédiatement les talents de guérisseur de Ron et lui enseigna comment «amener à la terre» l'énergie de manifestation. Ce fut à travers cette reconnaissance, tout autant qu'à travers les enseignements reçus, que les talents innés de Ron purent s'épanouir, ce qui donna lieu à des guérisons et des transformations extraordinaires. Dans la tradition à laquelle appartenait Orestes, les enseignements étaient transmis de génération en génération, habituellement aux membres d'une même famille. Le savoir d'Orestes lui avait été transmis par son père qui lui, avait été initié par sa mère. Personne dans la famille immédiate d'Orestes n'était cependant disposé ou capable de recevoir les enseignements. Orestes maîtrisait la loi du don et de l'accueil. Quelle valeur détenait un enseignement ne pouvant être redonné aux générations à venir ? Orestes trouva un porteur de flambeau en la personne de Ron Young, quelqu'un qui était prêt et disposé à accueillir cette connaissance. Pour sa part, Ron trouva en Orestes un être pouvant lui permettre d'accéder à son plein potentiel de guérisseur. Voilà comment naît la relation entre un mentor et son élève.

Au bout de quelques années, Orestes et Ron commencèrent à entretenir des visions divergentes. Young réalisa qu'il avait besoin de pratiquer la guérison à sa propre façon plutôt qu'en œuvrant uniquement à partir de la perspective offerte par la tradition d'Orestes. À nouveau, Ron vit dans ses rêves qu'il avait besoin de changer de direction et, une fois de plus – comme s'il en avait reçu le signal – Orestes réagit en conséquence. Un jour, à l'issue d'une session éreintante, Orestes se tourna vers Ron et déclara : « Lorsque j'eus appris tout ce que je pouvais apprendre de mon guide spirituel, je lui ai dit *"Aurevoir, je m'en vais,"* et je n'y suis jamais retourné ». Quitter un mentor n'est jamais chose facile, mais en restant à ses côtés au-delà de l'échéance naturelle, on devient un disciple perpétuel ; on n'accède jamais à son propre pouvoir et on demeure une branche sur l'arbre de quelqu'un d'autre. Les cultures traditionnelles connaissaient des rites d'initiation permettant de vivre un départ avec un minimum de dommages. Cette option ne nous est peut-être plus offerte de nos jours, mais nous disposons du don de la sensibilité intérieure. Si vous maintenez votre vision et que vous restez attentif, vous saurez quand il sera temps de partir. La vision elle-même créera les circonstances qui aideront à la manifestation du départ.

Votre vérité mettra en place l'action juste et les acteurs appropriés. Alors, restez attentif aux personnes vers lesquelles vous vous sentez attiré. Les athlètes seront attirés par d'autres athlètes, les musiciens par d'autres musiciens, et ainsi de suite. Votre attirance est un excellent baromètre. Ne tombez pas dans la vision de quelqu'un d'autre (ce qui serait un test déguisé permettant de mesurer votre propre force), mais tenez compte des personnes vers lesquelles vous vous sentez constamment attiré ou qui croisent votre chemin à répétition. Voilà comment la vision s'installe et se perpétue au sein de l'énergie collective. Une personne en attire une autre; vous êtes attiré par une discipline particulière ou bien par la vision d'une manière de faire en particulier. Vous pouvez nourrir une vision pendant un certain temps; une vision peut même vous transformer, ou vous être imposée de force par les circonstances, pendant un certain temps, mais jamais elle ne vous appartiendra, au même titre que votre carrière ne pourra vous appartenir. La vision et la carrière sont toutes deux des véhicules orientés vers votre évolution et l'évolution du monde.

MAINTENIR LA VISION PAR LE RITUEL

La façon dont les Japonais échangent les cartes d'affaires, la manière dont les Américains célèbrent le Super Bowl et les bals de graduation, sont autant de gestes rituels perpétuant une vision collective. Les gestes communiquent les différentes valeurs entretenues, ce que les mots seuls ne pourraient faire. Les gestes rituels entretiennent la forme d'une vision collective à un point tel que, lorsqu'ils sont absents, on se sent désorienté.

Pas besoin d'élaborer bien longtemps sur le fait que le rituel puisse être parfois d'un ennui mortel; la majorité d'entre nous en avons amplement fait l'expérience. Ce que la plupart des gens n'ont toutefois pas expérimenté, par contre, c'est une pratique rituelle émergeant de l'esprit vivant. Pour que le rituel soit vivant, il ne peut venir que de nos racines. C'est lui qui maintiendra notre vision en vie, autant sur le plan individuel que sur le plan collectif. Alors que la domination exercée par le patriotisme et les religions anciennes continue de décliner, de nouveaux rituels prennent le pas, reflétant certaines particularités locales et les préoccupations profondes des représentants d'une culture donnée. Lorsque nous nous laissons guider par notre vision et que nous la partageons avec d'autres personnes, les rituels appropriés émergent de la communauté.

Au sein de ma communauté de Cold Spring, dans l'État de New York, une cérémonie du solstice d'hiver fut instaurée selon la vision d'une pionnière du nom de Jane Marcy. Le studio de photographie de Jane, baptisé *Inner Focus*, était aussi un centre de méditation et d'enseignement alternatif. C'est là qu'on a eu l'idée d'organiser une célébration du solstice d'hiver. D'autres personnes de la communauté se joignirent au groupe et offrirent d'utiliser le Centre nature Manitoga pour l'occasion. Un autre résident de Cold Spring, un raconteur d'histoires professionnel, se retrouva dans l'équipe et, la nuit du solstice, sous une pluie battante, des histoires furent racontées autour d'un grand feu de joie, des bougies furent allumées, des instruments de musique et des tambours retentirent et des prières furent offertes. La pluie n'eut pas raison du feu ; par ses effets de miroir, elle fit briller les êtres et les choses. Sans qu'aucune publicité officielle ne soit faite, plus de trente personnes se rassemblèrent par cette nuit de pluie glaciale. Plusieurs des participants ressentirent une qualité de connexion avec l'infini qui n'aurait jamais pu être planifiée ou provoquée. Lorsque l'hiver suivant approcha, quelques personnes se présentèrent au studio *Inner Focus* afin de discuter de la possibilité d'organiser une cérémonie similaire, peut-être dans un lieu différent ou sous un autre thème. Mais cela ne se fit pas. Il s'avéra impossible de changer de format, de lieu ou de quoi que ce soit d'autre. C'était comme s'il était écrit quelque part que les choses devaient se faire simplement comme elles s'étaient déroulées l'année précédente. Soudainement, nous réalisâmes que nous avions un rituel entre les mains.

Le rituel est bien plus qu'un ensemble de conventions et de pratiques symboliques. Le mot *rituel* tire ses racines du terme védique *rta*, qui fait référence à l'ordre inhérent des choses : le moment où le soleil se lève, où le gel survient, où le printemps revient... Ce grand ordre des choses règle aussi l'organisation de la psyché humaine. Lorsque quelqu'un est inspiré (certains diraient même fécondé) par une vision, la psyché (et par conséquent le quotidien) s'organisera autour de cette vision. La magie pure peut prendre place dans votre vie grâce à la façon dont vous organisez votre quotidien. Il s'agit d'un ordre des choses soutenu par la magie de la vie dans son sens le plus organique. Autrement dit, plutôt que de sacrifier votre existence à la vision boiteuse de la productivité industrielle ou à l'apathie capricieuse du non-engagement, vous pouvez permettre à la vision qui palpite en votre cœur de créer un style de vie correspondant.

Cela peut se mettre en place de plusieurs façons. Certains seront inspirés par une vision, d'autres «fécondés» par une vision, et d'autres encore seront écrasés par une vision. Vivre en honorant sa vision ne veut pas nécessairement dire qu'on fera son petit bonhomme de chemin dans la vie en affichant toujours un large sourire ou qu'on pourra se reposer dans une luxueuse propriété lorsque l'âge de la retraite aura sonné. En effet, certains vivront leur vision à travers la maladie ou la dépression. Marcel Proust éclaircit le mystère de sa triste existence grâce à la vision d'un biscuit sorti d'une jarre. Stephen King trouva son inspiration et s'exprima à travers d'horribles visions qui ont touché une corde sensible chez toute une génération de lecteurs. Les aspects parfois morbides et douloureux de nos émotions ont également besoin de s'exprimer. Ainsi, être fidèle à ses visions de faiblesse ou de dépression peut mener à des états d'extrême créativité et à des dons exceptionnels à offrir au monde. Il est primordial de comprendre que maintenir une vision et travailler avec elle ne signifie pas s'identifier à elle. Peu importe le terrain qui vous est donné, c'est à vous de le labourer. De ce terrain, naîtra votre offrande au monde.

Le fait d'accueillir votre vision, quelle qu'elle soit, produira un surcroît d'énergie vous permettant de vous organiser et de créer. En effet, une vision inspirée obtient le concours de forces supérieures et pousse les autres personnes ayant un but correspondant à s'engager elles aussi. Lorsque votre but devient clair, ancré et conscient, le temps, l'espace et les effectifs nécessaires deviennent disponibles, car les forces qui mettent ces éléments en place dépassent la volonté individuelle. Il devient alors possible de goûter à la joie immense que procure le travail conscient lorsqu'il est réalisé en communion avec les forces de la création.

LE VISIONNAIRE ET LE MARCHÉ DE L'EMPLOI

Tant que vous ne parviendrez pas à œuvrer en entretenant consciemment votre capacité visionnnaire, le monde du travail risque d'être votre bête noire. Plusieurs tentent de se sauver du travail ou d'en retirer un minimum de subsistance dans le but de vivre leur vraie vie en-dehors du bureau. Le système en lui-même rebute certaines personnes, tandis que d'autres se trompent tout autant en ne vivant que pour le marché.

Comme notre corps, le marché économique est un organisme vivant. Il s'agit d'un corps collectif dont la forme est déterminée par les valeurs collectives. Le marché reflète parfaitement les valeurs de la collectivité. Si un groupe en particulier arrive à provoquer une hausse fictive sur le marché, c'est parce que la collectivité le permet. Les dictateurs existent parce qu'un nombre suffisant de personnes le veulent bien ; cela fournit un prétexte à ceux qui préfèrent renoncer aux responsabilités individuelles. Cela vaut également pour les grandes multinationales. Ces corporations (avec la qualité de vie qu'elles nous procurent) ne peuvent pas être reléguées du côté des méchants, car elles sont nos propres créations. Lors-qu'une alternative prendra suffisamment de force et que suffi-samment de gens poseront des gestes au nom de cette cause, leur forme changera.

Plusieurs consultants en développement de carrière aiment bien utiliser les prédictions concernant le marché de l'emploi. Ils vont brandir les statistiques sur les emplois les plus en demande pour la prochaine décennie ou bien sur les secteurs les plus prometteurs pour ceux qui souhaitent investir. Cette philosophie du « suivons les tendances du marché » peut produire de brefs instants de succès, mais on est loin de l'« anti-carrière », car cette façon de faire se base sur la vente de notre intégrité au système. Si vous vous alignez sur votre authenticité, si vous laissez votre ressenti vous guider, si vous vous concentrez sur vos priorités issues de la vérité qui est en vous, et si vous ouvrez votre cœur à la collectivité, alors vous commencerez à manifester votre vision et à la partager avec les autres. Puisque cette vision est la vôtre, personne ne pourra vous la dérober. De plus, elle ne pourra être compro-mise pour des raisons de marketing. Et parce que la vision est basée sur l'authenticité, elle entrera en résonance avec ceux qui portent une vision congruente. Vous serez guidé au bon endroit, au bon moment.

Le vrai visionnaire n'approvisionne pas le marché. C'est plutôt le marché qui s'accroît autour d'une vision puissante, car la vision est l'expression même de l'énergie et des désirs collectifs. Ainsi donc, chaque vision authentique vient avec son propre marché. La seule chose, c'est que ce pourrait être un marché auquel vous ne vous attendiez pas. Si votre démarche visionnaire est sérieuse, vous devez viser quelque chose de plus grand que le marché économique. Autrement, c'est le marché qui devient votre vision et vous vous retrouvez à vivre selon les hauts et les bas d'une sorte de concours de popularité.

Plus votre vision gagnera en force par le biais de l'action, plus son alignement vous conduira là où vous avez besoin d'être afin d'accomplir chaque phase de son développement. Vous n'avez pas réellement à vous préoccuper de comment, quand et où les événements vont se produire. Tout ce qu'il suffit de faire c'est de veiller à conserver votre authenticité et de rester attentif à ce que la vie veut vous enseigner. Personne ne vous promet un voyage où votre chemin sera tracé par une suite de petits cailloux blancs. Si vous faites ce que vous aimez, l'argent ne sera pas nécessairement au rendez-vous, non plus. Toutefois, puisque vous deviendrez qui vous êtes réellement, vous comprendrez la sagesse de votre parcours de vie et vous pourrez mourir dans l'intégrité et la paix.

Edgar Cayce portait la vision de fonder un jour un institut où l'on pourrait guérir et enseigner. Il fut guidé vers un lieu très précis, mais le premier édifice qu'il érigea fut détruit par un incendie. À la deuxième tentative, il fit faillite. Cela veut-il dire qu'il était sur la mauvaise voie? Non. L'Association pour la Recherche et l'Illumination de Virginia Beach, en Virginie, témoigne aujourd'hui du degré d'authenticité et de la force du projet de Cayce. Mais la vision se manifesta à son heure, et les leçons apprises tout au long du processus furent aussi importantes que le résultat. Ne mesurez pas et ne jugez donc pas votre réussite par le nombre de clients fréquentant votre bureau. Le vrai visionnaire mesure son succès par ce qu'il ressent quand il s'endort le soir et quand il se réveille le matin. Si vous vous endormez en paix avec vous-même, le monde et tous ses habitants c'est signe que votre vision fonctionne bien pour vous. Si vous êtes rempli d'énergie et d'enthousiasme au saut du lit, vous pouvez être certain d'avoir été admis avec succès dans le monde de l'«anti-carrière».

DEZANGER ET LE CHANGEMENT DE PARADIGME

Parfois, dans notre vie, il semble que nous ayons atteint une impasse. Notre vision ne va nulle part et nous avons tendance à nous déprécier. Si nous tombons en proie à la spirale de l'autocondamnation, nous risquons d'abandonner prématurément nos projets dans l'espoir que l'herbe sera plus verte chez le voisin. Nous aurons alors oublié la règle «anticarrière» numéro un : «Sois là où tu es !». Si vous vous trouvez dans une impasse, au lieu de critiquer votre situation, vous pouvez la réinventer. Vous pouvez commencer à voir que ce qui se trouve droit devant vos yeux est un indice pointant vers la direction à prendre.

L'exercice du changement de paradigme stimule la vision et vous encourage à élargir votre champ de perceptions par rapport à une situation qui peut paraître sans issue. Andre Dezanger, le concepteur de cet exercice visuel, est le co-auteur d'un livre intitulé *Tao of Creativity* («Le Tao de la créativité»), écrit en collaboration avec sa partenaire, la sculpteure Judy Morgan. Judy et Andre proposent l'exercice du changement de paradigme depuis un certain nombre d'années dans le cadre de leurs séminaires sur la créativité. Il s'agit d'une méthode servant à transformer de vieux patterns (les visions fossilisées sous la forme d'habitudes à voir le monde d'une certaine manière et qui ne nous servent plus) et à instaurer de nouvelles possibilités visionnaires. Voici comment procéder :

Photocopiez l'illustration ci-dessous sur une feuille que vous pourrez placer devant vous durant vos méditations. Vous pourriez en faire plusieurs copies sur du papier de différentes couleurs et travailler avec la couleur qui vous inspire le plus selon le moment. Tous les jours à la même heure, posez les yeux sur l'illustration. Vous devez modifier votre de point de focalisation jusqu'à ce que l'image se transforme, c'est-à-dire jusqu'à ce qu'une nouvelle manière de voir l'image se révèle.

Durant l'exercice, Dezanger suggère que vous croisiez aussi les bras ou les doigts à l'inverse de ce que vous avez l'habitude de faire. Vous remarquerez que lorsque vous croisez les bras ou les doigts, la main dominante se place habituellement au-dessus de l'autre.

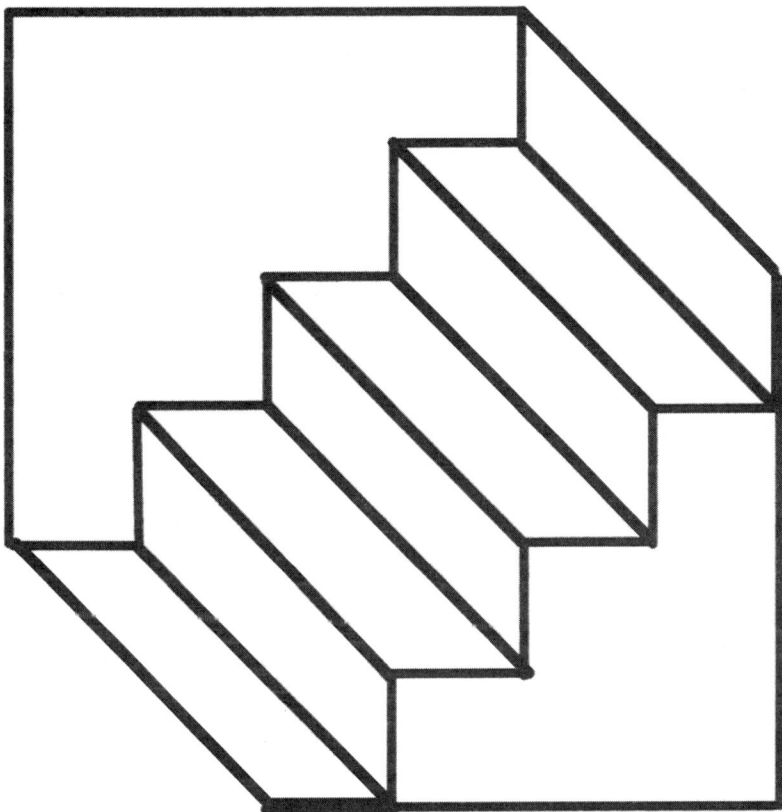

Inversez cette position. Tout en fixant l'image du regard, vous pouvez également répéter le mantra « Il existe une autre manière ».

Selon Andre Dezanger, une minute par jour de concentration sur cette image suffit pour que l'exercice fonctionne, mais cette pratique devrait se faire quotidiennement pendant une période de vingt-et-un jours consécutifs ; c'est le temps qu'il faut pour que de nouveaux circuits neurologiques commencent à se former. Ainsi donc, vous entraînerez votre faculté visionnaire à entrevoir de nouvelles possibilités. À partir du moment où une nouvelle manière d'envisager les choses est reconnue, elle se manifestera de façon tangible dans votre vie. Aussi subtil soit-il, un changement de perspective peut avoir un effet puissant en bout de ligne.

Du point de vue du cinquième chakra, l'exercice du changement de paradigme constitue un merveilleux outil permettant de nous régénérer de façon originale et de nous aider à sortir de notre immobilisme. Ce modèle s'appuie sur le principe voulant que nous disposions de beaucoup plus d'énergie et de possibilités que nous avons l'habitude de croire. Il *existe* une autre manière ; il y a *toujours* une autre manière de considérer une situation, une nouvelle façon de voir qui débouchera sur des options et des opportunités encore plus grandes. Si vous vous sentez bloqué, sachez que c'est un bon point de départ. Ne vous battez pas avec cette fâcheuse position ; tentez plutôt de la considérer sous un autre angle.

La vision ne se fabrique pas, elle naît. Et c'est vous qui êtes la sage-femme. Si vous ne participez pas à sa naissance, la vision se rétrécira pour ne plus être qu'un fantasme ou un pauvre rêve que l'on prendra pour une réalité. Votre travail de sage-femme consiste à aligner la vision elle-même, puis de vous aligner sur cette vision. L'esprit visionnaire est aligné sur le cœur à travers le désir d'aimer et de donner. Ce processus appelle le futur. C'est lui qui ouvre la porte au futur afin qu'il pénètre dans l'espace présent et qu'il mette en branle les diverses étapes de la manifestation. Cela ne peut s'accomplir par la contrainte ou les calculs, mais bien par la foi et l'alignement, ainsi qu'avec l'aide de l'exercice suivant. En déclenchant le processus d'action visionnaire, vous redevenez ludique, car l'esprit visionnaire est extrêmement joyeux et vivifiant. Suivre le cours de chacune de ses visions transforme une vie terne et monotone en une vie d'aventures.

Méditation du cinquième chakra : Ancrer le futur

Inspirez lentement. Expirez pleinement. Permettez à tout votre être de se centrer. Quand vous serez bien centré, établissez votre triangle de base : le précieux alignement entre la confiance, les émotions et la force de concentration. L'alignement triangulaire des trois

*premiers chakras vous enracine, vous renforce et vous procure l'éner-
gie nécessaire pour entrer dans le royaume du cœur. Voilà comment
il devient possible d'ouvrir votre cœur à la grande communauté terrestre, de partager vos talents et vos dons, de devenir une force con-
tribuant au réalignement de ce monde dans l'amour. Ressentez cette
possibilité dans votre cœur.*

*Maintenez votre attention sur le chakra du cœur. En inspirant,
recevez; et en expirant, offrez. Prenez le temps d'entrer consciemment dans ce mouvement circulaire qui donne et qui reçoit; dans cet
espace libre du besoin de dominer ou d'être dominé par qui que ce
soit; dans cet espace où vous êtes capable d'échanger et de partager
avec fluidité. Quand vous serez bien établi dans ce mouvement, contactez l'énergie des générations précédentes et offrez votre passage
sur Terre aux générations futures.*

*Maintenant, imaginez qu'un chemin émerge lentement du
centre de votre cœur pour se rendre jusqu'à votre gorge. Utilisez
votre respiration pour ouvrir ce canal. Voyez l'énergie du don et celle
de l'accueil qui s'expriment à travers votre voix. Ouvrez le canal qui
va du cœur jusqu'au centre de ce grand espace ouvert sur l'infini
qu'est votre chakra de la gorge.*

*Vous êtes maintenant capable d'exprimer vos désirs. Vous êtes
maintenant capable d'exprimer vos sentiments tels qu'ils sont, sans
honte et sans crainte. Ne vous inquiétez plus de ce que vous devriez
dire ou faire; laissez plutôt le courant créatif circuler entre votre
cœur et votre gorge; ainsi pourrez-vous puiser à même le Verbe pour
parler au monde.*

*Si vous ressentez un blocage dans votre gorge, invitez la cou-
leur bleue à s'y répandre en vous servant de votre respiration. Ce
beau bleu profond circule dans votre gorge, stimulant votre capacité à
écouter et à parler, stimulant votre capacité à transformer les situations et à vous mouvoir dans le temps et l'espace. Ressentez votre
pouvoir d'accéder à de nouvelles possibilités, de vous ouvrir à de
nouvelles façons de voir la réalité. Ressentez votre capacité à jouer
avec l'énergie créatrice, à entrer dans la danse avec la sagesse*

supérieure. Ressentez combien vous pouvez accéder à quelque chose qui se trouve au-delà de tout ce que vous auriez pu imaginer, car votre imagination est maintenant libérée.

Voyez apparaître, dans l'éther, un escalier émergeant de votre gorge et comptant sept marches. Cet escalier, constitué d'éther ou de l'élément espace, vous permet d'accéder à d'autres dimensions. Gravissez les sept marches avec grâce et souplesse, et à chacune des marches, laissez tomber vos a priori, vos idées préconçues sur ce que devraient être les choses. Franchissez les marches une à une et à chaque pas, lâchez prise sur vos entêtements concernant vos possibilités. Traversez les nuages d'éther ; passez à travers la forme, à travers le temps et à travers le monde tridimensionnel.

Au sommet de l'escalier se trouve un portail. Ouvrez la porte et percevez une autre dimension ; percevez le futur, pas seulement dans dix ans, mais à des années-lumière d'ici, là où votre âme – là où cette petite graine d'éternité qui se déploie au centre de vous – a atteint son plein potentiel. Vous irradiez maintenant, dans toute votre splendeur, totalement libre, tout à fait accompli. Votre œuvre est pour le bien du tout. Elle est parfaite et d'une créativité exquise. Entrez en résonance avec cet être radieux qui est vous-même dans le futur. Demandez ce qu'il vous faut apprendre, ce que vous avez besoin de faire, ce que vous avez besoin de créer pour pouvoir accéder à votre futur optimal. Quelles qualités devez-vous développer afin de devenir qui vous êtes réellement ? Laissez les réponses vous parvenir dans un flot d'énergie lumineuse. Accueillez-les dans tout votre être ; ressentez les modifications subtiles qui prennent place dans votre corps et dans la structure de vos pensées. Accueillez le nouveau ; laissez vos vieilles habitudes se transformer pour le mieux. Remerciez cet être lumineux que vous êtes appelé à devenir. Tout en maintenant l'énergie de gratitude, laissez le portail ouvert, sachant que vous pourrez revenir en ce lieu chaque fois qu'il sera opportun d'entrer en contact avec l'appel du futur.

Redescendez lentement les marches de l'escalier. Veillez à ne pas reprendre simplement les mêmes vieux vêtements terrestres.

N'acceptez que ce qui est véritablement aligné sur votre futur. Adoptez les couleurs, les vibrations et les possibilités qui vous appellent au loin, puis rentrez dans le chakra de la gorge. Inspirez, expirez. Sentez la connexion entre la gorge et le cœur, puis entre le cœur et le triangle de base. Sentez le pouvoir de votre passion et de votre but. Ressentez votre alignement depuis l'éther jusqu'à la terre. Sachez que vous pouvez désormais aller de l'avant et entreprendre des choses que vous n'aviez jamais faites auparavant parce qu'à un certain niveau, vous l'avez déjà fait. Vous n'avez pas besoin d'être limité par vos pensées. Ressentez les possibilités illimitées de votre pouvoir créateur. Inspirez et expirez à partir du chakra de la gorge, tout en baignant dans l'éther, dans ce vaste océan bleu de création. Ressentez cette partie de vous-même, qui se tient au-delà du temps et de l'espace, entrer en contact avec l'autre partie de vous qui habite dans le temps et l'espace. Ces différentes dimensions de vous-même peuvent s'intégrer l'une à l'autre, afin que votre passage sur Terre soit le reflet de l'être que vous êtes de toute éternité.

Avant de terminer, songez à un obstacle ou à une frustration qui vous a récemment affecté. Au lieu de voir cette situation comme un problème, amenez-la directement au centre du chakra de la créativité. Permettez-vous d'observer ce soit disant obstacle sous un autre angle. Acceptez de voir les blocages apparents comme des portes menant à la croissance. Vous serez peut-être tenté par la question suivante : « Existe-t-il une autre manière de grandir sans avoir à être confronté à cet obstacle ? ». Pour trouver la réponse, suivez la résonance. Amenez cette information à votre conscience, sachant qu'en retournant dans le chakra du cœur et en vous enracinant dans votre triangle de base, votre réalité d'en haut et celle d'en bas commenceront à s'aligner. « Il existe une autre manière ». Il existe une manière d'être où tous les obstacles peuvent devenir des portes et où toutes les portes peuvent être transformées en actions utiles dans le monde. Inspirez, expirez. Entrez en contact avec votre centre. Amenez l'énergie d'en haut ici bas. Ressentez l'alignement de ces deux mondes dans votre cœur, dans votre plexus solaire, dans votre sacrum et dans votre base. Sortez de cette méditation en étant l'être conscient et multidimensionnel que vous êtes, disposé à intégrer présent et futur, possibilité et probabilité, vision élevée et action authentique.

9

Sixième étape :
Ma volonté et la Tienne

Le mouvement du Ciel est tout puissant.

I-Ching

L orsque j'étais étudiant à l'université, je demandai, un jour, à l'un des mes professeurs de religion : « Comment pouvons-nous savoir si nous faisons la volonté de Dieu ? ». Il me répondit à peu près en ces termes : « Oh, c'est facile. Chaque fois que tu n'aimes pas ce que tu es en train de faire, tu peux être certain de faire la volonté de Dieu ».

Les idées préconçues entourant la volonté de Dieu risquent d'être le sujet le plus chargé de notre démarche « anti-carrière ». D'un côté, nous ne voulons pas sombrer dans l'égoïsme en faisant simplement ce qui nous chante lorsque cela nous chante, puis ressentir un grand vide à la fin. D'un autre côté, nous sommes devenus experts dans l'art de nous duper nous-mêmes en prétendant obtenir de grandes satisfactions lorsque nous agissons « selon la volonté de Dieu », ou lorsque « cela va sauver l'environnement ou la planète ». Il se peut fort bien que nous soyons en train de le faire pour diverses raisons comme le manque d'estime de nous-même,

211

la peur ou un quelconque besoin nous permettant de nous justifier et utilisant notre glorieux idéal comme un écran de fumée.

Si vous êtes prêt à regarder votre œuvre bien en face, le test ultime ne sera pas de vérifier ses effets sur le monde, mais bien ses effets sur vous-même et sur vos proches. Après tout, le monde est ce que nous en percevons, et nous percevons ce que nous voulons bien percevoir. Cela dit, ceux qui vivent près de nous sont bien placés pour nous observer, et c'est un regard de sagesse qu'ils posent sur nous.

Les modèles de héros auxquels nous sommes habitués sont ceux d'individus semblant avoir un impact sur le monde d'une manière très progressiste, mais dont la vie privée est un gâchis. La règle non-écrite veut qu'il soit noble de sacrifier sa vie privée afin de servir. Si vous savez parfaitement bien que la fin ne justifie jamais les moyens, vous comprendrez combien ce raisonnement est faux. Le but de votre travail, comme tout le reste dans la vie, est d'apprendre à aimer et à être aimé. Si votre emploi ne vous aide pas à suivre cette direction, cela pose un problème. Si la récompense extérieure donne lieu à un vide intérieur pour vous-même et ceux qui vous entourent, vous êtes tombé dans le piège de l'extériorité. Et c'est un piège sérieux. À quoi bon les gratte-ciel imposants et les voitures performantes si vous ne pouvez pas faire confiance à la personne qui se tient tout juste à vos côtés ?

Notre existence a une valeur si elle nourrit la vie et son évolution ; les symptômes qui trahissent ce mouvement sont la paix et le rayonnement. L'objectif visé par les exercices comme celui de la Roue de médecine est d'aligner la volonté au lieu d'y renoncer ou de la « gonfler ». Ainsi, lorsque nous parvenons au sixième chakra, là où le travail prend ses proportions divines, il n'est nullement question de nous gonfler nous-même hors de toute proportion.

Le sixième chakra, localisé entre les sourcils, est tradition-nellement associé à la clairvoyance, c'est-à-dire à une vision plus élevée. C'est le lieu où, dans le corps subtil, nous accueillons de nouveaux pouvoirs et des expériences supra-normales ; c'est là que nous voyons, entendons et pressentons ce qui est ordinairement caché. Dans cet espace, nous ne tra-vaillons plus dans l'illusion de nos propres pouvoirs ; nous sommes plutôt consciemment alignés sur un pouvoir plus grand, pour un dessein plus grand. Après avoir établi notre estime personnelle et travaillé sur nos patterns émotionnels, après avoir déterminé nos priorités et les avoir établies dans le cœur, et après avoir commencé à nourrir notre vision (en d'autres termes : après avoir fait tout ce que *nous* pouvions faire) nous laissons tout aller ! Nous disons : «Et bien voilà, mon Dieu ! À Toi de jouer ! ». Nous donnons la permission à l'intelligence du cosmos de nous guider, d'harmoniser nos visions et nos priorités avec celles de l'évolution globale. Nous nous alignons avec les forces qui travaillent à l'harmonisation du monde. La plénitude de notre alignement attire le pouvoir universel. Dès lors, il n'y a pas de tâche trop grande ou trop petite. Thoreau exprima cette compréhension des choses lors-qu'il écrit, à la fin de *Walden* : «Chaque clou enfoncé devrait être un autre rivet dans la machine de l'univers[1] ».

Cette expérience d'alignement et de relation avec le divin en est une d'exaltation. Cela suppose donc un danger et, par conséquent, une responsabilité. Il est extrêmement important d'avoir travaillé à fond sur le plan du cœur et d'avoir exploré vos motivations avant de tout laisser entre les mains de Dieu, car c'est à ce stade-ci que quelqu'un peut devenir un véritable visionnaire ou un mégalomane, et la marge entre les deux est parfois mince comme le fil d'un rasoir. Lorsque le sixième chakra s'ouvre, des phénomènes miraculeux peuvent et vont se produire. Lorsqu'on travaille avec les forces cosmiques et

---

1.   Henry David Thoreau, « *Walden* », 233.

qu'on leur prête une attention plus grande, une puissance considérable s'accumule dans notre champ énergétique. Il y a alors danger de tomber dans le mythe personnel, en plus de perdre le sens du partage et de l'interaction. Vivre une expérience christique, c'est une chose; penser «Je suis le Christ», c'en est une autre. Dès l'instant où je crois en cette dernière hypothèse, sous quelque forme que ce soit (voilée ou non), les autres ne peuvent être qu'à ma suite, sinon ils ne sont que de pauvres et malheureux impies. La réciprocité n'existe plus. La personne mégalomane craint de partager sa vision, de l'offrir ouvertement sur le marché, car elle sera exposée et remise en question. Le visionnaire cosmique, pour sa part, peut vivre le miracle *et* le partager. Les vrais visionnaires savent que l'alignement est une pièce au sein d'un puzzle beaucoup plus vaste, que l'action visionnaire est nécessairement coopérative, et que le monopole de la soit disant vérité est typique de l'usage distordu du pouvoir dont nous avons été témoins tout au long de l'Histoire. Ce sont précisément ces abus qui ont provoqué, chez un grand nombre d'individus sensibles et intelligents, un scepticisme marqué par rapport aux possibilités qu'offre la vision élevée. Or, si *vous* ne relevez pas le défi du sixième chakra avec discernement et humilité, imaginez qui le fera!

LA VOLONTÉ DE DIEU ET LA SOIF DE VÉRITÉ

Dans le *Nom de la Rose*, écrit par Umberto Eco, l'antéchrist n'est ni plus ni moins que la soif de vérité, et avec raison. Si l'ego n'est pas souple et sain, ou si le chakra des émotions a été négligé dans l'ascension spirituelle, le formidable contact avec les forces supérieures représentera une menace pour la structure psychologique de la personne, à tel point que ce contact sera nié catégoriquement, ou bien emmuré dans une idéologie dogmatique et oppressive. La règle d'or du travail sur soi, c'est la confiance. Si la confiance fait défaut, la tentation sera très forte de distordre l'expérience intérieure afin de se conformer à tel ou tel ordre du jour caché. L'idéologie commence alors à empiéter sur la vision créatrice. Cela vaut pour les groupes autant que pour les individus. Les sectes et les cultes de tout acabit élaborent souvent leur propre cosmologie commune, et la grande variété des expériences intérieures provient des attentes élevées du groupe. Il en résulte l'apparition d'un groupe partageant une vision du monde commune, mais dont les membres sont incapables de partager ce point de vue dans la réciprocité avec l'extérieur. Ces individus doivent soit vous convertir, soit vous fuir. Lorsqu'il s'agit d'être guidé par l'universel (une expérience qui peut s'avérer bien réelle), le défi est donc de se tenir à l'écart de pensées puériles voulant, par exemple, « que mon dieu soit meilleur que ton dieu ».

La meilleure façon d'éviter ce piège, c'est de ne jamais vous laisser aspirer, ne jamais – sous aucune considération – abdiquer votre pouvoir, votre intégrité et la validité de vos expériences dans l'espoir d'obtenir une vérité toute puissante. Apprendre à être guidé intuitivement, c'est endosser la responsabilité du développement à long terme du dialogue avec votre sagesse intérieure, avec l'Être lui-même. La notion de choix fait partie de ce processus. Vous pouvez mettre en doute l'information reçue, vous pouvez fermer le robinet si ce qui en sort va dans tous les sens, et vous pouvez déterminer quel type de relation vous semble la plus adéquate par rapport à vos intuitions. Pour un trop grand nombre de personnes, la relation entre l'humain et le divin reste calquée sur le modèle dominant d'interaction parent/enfant. Il est pourtant tout à fait possible de devenir des adultes responsables sur les plans psychologique et spirituel. Le langage spirituel n'a pas à être diminutif lorsqu'on s'adresse au « Père », et la sensation d'être guidé n'a pas non plus à faire de nous un « enfant élu ».

Demander à être guidé, c'est entrer dans la création d'un mode d'interaction ; ce n'est pas se borner à demander, puis attendre une réponse. Par conséquent, la prière ne doit pas être réduite à des supplications d'enfant qui espère un résultat magique. Quand le mécanisme visionnaire gagnera en maturité, il commencera à interagir avec d'autres niveaux de conscience. Vous deviendrez conscient que d'autres joueurs sont de la partie; des joueurs dont vous ne soupçonniez pas l'existence auparavant, qui s'intéressent manifestement à ce qui se passe et qui ont le pouvoir d'influencer la façon dont les choses évoluent. C'est la raison pour laquelle nous n'avons pas à craindre la suite de l'histoire, en ce qui concerne nos difficultés économiques et sociales. Elles représentent le désherbage de notre jardin, le nettoyage méticuleux du secteur des échanges cosmiques.

Les institutions qui ne placent pas le service planétaire parmi leurs plus grandes priorités se rendront compte qu'il est difficile, voire même impossible, de conserver leur mode de fonctionnement. Les visions qui glorifiaient autrefois la productivité et le profit ne sont tout simplement plus viables, à l'échelle globale. S'il existe actuellement quelques exemples de régression vers une forme ou une autre d'autoritarisme, ce mouvement s'inscrit fortement à l'inverse de celui qu'on observe dans les principales sphères d'influence autour de la planète. Les tenants du fascisme et de l'extrémisme religieux, les oligarchies octogénaires et les escouades anti-drogue qui se prennent pour des cow-boys font tous preuve d'une grande futilité en tentant de ré-instaurer un paradigme qui ne sert plus l'évolution.

L'idéologie du savoir absolu constitue l'un des modèles les plus destructeurs, et en même temps des plus subtils, qu'entretiennent actuellement les êtres épris de pouvoir, sur cette Terre. Les Pères du désert ont déjà résumé le péché de la colère par ces simples mots: «J'ai raison». C'est ce réflexe d'autodéfense qu'il importe d'abandonner si nous désirons recevoir l'inspiration nourricière des forces supérieures. Il semble que nous devions faire preuve de beaucoup de courage afin de lâcher prise sur notre habitude à imposer notre savoir bien humain, dans des domaines sur lesquelles nous ne savons rien du tout. Le sixième chakra nous demande de lâcher notre soif d'absolutismes et de partager nos découvertes intérieures sans les imposer aux autres.

Notre activité visionnaire prend plus de place que jamais dans le monde, car nous sommes désormais en face de quelque chose que nous n'avons jamais connu, soit un marché cosmique favorisant les échanges planétaires sur tous les plans : informations, idées, espoirs et visions. Au creux de ce vaste bassin, les visions peuvent être partagées. Plus il y aura d'échanges interculturels et plus la reconnaissance mutuelle s'installera, moins il y aura d'inquiétudes quant au maintien à tout prix d'un standard particulier de connaissances et de savoir.

Être guidé ne veut pas dire qu'il faut devenir les esclaves d'une nouvelle forme d'autorité autoproclamée. Afin de créer de nouveaux modes de travail fonctionnels et prospères honorant ce qu'il y a de meilleur en chacun, nous devons accepter le défi de la liberté humaine et l'aligner sur la réalité correspondante, c'est-à-dire la destinée humaine. L'acceptation profonde de ce paradoxe constitue l'essence même d'une âme libérée de ses liens. Il ne s'agit pas seulement de faire preuve de tolérance, mais plutôt d'une réceptivité de plus en plus grande par rapport au paradoxe. Un accueil aussi profond de la réalité s'atteint par le biais de l'humilité face à une sagesse plus grande que la nôtre et par la volonté de partager nos découvertes intérieures à travers notre personnalité unique.

DES SIGNAUX QUI NE TROMPENT PAS

Certains signaux sont utiles afin de pouvoir reconnaître les personnes harmonieusement guidées, et ils valent la peine d'être notés. Le plus important est la paix intérieure. La paix dont il est question ici n'est pas refermée sur elle-même et ne pousse pas la personne à éviter les contacts avec l'extérieur. Il s'agit plutôt d'un abandon et d'un respect profonds vis-à-vis les mouvements du cosmos. Lorsque vous êtes guidé, cela ne veut pas dire que vous serez immunisé contre la peste ou que vous allez changer de pays au bon moment pour éviter un tremblement de terre. La connexion aux forces supérieures se manifeste par une confiance et une expérience grandissantes par rapport à quelque chose qui dépasse les réflexes de survie. Les êtres véritablement en paix sont dotés d'une amplitude intérieure leur permettant d'agir et non de réagir en toute circonstance, parce que leur estime personnelle ne dépend pas d'un ensemble précis de conditions.

Autre caractéristique de ce qui arrive lorsqu'on se permet d'être intérieurement guidé : l'apparition de petits miracles, la conviction intime que vous êtes soutenu par l'univers. Le phénomène de synchronicité est le plus fréquent de ce type de manifestations. La synchronicité est en action lorsque vous tombez sur la bonne personne pour un projet, ou lorsque vous rencontrez, par exemple, la cousine d'un ami qui deviendra éventuellement une alliée. Au début, ces coïncidences sont tout ce qu'il y a de plus excitantes et encourageantes, puis à la longue, on vient presque à s'y attendre, car le monde de «l'au-delà» ne nous est plus étranger ou ne nous apparaît plus comme un ennemi.

Un autre de ces panneaux indicateurs est la joie propagée. Vous appréciez votre succès, et en prime, les gens avec qui vous êtes en contact se mettent également à connaître du succès, parce que vous parvenez à créer des situations «gagnant/gagnant» partout où vous passez. Puisque vous n'êtes plus pris au piège de la peur du manque, on ne vous perçoit pas comme étant dans le besoin ; vous n'êtes donc pas un voleur d'énergie et les gens aiment être en votre compagnie ou faire affaire avec vous. Étant donné la fluidité de vos sentiments véritables, vous suscitez la bonté, l'amitié et le positivisme. Comme vous êtes guidé dans la bonne direction, vous ne perdez pas votre temps et ne le faites pas perdre aux autres. Les gens que vous rencontrez sont étonnamment alignés sur une vision semblable à la vôtre, ce qui fait que chaque situation a le potentiel de vous faire toucher aux miracles, aux forces supérieures en pleine action.

Cela ne veut pas dire qu'il n'y aura pas d'obstacles; les obstacles faisant nécessairement partie du Chemin. Ils vous font prendre conscience des zones à l'intérieur de vous-même où vous avez besoin de grandir et de vous transformer. Si vous rencontrez toujours le même mur, ce n'est pas que votre idée est mauvaise. Cela signifie qu'il y a un angle mort quelque part. La bonne question à se poser est alors: «Que dois-je apprendre de cette situation?». Poser cette question vous met sur la voie de l'investigation, et l'investigation génère son propre mouvement de réalisation. En énonçant le problème, vous invitez la solution. La solution pourrait très bien être inattendue, mais c'est précisément ce qui élargira vos horizons et vous ouvrira à de nouvelles valeurs et visions. Être guidé ne veut pas dire que le jeu de cartes cosmique est truqué en votre faveur. Cela ne veut pas nécessairement dire que vous serez riche et heureux, ou que vous connaîtrez du succès en fonction des standards de toute le monde. Mais cela veut dire que le joyau – votre joyau – sera un jour étincelant; vous le verrez briller de tous ses feux et vous saurez dans votre cœur que votre vie aura valu la peine d'être vécue.

GUIDÉ DE PLUSIEURS FAÇONS

Certaines personnes reçoivent des messages ou des signes en lisant la Bible, d'autres entendent clairement une voix, puis d'autres encore aiment utiliser des outils divinatoires tels le I-Ching, le Tarot ou même les biscuits de fortune! Il n'y a pas de canal unique par lequel on peut demander et recevoir. Napoleon Hill raconte que Thomas Edison avait créé son propre «conseil d'administration intérieur» auquel étaient invités à siéger des personnages tels Galilée et Copernic, qui lui prodiguaient leurs conseils à propos de son travail[1]. La sincérité de votre demande est de la plus haute importance, de même que la volonté d'entretenir votre sens de la foi, de

---

1.   Napoleon Hill, «*Think and Grow Rich*» (New York: Fawcett, 1987).

l'investigation, de l'écoute et de la réalisation. Il importe enfin d'être prêt à mettre en pratique le message reçu. Plus vous commencerez à vivre en fonction de votre faculté intuitive, au lieu de discourir ou de vous questionner à son propos, plus vous développerez une relation efficace avec votre source d'information ; vous commencerez aussi à élaborer votre propre manière de recevoir les messages et d'y répondre.

Selon les types de personnes, les messages et les signes prendront des formes différentes. Par exemple, l'individu plus kinesthésique pourrait se voir offrir un emploi en apparence parfait, mais cette offre provoquera tout à coup divers inconforts physiques, comme des serrements au niveau du ventre ; cette personne saura alors que l'emploi risque de ne pas être ce qu'il y a de mieux pour elle. Le type visuel verra des signes, l'auditif entendra des messages, et ainsi de suite. En suivant votre principal mode de perception, vous pourriez éventuellement déboucher sur les autres. Il est également commun pour les gens de voir des images en méditation. Si vous ne voyez pas, demandez-vous si vous ressentez ou pressentez quelque chose. Les sensations ou les émotions sont aussi légitimes que tout autre forme de messages reçus. Un texte bouddhiste parle même d'un plan d'existence où l'enseignement sacré se transmet uniquement via les parfums !

L'esprit d'investigation nous viendra en aide, sur ce point. Si vous gardez votre question ou votre préoccupation suffisamment présente à votre conscience, vous commencerez à recevoir les réponses. Elles pourront venir à travers une annonce commerciale à la télévision ou dans une conversation entre amis sur un sujet complètement différent. Vous ne savez pas qui sera le messager, mais si vos antennes restent aux aguets, elles capteront la bonne fréquence. Vous n'avez donc pas besoin de médiums ou autres clairvoyants professionnels pour surseoir à vos responsabilités. Vous êtes seul responsable de la façon dont vous serez guidé, et pour chacun d'entre vous, les expériences seront différentes. Edgar Cayce entrait systématiquement en transe profonde et à son réveil, il ne se souvenait plus d'un mot de ce qu'il avait reçu et dicté comme message[1]. Mais peu importe la façon dont les messages vous parviendront, vous serez aussi responsable de leur mise en application.

Vous pouvez tester, étudier et améliorer vos qualités intuitives, et vous n'êtes pas obligé de croire ni de rejeter quoi que ce soit. Lorsque Stan Jay échangea sa première guitare de collection contre une automobile, il n'a eu besoin de personne pour lui transmettre le message. Un seul indice l'a guidé : c'était beaucoup plus amusant et lucratif de vendre des instruments de musique que de faire ce qu'il faisait avant. Vous aussi pouvez apprendre à vous faire confiance et avoir foi en vos élans ; vous pouvez également recevoir l'aide de professeurs, de thérapeutes et d'autres âmes secourables qui vous respecteront et encourageront votre propre prise de pouvoir.

LA FORCE DE LA LIGNÉE

Peu importe la façon dont vous êtes guidé, les messages sont normalement filtrés par vos conditionnements. Même si vous vous efforcez d'être le plus ouvert possible, il est tout indiqué de vous préparer intérieurement, et plusieurs moyens vous aideront à le faire. Nous avons déjà parlé de la pratique du cercle sacré. Un autre moyen consiste à installer un lieu sacré dans votre maison et à réserver une certaine période de temps chaque jour, question de maintenir le contact intuitif. Après tout, la maison n'est-elle pas le reflet de notre vie intérieure ? Si vous n'avez pas de temps ni d'espace pour accueillir l'Être à la maison, où et quand l'inviterez-vous ? La réorganisation rituelle de la psyché commence dans votre

---

1. Il est intéressant de constater que Cayce considérait ce phénomène de transe profonde comme une forme de pénitence personnelle. À la suite d'une transe réalisée pour lui-même, Cayce attribua ce besoin à la mauvaise utilisation de ce pouvoir dans une incarnation précédente, l'obligeant à mettre son ego de côté chaque fois qu'il désirait se mettre au service d'un d'autre.

demeure et une «anti-carrière» remplie de succès grandit au sein d'une maison équilibrée, qui elle-même est le reflet d'une âme équilibrée. Si vous voulez être transformé par les forces supérieures, il faut leur faire de la place dans votre vie, une place paisible et accueillante qui déclare que le mouvement de la vie est devenu une priorité pour vous, que vous êtes disposé à entendre parler d'un plan peut-être encore plus grand que tout ce que vous pouviez concevoir auparavant.

Il existe une autre manière d'être guidé, soit par le truchement de la connaissance et de l'expérience acquises au fil des ans par un ensemble d'individus aguerris. Je veux ici parler du phénomène de la lignée. La lignée de transmission d'une discipline particulière procure énormément de force à ses membres, au point où l'un des détenteurs de ce pouvoir peut devenir un véhicule ouvert et disponible à tous ceux qui choisissent de lui accorder leur confiance. Le pouvoir de la lignée est plus étendu que ce que nous pouvons ressentir en présence d'une personne d'influence. En fait, un mentor aura simplement de l'influence sur les autres, tandis que pour être investi du pouvoir de la lignée, il doit avoir atteint une certaine maîtrise dans une discipline donnée. Ces individus sont si imprégnés de l'histoire et de la mythologie faisant partie de leur discipline que ces différents éléments agissent en eux et leur confèrent un haut degré de sagesse vivante.

Les médecins, poètes, ingénieurs, ouvriers et artisans voués à leur art deviennent plus que des professionnels. L'engagement et l'ouverture dont ils font preuve vis-à-vis leur discipline font d'eux les récipiendaires d'un savoir qui ne se transmet pas par les livres, par les professeurs ou par l'expérience répétitive. Leur maîtrise les met en contact avec le génie et l'inspiration émergeant des origines de leur connaissance. Un poète dédié à son art ne sera pas seulement en lien avec certains poètes du passé ou avec une école précise de poésie, mais il se sentira également relié au pouvoir de la muse. Les gardiens de la poésie prennent le pas et œuvrent en compagnie de ceux qui se donnent à elle. Voici la vraie récompense offerte à ceux qui aiment leur travail : le travail devient la voie menant à l'unité et à la beauté ; le travail devient un véhicule d'évolution pour l'âme. Travailler est une grâce. Il n'est plus jamais question d'éprouvante nécessité. Vos outils – ciseaux, terreaux, huiles, tissus, claviers – répondent à votre touche. Vous êtes animé, et l'énergie qui vous guide dans votre travail devient elle aussi une grâce. Vous êtes guidé et inspiré parce que vous êtes en mesure d'accueillir la tradition dans laquelle vous vous inscrivez dans toute sa force ; parce que vous êtes aussi capable de l'assimiler et de la perpétuer de la manière unique qui est la vôtre.

La personne qui se donne entièrement à la muse peut ressentir une grande affinité avec les matériaux ou les êtres concernés par son métier. Elle entretiendra une fascination pour le bois ou les animaux ; elle aura vécu très tôt un traumatisme, une maladie ou une expérience quelconque de guérison. C'est une fascination qui évolue et qui peut souvent être décryptée par la métaphore. Par exemple, un intérêt précoce pour les avions, les moteurs et l'assemblage d'objets peut donner place à l'étude de l'ingénierie et, plus tard, à l'étude des structures du corps humain. Une affinité pour les chevaux durant l'enfance peut se traduire métaphoriquement par un amour pour la liberté et la beauté de la nature, ce qui peut mener à une carrière reliée au plein air ou à la conception d'un nouveau type de véhicule motorisé. La métaphore est continuelle. Les possibilités sont infinies.

Lorsque vous vous engagerez vis-à-vis une forme d'art en particulier, vous vous alignerez sur la discipline concernée ou sur votre lignée (éducateurs, hommes d'État, athlètes, astrologues, etc.). Poussé par votre désir (le pouvoir d'eros), vous aurez soif de l'essence de la discipline choisie. L'étude deviendra une exploration et la pratique, un lieu d'affirmation. Avec le temps, viendra la sagesse, c'est-à-dire l'intuition transmise par le biais de l'expérience, de la pratique, des bons coups et des erreurs. La relation elle-même avec la tradition que vous avez choisie grandira. À partir du moment où l'apprenti s'inscrit dans la continuité de la lignée, il ne peut plus se reposer sur des conclusions toutes faites, mais doit être disposé à puiser à même la maîtrise accumulée par ses prédécesseurs, sans pour autant se sentir paralysé par sa forme. Quand nous entrons dans ce rôle, la possibilité d'être séduit et amorti par la sagesse de la lignée nous guette. Nous risquons de succomber au désir de nous abandonner à la tradition ou au maître spirituel, ou bien nous pouvons être mené à croire que *nous sommes* la tradition ou le maître. Nous pouvons enfin nous endormir en reproduisant une formule qui a déjà donné des résultats par le passé, mais qui nous conduit maintenant à perdre le contact avec le présent révélé. C'est la raison pour laquelle le triangle de base est si important. Si votre enracinement est stable et intégral, si vous avez accepté votre humanité, alors l'ego peut entretenir une relation saine avec le monde, un monde à l'intérieur duquel la personnalité, l'individualité et l'unité peuvent coexister. Le paradoxe ne représente plus une menace ; il épouse votre grand cœur et votre ouverture d'esprit.

Méditation du sixième chakra :
La porte ouverte

Concentrez-vous sur votre triangle de base. Votre posture intérieure est alignée sur votre projet de vie, sur vos émotions et sur le courant infini de l'énergie terrestre. Tout en inspirant et en expirant, ressentez l'intégration des éléments terre, eau, feu et air en vous. Suivez l'énergie de votre projet qui monte jusque dans votre cœur, puis qui s'offre au grand Tout.

Toujours en utilisant votre respiration et la force de votre attention, ressentez votre chakra de la gorge qui se déploie pour devenir un magnifique bassin d'énergie bleue. Votre chakra de la gorge se détend et prend de l'expansion. Ressentez votre capacité à parler de votre vérité, à exprimer votre essence. Chaque respiration aligne davantage votre énergie créatrice sur la totalité de qui vous êtes. Imaginez une journée entière – du matin jusqu'au soir – au cours de laquelle chaque geste, chaque action, chaque détail exprime profondément qui vous êtes, votre joie, vos passions, vos convictions. Visualisez-vous en train de vous réveiller, de marcher, de travailler et de vous reposer dans cet espace de beauté. Laissez cette vision se déployer devant vous et goûtez à chacun de ses détails exquis.

Lorsque vous avez terminé, ramenez votre attention sur le rythme de votre respiration, ce mouvement sacré en synchronie avec toute la création. Invitez maintenant l'énergie du souffle à monter jusqu'à votre front.

Inspirez et expirez à partir du sixième chakra – votre troisième œil – localisé entre les sourcils. Ressentez une délicate énergie argentée qui se meut à travers cette fine membrane des plus sensibles. Inspirez, expirez... Permettez-vous de vous détendre, tant et si bien que tout en vous devient maintenant immobile, calme et paisible comme un grand lac d'eau pure, par une belle journée d'automne.

Dans ce lieu d'ouverture et de clarté, imaginez un cylindre d'énergie apparaissant juste au-dessus de votre tête. Par ce cylindre, qui a un peu la forme d'un entonnoir, vous pouvez recevoir de l'inspiration en provenance des forces supérieures de l'existence. Ouvrez-vous à ce niveau subtil d'énergie ; recevez les messages de la façon qui vous convient le mieux. En inspirant, accueillez le flot lumineux d'énergie divine et sentez combien cela vous élève dans la lumière. Votre canal intuitif, si rarement utilisé, s'ouvre maintenant. Goûtez à cette fine lumière céleste qui étincèle. Le rayonnement céleste, la lumière intérieure, la pulsation radieuse de l'existence, circule librement en vous. Cette lumière vous élève et vous invite à connaître les choses d'une nouvelle manière. Elle vous invite à laisser les forces supérieures guider votre action dans le monde. Restez dans cet état aussi longtemps que vous sentirez le courant d'énergie qui circule en vous.

Lorsque vous serez prêt, concentrez-vous à nouveau sur votre respiration. En revenant doucement à la conscience de votre corps, gardez une porte ouverte de façon à pouvoir revenir en ce lieu afin de renouveler et aligner votre vie sur l'énergie du cosmos. Inspirez, expirez... Permettez aux énergies de la terre et aux énergies du ciel de s'épouser au creux de votre cœur. Vous pouvez désormais aller de l'avant en maintenant ce bel équilibre entre ciel et terre, sachant que vous serez guidé et que votre route pourra s'ouvrir devant vous.

10

Septième étape :
À la fin, survient le commencement

J'ai entendu les beaux parleurs parler,
de commencement et de fin,
mais je ne parle pas de commencement
ni de fin.

Walt Whitman, « Song of Myself »

*L*a forme adoptée par le fœtus humain, (le dos arrondi et les pieds touchant la tête) est très symbolique du déroulement de la vie[1]. Sur le plan archétypal, les pieds représentent le signe du Poisson, symbolisant l'eau et la dissolution, tandis que la tête représente le Bélier, signe de feu et de recommencements. La fin et le commencement se rejoignent, ce qui nous ramène au cercle sacré. Nous sommes maintenant complet et éveillé au sein de notre conscience et en même temps, nous nous retrouvons comme au commencement.

Dans les mystérieux textes anciens du Parana, en Inde, on raconte qu'après avoir médité pendant des milliers d'années, le grand sage Markandeya entreprit un pèlerinage jusqu'à la

---

1. Randolph Stone, « *Polarity Therapy : The Complete Collected Works* », vol. 1 (Sebastopol, Calif. : CRCS Publications, 1986).

source de la création. Une fois parvenu sur les lieux, il découvrit, à son grand étonnement, un bébé. C'était Krishna, recroquevillé sur une feuille, en position fœtale, et suçant son gros orteil[1]. À la fin, survient le commencement : le sage rencontre l'enfant et toutes les luttes, tous les efforts obstinément tournés vers soi deviennent tout à coup d'un ridicule hilarant. Si votre chemin professionnel doit refléter la réalité du grand tout, il devra manifester à la fois l'accomplissement et le recommencement.

Le septième chakra, la couronne de la création située au sommet du crâne, fut représenté à la fois comme l'aboutissement de l'expérience humaine et la porte d'entrée pour accéder aux dimensions supérieures. Il peut également être considéré (c'est le cas dans la tradition taoïste) comme le point de retour, le point à partir duquel le mouvement cyclique de l'être entame sa course descendante[2]. Le courrant de vie, qui prenait naissance à la racine, retourne à la racine. Le cycle est complété, sauf que le mouvement cyclique, en lui-même, est sans fin. Ainsi l'on peut dire qu'à la fin, survient le commencement.

La couleur symbolique du septième chakra varie d'une tradition à l'autre. Certaines traditions évoquent le violet, d'autres parlent d'une lumière d'un blanc pur; d'autres encore associent le chakra de la couronne aux couleurs de l'arc-en-ciel. Dans tous les cas, la ou les couleurs choisies symbolisent l'aboutissement. Bien que les cultures diverses entretiennent des idéaux différents quant à ce que constitue l'achèvement de l'expérience humaine, la possibilité de parvenir à l'accomplissement est toujours représentée comme une fin noble couronnant l'effort humain.

---

1. « *Bhagavadgita Purana* », skandha 12 (Gorakhpur, Inde : Gita, 1962).
2. Voir Hua-Ching Ni, « *Tao: The Subtle Universal Law* » (Santa Monica, Calif. : SevenStar Publications, 1995) et « *The Taoist Inner View of the Universe and the Immortal Realm* » (Santa Monica, Calif. : SevenStar Publications, 1979).

Le système de croyance occidental associe l'achèvement à la retraite, une étape qui survient normalement à la fin de la vie. Ayant prétendument atteint l'apogée de ses capacités professionnelles, le retraité peut désormais passer ses journées à jouer au golf ou à la pétanque, et à photographier ses petits-enfants. Un autre mythe entourant la notion de l'accomplissement, dans notre culture, concerne ceux qu'on pourrait appeler les «héros de la croissance personnelle». Après avoir complété quatorze ans d'auto-analyse ou s'être investi dans un grand total de 113 séminaires, quelqu'un pourrait peut-être en conclure qu'il a grandi ou qu'il s'est amélioré, comme si une telle activité perpétuelle pouvait garantir la transformation. Il va sans dire que l'idéal du développement personnel basé sur le temps et l'accumulation des expériences est une épée à double tranchant. La capacité de l'humain à se transformer est tout ce qu'il y a de plus réelle et vitale, mais elle ne peut être forcée ou dirigée. Si votre désir de vous transformer est motivé par l'idée selon laquelle vous n'êtes pas bien exactement comme vous l'êtes en ce moment, vous êtes en train, encore une fois, de reconfigurer le cercle vicieux du manque. Après avoir vécu une vie de saint homme pendant des années, Markandeya découvrit un bébé en train de sucer son gros orteil – pas tout à fait ce qu'il espérait trouver ! Le chemin professionnel conscient diffère donc de la croissance personnelle. Il s'agit d'une voie basée sur l'engagement et au cours de laquelle l'achèvement survient de manière organique. Contrairement aux politiciens et aux génies en quête de prix, le travailleur conscient sait quand il est temps de se retirer de l'arène, car son estime personnelle n'est pas basée sur la notion de performance. Il sait «qu'il existe une autre manière».

Certains cycles sont évidents, dans la vie et dans la progression d'une carrière. Ils méritent tout de même d'être bien reconnus et compris. En général, la vieillesse fait peur; ses possibilités et sa noblesse sont ignorées. Quant à la mort, inutile de dire qu'elle reste tabou. Redouter le moment de la retraite ou encore ne pas laisser les enfants être des enfants en choisissant leur futur collège dès l'âge de cinq ans, sont autant d'exemples illustrant notre ignorance par rapport à l'existence des grands cycles de la nature. La plupart d'entre nous sommes ancrés dans un pattern dès l'âge de vingt-neuf ans et passons le reste de notre vie à faire du surplace.

À propos du cycle de la carrière et de la productivité professionnelle, il importe de faire le point sur le concept de base suivant : si vous vivez et travaillez en fonçant tête première comme une locomotive, sans jamais profiter de quelques pauses en chemin, et sans ressentir la Présence immuable et bien réelle qui vous accompagne en arrière-plan, vous vous retrouverez, à la destination, épuisé, amenuisé et trompé. La fin sera pareille au commencement. Cependant, si vous partez avec l'attrait du Mystère, vous terminerez votre course en ayant la chance de le contempler avec émerveillement. Si vous entamez votre quête professionnelle en vous alignant sur votre intégrité, la joie et l'enrichissement, votre travail fleurira à partir de votre authenticité. En contrepartie, si vous vous considérez comme un survivant universitaire allant de porte en porte pour chercher un emploi comme si vous réclamiez l'aumône, vous deviendrez la victime de tout ce qui peut exister sur terre en matière de compromis.

Au cours de cette dernière étape « anti-carrière », nous nous donnons la chance de clarifier nos intentions professionnelles en relation avec l'éternel présent. Le septième chakra, considéré comme la porte donnant accès aux autres dimensions, est en fait la porte donnant accès à *ce monde-ci*, mais au-delà du voile du manque. Si vous restez attaché toute votre vie à un mode de travail basé sur le sentiment de manque, vous serez inutilement inquiet de l'héritage que vous laisserez au monde. Vous transporterez le lourd fardeau du monde sur vos épaules, au lieu de voyager léger.

Nisargadatta Maharaja, un saint homme vivant à Bombay, gagnait sa vie en fabriquant des cigarettes lorsqu'il finit par atteindre l'illumination. Par la suite, il conserva le même métier. Dans «*Je Suis Cela*» («*I Am That*»), il raconte avoir un jour reçu la visite d'un jeune occidental qui voulait changer le monde. «La seule chose dont le monde a besoin, répliqua Nisargadatta, c'est d'être épargné de vous[1]».

Cette histoire ne nie pas ou ne diminue pas la valeur du travail réalisé dans le domaine du développement économique et social. Ces efforts sont absolument nécessaires. L'histoire racontée par Nisargadatta nous oblige toutefois à clarifier nos intentions. Lorsque le Dr Kevin Cahill, un éminent toxicologue new yorkais, œuvrait en Afrique, il mettait fin à son travail tous les soirs afin de prendre le temps de se détendre et dîner en compagnie des habitants de la région, dégustant de la viande de gazelle et autres spécialités locales. D'autres médecins vinrent travailler dans le même secteur, où la maladie faisait des ravages. Ces médecins s'éreintaient jusque tard le soir et maugréaient contre le Dr Cahill, à qui ils reprochaient en secret de ne pas en faire autant qu'eux. Aucun médecin ne put tenir le coup dans cette zone plus de six mois. Le Dr Cahill y demeura pendant six ans.

Le service à l'humanité, les responsabilités sociales et les réformes auront des effets constructifs seulement dans la mesure où ils seront alignés sur votre personnalité entière. Certaines personnes ressentiront bel et bien un appel les enjoignant à servir sur une large échelle, et la réponse à cet appel leur procurera une profonde satisfaction. Mais cela ne veut pas dire que leur mission surpasse celle des autres. Lorsque vous faites ce que vous aimez sincèrement et que vous vous accommodez parfaitement des circonstances dans lesquelles vous vous trouvez, vous avez déjà atteint un état de complétude. Le reste n'est qu'affaire de déploiement. Vous n'avez pas

---

1. Éd. Sudhakar S. Dikshit, «*I Am That: Talks with Sri Nisargadatta Maharaja*» (Bombay: Chetana Press, 1973).

à trouver votre mission. Elle se trouve déjà en vous, au même titre que l'arbre est déjà contenu dans la graine. Votre prochaine mission se déploiera en son temps, si vous acceptez tout simplement de vous retirer de son chemin.

Votre héritage se trouve dans les gestes simples d'amour et de dévouement qui risquent de passer inaperçus, mais qui créeront néanmoins une empreinte menant à la transformation du monde. Tant que nous ne comprendrons pas que la fin nous ramène au commencement, notre carrière portera toujours le poids de notre ancienne croyance voulant que le travail soit une malédiction. Nous n'accéderons jamais au jeu, à l'esprit éminemment ludique de la vie.

ISSU D'UNE SOURCE PARFAITE ; EN ROUTE VERS UN BUT PARFAIT

«Issu d'une source parfaite; en route vers un but parfait». Ce titre exprime une vérité, au sujet de l'accomplissement, qu'il est difficile de comprendre. *Nous sommes issus d'une source parfaite*. La perfection est une réalité à considérer. Avez-vous remarqué combien il est facile de repérer l'imperfection ? Nous en subissons tous les assauts chaque jour. Être en mesure de concevoir la perfection et de percevoir simultanément la perfection au-delà des apparences sans se gonfler d'orgueil, c'est une autre paire de manches et en même temps, cela relève de la simplicité. Comme le disait Eileen Caddy, co-fondatrice du village de Findhorn en Écosse, «cela est extraordinairement ordinaire». Whitman voyait la même perfection en toute chose et écrivit :

Il existe un monde conscient,
De loin le plus grand selon moi,
Et c'est moi-même.
Que je parvienne à moi-même
Aujourd'hui, dans dix mille ou dix millions d'années,
Je peux l'accueillir avec joie maintenant

*Ou, avec le même entrain,
Attendre encore[1].*

La perfection est notre but et cela n'a rien à voir avec la recherche de l'excellence, l'idéalisme ou la folie. La perfection constitue notre but parce qu'elle est notre source. À l'étape du septième chakra, nous apprivoisons la réalité bidimensionnelle de la causalité et de « l'acausalité ». Ici, nous entrons dans l'achèvement sans avoir commencé. Nous pénétrons dans le monde linéaire tout en reconnaissant le non-linéaire. Nous abandonnons le besoin de créer des mélodrames et acceptons la présence du jeu.

Selon la notion indienne de *lila*, le monde est le jeu de Dieu. Martin Buber s'objecta à ce concept lorsqu'il en entendit parler, rétorquant que le monde n'était pas le jeu divin, mais bien la fatalité divine. Quoiqu'il en soit, la validité de notre histoire personnelle ne doit pas être remise en cause par lila. Au contraire, notre travail, notre parcours et notre monde sont transfigurés lorsque nous retirons l'épine de l'apitoiement de notre pied. Le poids de notre destin – fut-il tragique, comique ou d'un ennui mortel – se volatilise lorsque nous découvrons et ressentons le bébé suçant son orteil. Nous devons encore bûcher notre bois et puiser notre eau, mais plutôt que de nous sentir vide, nous nous sentons comblé. Lorsque nous sommes comblé, nous n'avons besoin d'aller nulle part, ni besoin d'accomplir quoi que ce soit ; pas de drame, pas de grande cause ou de mission, ni de maladie pour nous nourrir. Il n'y a aucune raison de travailler et aucune raison de ne pas le faire.

Nous pouvons expérimenter l'énergie du septième chakra dans le désespoir ou dans la joie. Le côté sombre du septième chakra est en effet le nihilisme. Dans l'aboutissement nihiliste, il n'y a plus de sens, plus de futur. À l'opposé de la conclusion nihiliste, se trouve le jeu. Dans l'énergie pure du

---

1. Walt Whitman, « *Song of Myself* » dans « *Leaves of Grass and Selected Prose* », 40.

septième chakra, il n'y a pas de sens, pas de futur, pas de grands mélodrames, parce que toute chose possède son propre sens. L'accomplissement est dans le faire. Nous ne sommes plus des entités séparées qui se débattent. En fait, nous faisons partie de l'orchestre et tout le monde joue ensemble. Nous célébrons ce jour dans toute sa splendeur et lorsque demain viendra, nous le célébrerons aussi, car en notre propre fin se trouve notre commencement. Certes, nous avons fait confiance et nous avons été trahi ; quand les protestations et les plaintes se sont tues, nous en avons suivi la trace, ce qui nous a conduit tout au fond du labyrinthe. C'est alors que le fond du labyrinthe s'est désintégré et que l'éternel commencement a soudainement surgi au creux de notre main.

11

Offrir notre travail
Au monde

L'idéal de « l'emploi parfait », si souvent véhiculé dans notre culture, n'est évidemment qu'un leurre. Remarquez tout de même combien il est tentant d'y croire. Nous sommes souvent séduits à l'idée de trouver des solutions toutes faites. Le plus vous succomberez à ce type de pensées, le plus vous aurez besoin de poursuivre le travail au niveau du premier chakra, c'est-à-dire remplacer l'impression de manque par le sentiment d'abondance.

Le fait est que vous ne trouverez jamais l'emploi parfait, comme vous ne trouverez jamais le compagnon ou la compagne parfait(e). Ces illusions relèvent de l'idéal adolescent qui domine de plus en plus notre culture. Par conséquent, il est de plus en plus difficile de concevoir un style de vie différent du modèle actuel, qui lui, est basé sur la performance et sur un point de vue linéaire. Nous devons donner une nouvelle image à la recherche d'emploi et nous ouvrir à de nouvelles façons d'être en relation avec le travail, l'argent et le système économique. Lorsque vous aurez opéré ce changement de perspective, vous découvrirez que c'est votre futur emploi qui vous trouve. Vous aurez créé un nouvel espace

autour de vous et envisagé de nouvelles possibilités vous conduisant éventuellement vers de nouvelles opportunités.

Les divers éléments d'information abordés à travers le
modèle des chakras vous ont été présentées de manière à pouvoir facilement être incluses dans vos méditations. Si, sur une
base quotidienne, vous alignez chaque centre énergétique sur
le soutien aux autres, vous entrerez dans le processus de
manifestation de l'authenticité plutôt que de rester confiné au
niveau discursif de l'action désordonnée et des rêves non réalisés.

Au cours des prochains chapitres, j'aborde la question de
la création d'un emploi à partir des priorités et des désirs.
Pour que cela se fasse, vous devez avoir bien intégré le processus d'alignement. La méditation qui va suivre vous guidera à travers chacun des chakras et leurs particularités. En
l'incluant dans votre routine quotidienne, vous pourrez pré-
venir les rechutes dans la spirale négative des comportements
réactionnels basés sur la peur. De cette manière, vous entreprendrez chaque journée en focalisant à nouveau et en réaffir-
mant votre alignement, tout en vous préparant à créer votre
juste place dans le monde du travail. En matérialisant votre
vision sur le plan intérieur, vous ouvrirez un chemin menant à
la manifestation physique. Les amorces de manifestation qui
en découleront risquent de ne pas correspondre précisément à
votre vision intérieure, car l'énergie visionnaire est métaphorique. Cependant, ces chemins vont faire apparaître des possibilités nouvelles menant bel et bien à la manifestation de vos
priorités.

Commencez par déterminer un lieu et un temps où vous
pourrez être tranquille pendant au moins vingt minutes. Ce
moment est consacré à votre être intérieur. Il ne doit pas être
interrompu par le téléphone ou tout autre distraction. Installez-
vous confortablement en position assise de façon à ce que vos
pieds ou votre fessier et vos genoux puissent être en contact

avec le sol. Assurez-vous que votre colonne vertébrale est bien droite, sans rigidité. Laissez ensuite la relaxation s'installer en commençant par la détente physique. Détendez ensuite votre corps émotionnel, puis vos pensées.

En inspirant et en expirant, accueillez le précieux cadeau que constituent l'air et son énergie électromagnétique. Remarquez les zones de tension dans votre corps. Doucement et avec attention, inspirez et expirez à partir de ces points de tension et laissez le flot d'énergie les dénouer et les revivifier. Il est inutile de chercher à chasser l'inconfort ressenti dans votre champ énergétique ou dans votre corps. Ne cherchez pas non plus à provoquer quelque expérience que ce soit. Ayez foi en la vie ; investiguez et écoutez. Laissez chaque aspect de la méditation se révéler à sa manière.

Méditation d'alignement

Soyez attentif à votre contact avec le sol. Voyez si vous êtes en lutte avec la terre : essayez-vous de tirer son énergie ou tentez-vous de pousser vers elle ? Il n'y a pas d'effort à faire. Laissez simplement la terre vous soutenir. Son énergie remplit votre corps en pénétrant par le bas, comme une plante accueillant la montée de sa précieuse sève. Permettez à l'énergie de la terre de vous imprégner et de vous stabiliser. Dirigez maintenant votre attention vers le premier chakra, chakra de la racine, élément « terre », localisé dans la zone du coccyx. Inspirez et expirez à partir du premier chakra et ressentez cette connexion terrestre. Laissez une image symbolisant l'énergie de la terre venir jusqu'à vous. Cette image, qui est là pour vous procurer de la force, vous habite maintenant (ce peut être un bloc de granit ou une émeraude finement taillée). Remarquez la couleur de votre énergie de la terre et laissez-la vous nourrir en circulant dans tout votre être. Inspirez, expirez... Vous êtes entièrement connecté à la terre et à ce qu'elle dégage. Graduellement, votre respiration descend plus bas, toujours plus bas, encourageant votre centre de gravité à céder, jusqu'à ce que vous lâchiez totalement prise et que vous soyez complètement soutenu par la terre.

Reconnaissez la plénitude qui apparaît lorsque vous êtes qui vous êtes, lorsque vous êtes une partie organique du grand tout. Ressentez cette plénitude dans votre corps. Ressentez le courant d'énergie qui monte et qui descend avec la respiration. Votre souffle est en lien étroit avec l'énergie universelle d'expansion et de contraction, avec les marées et leur mouvement qui monte et qui descend en vous et tout autour de vous. Ressentez le corps de la vie, la patience infinie, la force inouïe, ce vaste espace qu'on appelle la Terre. Vous faites UN avec elle ; vous êtes capable de vous connecter avec elle, de recevoir ce qu'elle a à donner et de fusionner avec sa vie. Vous savez que vous appartenez à ce monde au même titre qu'elle ; vous êtes toujours en contact avec sa densité, sa patience, sa force, sa fougue et son silence. Sachez que vous faites partie de cet ensemble et que votre place est unique et spéciale. Faire UN avec l'univers, avec ses délicieuses ténèbres, sa plénitude et son mouvement qui pénètre en toute chose ; voilà la semence de votre commencement.

Votre attention se porte maintenant vers le deuxième chakra, l'espace relié à l'élément « eau » situé devant le sacrum. Inspirez et expirez depuis ce chakra, laissant votre être se faire imprégner d'une douce sensation liquide. C'est ici que vous entrez en contact avec votre vie affective, avec la culpabilité enfouie, avec vos espoirs et avec votre passé ; vous touchez également à l'histoire matriarcale de la planète. C'est aussi dans cet espace que vous vous inscrivez dans les cycles de la vie, le flux et le reflux, les rythmes qui conviennent parfaitement à votre existence biologique.

À partir du deuxième chakra, retournez dans votre passé et voyez les chemins que vous avez empruntés et ceux que vous n'avez pas empruntés ; les routes sur lesquelles vous avez marché, celles qui vous ont apporté de la joie et celles qui vous ont apporté de la tristesse. Laissez-vous emporter par votre histoire passée. Si vous faites face à un blocage, faites appel à un guide qui vous prendra par la main et vous montrera les choses que vous avez réellement aimé faire,

*les endroits où vous avez réellement aimé être, les causes pour les-
quelles vous vous êtes passionné.*

*Retournez jusqu'au tout premier moment de votre existence,
lorsque l'étonnement d'être en vie vous a envahi, lorsque vous vous
êtes dit : « Maintenant je sais ce que je suis appelé à vivre ».
Souvenez-vous de l'impact ressenti dans votre corps face à cette
vision ; retrouvez ce que cela a provoqué en vous, retrouvez les
odeurs, les formes, les couleurs... Donnez-vous le temps de goûter à
ce souvenir et d'être entièrement plongé dans ce monde de sensations.*

*Pensez à une chose que vous pourriez faire chaque jour afin
d'exprimer cette passion. Ce peut être n'importe quoi : arroser une
plante, faire du yoga pendant une heure ou envoyer des lettres à des
politiciens. Peu importe sa nature, permettez à cette activité de se
manifester d'abord dans votre esprit et enfin dans votre vie. Chaque
jour, puissiez-vous poser au moins un geste déclarant au monde : « Je
suis ici afin de manifester ma joie. Je suis ici afin d'exprimer mes passions et ma raison d'être ».*

*Nous passons maintenant du domaine de l'eau à celui du feu, le
troisième chakra localisé dans le plexus solaire. Ressentez la puissance bien réelle du feu à l'intérieur de vous. Laissez-le enflammer et
consumer vos hésitations, vos bagages inutiles, les scories qui vous
alourdissent. Laissez le feu réduire en cendres les accumulations
extérieures : projets, relations et lieux qui ne font plus partie de vos
passions. Que votre feu brille et nourrisse votre volonté pure. Votre
volonté et vos objectifs sont clairs parce que ce que vous voulez est en
accord avec la vie.*

*Observez les pensées, les actions et les émotions qui vous ont
tenu occupé ces six derniers mois. Laissez maintenant vos priorités
actuelles monter lentement à la surface. À quoi avez-vous réellement
consacré votre temps, ces six derniers mois ? Qu'avez-vous vu constamment apparaître dans vos rêves, vos visions et vos fantasmes ? À
quoi résistiez-vous ? Qu'avez-vous envié aux autres ? À quoi devez-
vous maintenant vous consacrer par-dessus toute chose ? Sur quoi*

devez-vous travailler en priorité? Ne forcez pas la réponse; laissez votre triangle de base arranger les choses à sa propre manière. Si vous n'arrivez pas à formuler votre première priorité, ne provoquez rien. Accueillez l'incertitude en restant attentif et ouvert. Ressentez la puissance de l'inconnu qui se tient juste de l'autre côté de la porte et sachez que cela se manifestera en son temps. Ramenez votre attention à votre plexus solaire; ressentez son énergie vous conférer le pouvoir de choisir une direction en fonction de votre intégrité et non en fonction de la peur. Grâce à cette énergie concentrée comme un rayon laser, pointez dans la direction que vous venez de choisir.

Une fois bien établi dans la force de votre essence, de vos sentiments et de votre volonté, invitez l'énergie à monter lentement. Le royaume céleste vous invite doucement jusqu'au centre de votre cœur. Inspirez et expirez à partir du chakra du cœur. Tandis que vous pouvez sentir la caresse physique de l'air dans vos narines, sachez que vous êtes aussi en contact avec ses éléments les plus subtils. Votre respiration a permis la détente de votre corps. De la même manière, faites-la maintenant circuler en votre cœur et tout autour de lui, créant une chaleur bienfaisante dans le centre de votre poitrine. Votre chakra du cœur s'ouvre doucement comme les pétales d'une fleur, ce qui permet désormais à son énergie de rayonner vers l'extérieur. Accueillez l'énergie émanant du centre profond de votre cœur, l'énergie du cœur collectif de tous les êtres. Cette interconnexion vous pénètre, à mesure que vous entrez dans la pulsation du don et de l'accueil. À chaque inspiration, accueillez l'abondance de la vie. À chaque expiration, partagez ses richesses avec le monde. Afin de participer pleinement à ce mouvement universel de don et d'accueil, invitez trois personnes dans votre champ vibratoire et offrez-leur votre soutien inconditionnel. N'essayez pas de les guérir ou de les changer d'aucune façon. Partagez simplement votre essence à partir de votre cœur jusqu'au leur, en étant conscient de l'existence de l'unité et de l'amour.

Inspirez, expirez depuis le centre du cœur, établissant le mouvement fluide qui existe entre donner et recevoir. Laissez votre cœur devenir plus léger et plus tendre. Votre cœur enveloppe toute chose.

*Si vous éprouvez des difficultés dans une relation, accueillez douce-
ment cette personne au sein de votre cœur, l'acceptant telle qu'elle
est, et vous acceptant tel que vous êtes. Permettez à l'énergie de vie de
guérir la blessure. Lorsque vous ouvrez votre cœur, vous vous ouvrez
à votre vulnérabilité et, conséquemment, à la grâce. Vous n'êtes plus
jamais en manque désespéré de quelque chose ou de quelqu'un, et
parce que vous avez créé un espace accordant du soutien à l'existence, vous êtes soutenu de différentes façons et souvent, de la
manière la plus inattendue. Laissez venir un sentiment de gratitude
pour les merveilles de la vie et laissez cette sensation s'établir en
vous. Elle s'approfondira par elle-même. Elle fera de l'espace pour
l'amour, l'amour qui provient de la source et qui est transmis par le
cœur profond.*

*Quelle que soit votre priorité, permettez qu'elle soit filtrée par le
chakra du cœur. Demandez : « Comment mon projet pourrait-il
exprimer et soutenir le cœur des cœurs ? Comment mon projet
pourrait-il servir le grand tout ? ». Ressentez les rythmes subtils qui
parcourent votre être, nourrissant les semences de la vision qui sera
votre réponse.*

*Maintenant, permettez à cette énergie de monter jusqu'au
centre de la gorge. C'est un endroit spacieux, comme un grand ciel
bleu qui s'ouvre et s'ouvre encore, grâce à la vision émergeant de
votre cœur qui pousse par elle-même avec tout son potentiel. Inspirez
et expirez depuis le chakra de la gorge, laissant votre imagination se
libérer de toute contrainte. Votre énergie s'envole vers le futur afin
d'en rapporter le message. Sur votre écran intérieur, ou bien à partir
du centre de votre cœur, voyez comment votre vision pourrait
prendre forme. À quoi pourrait-elle ressembler ? Si vous êtes surpris,
tant mieux ! C'est que vous laissez votre faculté visionnaire vous
guider. Il est inutile de porter des jugements. Laissez le futur entrer
et vous prendre par la main. Souvenez-vous que ce que vous voyez
est du ressort de la possibilité et non de la fatalité. Votre vision pourra
peut-être vous montrer des routes qui ne méritent pas d'être
empruntées ou les patterns improductifs que vous avez entretenus
par le passé. Vous risquez de ne rien voir du tout. Cela aussi est*

parfait, car l'imagination se retrouve parfois comme une terre en friche. Peu importe ce que votre vision provoque comme pensées ou sentiments, ayez foi en elle. Faites quelques pas en arrière et constatez combien elle est soutenue par votre cœur généreux, par la clarté de votre but, par vos sentiments réels et par l'énergie de la planète. Ressentez cet alignement et ouvrez-vous à ce qui se trouve au-delà de votre esprit conscient.

Vous êtes maintenant prêt à laissez monter l'énergie jusqu'au sixième chakra, derrière la ligne des sourcils. En inspirant et en expirant, vous sentirez peut-être la pulsation de l'énergie au centre de votre tête, ou peut-être sentirez-vous la lumière inondant cette région. N'ayez crainte d'entrer dans l'expérience. Accueillez les messages qui pourront vous guider, de la façon qui vous convient le mieux. Ouvrez votre esprit et votre cœur afin d'être bien guidé par les forces du bien les plus élevées. Demandez à ce que votre vision soit alignée avec la vision universelle, que vous soyez guidé vers le bon endroit, au bon moment, dans le but de servir et d'aimer. Ne succombez jamais à l'idée que vous ne méritez pas d'être guidé ou que vous avez besoin de quelqu'un d'autre pour jouer ce rôle à votre place. Vous avez votre juste place dans le monde et cette place vous sera accordée lorsque vous le demanderez. Les mondes intérieurs sont régis par la loi de la non-ingérence. On vous guidera seulement si vous en faites la requête.

Inspirez et expirez à partir de cet espace inondé de lumière et permettez aux énergies supérieures de circuler dans tout votre être. Sachez que c'est un droit inné, chez les humains, que d'être en contact avec ce niveau de communication universelle. Ce n'est pas une affaire de religion, de croyance ou de théorie; il s'agit simplement d'honorer l'appel ardent et profond de votre âme.

Inspirez et expirez, puis laissez l'énergie compléter son circuit dans le chakra de la couronne. L'énergie monte jusqu'au sommet de votre crâne et descend à travers tout votre système, puisant à même le ciel et la terre. Ce mouvement circulatoire trouve son point d'équilibre dans le cœur. Ressentez ce lieu qui se trouve au-delà de l'espace ;

soyez dans cet instant caché derrière le cours du temps. Reposez-vous, soyez en paix, faites UN avec tout ce qui fut et tout ce qui sera. À la fin survient le commencement. Dans cet instant présent, se trouve la plénitude. Ici, maintenant, il n'y a nulle part où aller, personne à devenir. Ici, immédiatement, tout de suite, se vit le commencement, le grand jeu de l'existence.

Inspirez, expirez... Invitez le mouvement circulatoire à vous imprégner tout entier de sa puissance. Lorsque vous vous sentirez prêt à réintégrer votre corps physique, procédez lentement et de votre propre chef. Laissez l'énergie redescendre graduellement, en prenant soin de vérifier votre alignement à chaque niveau. Ce flot descendant d'énergie harmonise, à son passage, vos pensées avec vos émotions et votre corps ; il vous harmonise doucement jusqu'au creux de vos cellules.

L'énergie se rétablit toute seule et à sa manière. Retrouvez votre contact avec le sol. Inspirez et expirez en expérimentant la consolidation de votre alignement au sein de votre corps physique. Vous êtes prêt à retourner dans le monde et à être l'être divin que vous êtes. Votre prochaine mission est en préparation ; les circonstances reflétant vos dispositions intérieures sont en train de se mettre en place. À tout moment durant la journée, vous pouvez rapidement reprendre contact avec votre priorité, avec votre idéal et avec les forces qui agissent discrètement en vous et autour de vous, vous inspirant à prendre consciemment votre juste place dans le grand jeu de l'existence.

QUATRE CLEFS « ANTI-CARRIÈRE »

Le fait de pratiquer la méditation d'alignement sur une base quotidienne pave la voie à la transformation de votre vie professionnelle. La patience est de mise, car l'alignement résulte généralement de la rencontre avec vos diverses résistances et du travail que vous effectuerez sur elles. Vous pourriez, par exemple, penser que vous êtes venu à bout du sentiment de manque pour vous retrouver ensuite face à face avec un nouveau défi relié à cette même problématique. Plus vous serez en mesure de clarifier votre énergie, plus vous serez prêt à vous retrousser les manches et à vous attaquer à des patterns profonds et complexes. À mesure que chaque nouveau défi vous conduira vers un plus grand alignement, vous vous rapprocherez davantage de votre puissance. On ne peut pas dire que ce processus a une fin, mais à chaque fois qu'une zone de méfiance se dévoile, vous accédez à un niveau plus profond de participation consciente avec l'énergie universelle, et ce progrès est en lui-même une source constante de renouveau.

Vous êtes maintenant prêt à compléter ces différentes réflexions et méditations par une application pratique des concepts «anti-carrière» dans le monde du travail. L'objectif est de créer une situation professionnelle qui vous permettra de vous sentir bien dans votre peau, d'amener toutes les facettes de votre être à pointer dans la même direction, le monde intérieur supportant le monde extérieur, et le monde extérieur nourrissant le monde intérieur.

Les chapitres suivants seront consacrés à quatre grandes clefs permettant de transformer un rêve en une réalité concrète. J'associe ces principes à quatre déesses du panthéon grec de façon à nous rappeler que le travail n'est jamais séparé des grandes forces de l'univers. La mythologie entourant ces quatre déesses vise à nous faire comprendre quels sont les ingrédients, attitudes et pratiques nécessaires afin d'instaurer un travail authentique dans votre vie.

Même si elles font partie du panthéon grec, notre culture a eu tendance à négliger ces déesses astéroïdes jusqu'à tout récemment. Leur retour sur la scène psycho-mythologique pourrait correspondre à la montée du pouvoir féminin dans la conscience collective contemporaine[1]. Nous en avons déjà

---

1. Je dois beaucoup à Eleanor Bach, un de mes mentors dans le domaine de l'astrologie qu'on appelait aussi «la dame astréoïde». Elle m'a fait connaître les astéroïdes et a partagé avec moi le fruit de ses recherches personnelles sur leurs correspondances.

discuté : c'est le côté féminin de notre conscience qui se doit d'être mieux écouté et développé, dans le processus « anti-carrière ». Cependant, les déesses astéroïdes se situent au-delà de la distinction entre le féminin et le masculin. Elles pointent simplement en direction des qualités qu'il faut développer, autant sur les plans personnel qu'institutionnel, afin de goûter au sentiment de plénitude dans le travail. Les quatre asté-roïdes majeures sont Vesta, déesse de la terre ; Pallas Athéna, déesse de la sagesse ; Junon, déesse des relations, de la famille et du service ; et enfin Cérès, déesse de l'agriculture, de la nutrition et des soins attentionnés. Mon intention n'est pas de présenter ces déesses en tant qu'archétypes des comporte-ments humains. Je leur ai plutôt demandé de faire rayonner leur énergie et leur influence sur le projet sacré que constitue le réalignement du travail sur l'âme.

12

Investissez dans votre idéal

Ce qu'il y a de plus important à développer et à utiliser, dans l'instauration d'une «anti-carrière», c'est le maintien d'une énergie vibrante et dynamique. Si vous avez fait le travail suggéré chakra par chakra et que vous avez dégagé votre priorité, vous avez l'avantage additionnel de détenir une énergie focalisée. Si vous êtes prêt à matérialiser votre priorité, il convient maintenant d'actualiser cette énergie focalisée de façon bien tangible et constructive. Ce qui vous procure de la force dans votre travail, c'est le courage de choisir d'être qui vous êtes vraiment, de même que l'engagement que vous avez pris d'agir selon vos valeurs.

Cette combinaison *courage-engagement* peut être considérée comme un investissement. Il est ici question de bien plus que le simple placement de fonds dans un projet que l'on espère voir fructifier. L'investissement comporte un facteur de risque ; il requiert donc le courage de diriger votre énergie vers ce en quoi vous croyez. Dans le recherche d'un emploi, votre gage de succès réside dans le fait de passer de l'idéalisme à l'investissement de votre vie dans vos idéaux. Ainsi donc, le premier pas dans la création d'une situation professionnelle qui nourrira votre âme est d'être prêt à prendre le risque d'investir dans vous-même et dans votre vérité.

Les exemples puisés dans la mythologie servent à illustrer l'aspect multidimensionnel d'un concept comme celui de l'investissement, qui contient en lui-même de nombreuses connotations financières. C'est précisément la raison pour laquelle j'utilise ce terme, car une «anti-carrière» réussie combine le mythe (dans son sens large) et la finance ; autrement dit : les profondeurs de la psyché et la fonctionnalité pragmatique. Favoriser l'un ou l'autre de ces aspects nous ramènerait au beau milieu du problème qui nous a tenu occupé jusqu'ici. Que nous parlions d'argent tout en négligeant l'âme ou de l'âme tout en négligeant l'argent, d'une manière ou d'une autre, nous souffrirons et nous en paieront chèrement le prix.

L'image mythique que j'utilise pour illustrer la nouvelle manière de considérer l'investissement est celle de la déesse romaine Vesta, déesse du feu sacré et de la terre. Sa lumière et sa chaleur nous inspirent et éclairent notre chemin. Vesta est la prêtresse sacrée nous permettant d'extérioriser le feu primordial qui couve en nous.

Avant de larguer les amarres afin de vous lancer à la recherche d'emploi, vous devez passer par l'examen de Vesta. Après avoir répondu à ses questions, vous saurez combien vous êtes prêt à investir, de quelle façon et où vous allez le faire. Le feu sacré fait-il partie de votre vie ? Le feu doit être bien présent en vous avant de pouvoir illuminer votre demeure, puis être mis au service de votre vie professionnelle. Le feu sacré, c'est l'énergie de motivation primordiale, qui se transforme par la suite en intention consciente. Il génère également la loyauté et la confiance, deux qualités abondamment utilisées par le passé afin de décrire le lien idéal devant exister entre l'individu et l'institution (une entreprise ou une nation). Mais ces qualités réfèrent en fait à quelque chose de plus fondamental, car une constance sincère et véritable va de soi lorsque nous croyons profondément en ce que nous faisons.

Vesta gouverne donc la notion d'investissement dans le défi qu'elle pose de consacrer vos énergies à ce qui est vital pour vous. Avec elle, vous n'investissez pas seulement de l'argent ; vous investissez également du temps, de l'attention et de l'imagination. En quel lieu ou de quelle façon êtes-vous disposé à investir ses énergies ? Si vous désirez mettre sur pied une entreprise, il faut passer par un investissement majeur de capitaux. Si vous voulez créer un emploi à votre goût, sans toutefois être prêt à investir de votre précieux temps (et non à le faire par « temps perdu »), pensez-y à deux fois, car Vesta exige une bonne dose de dévouement et de concentration.

Ce type d'énergie concentrée était autrefois caractéristique du rôle de la vestale. La qualité prépondérante de cette prêtresse ancienne n'était pas son abstinence sexuelle, mais plutôt son dévouement entier au temple de la déesse. Cette vierge des temps anciens initiait peut-être les hommes par le biais de sa sexualité, mais elle n'abandonnait jamais son chemin de vie pour un homme. Ses vœux prononcés envers la déesse étaient son unique but. En ce qui vous concerne, il convient de vous consacrer avec le même esprit de dévouement envers vos idéaux, si vous voulez qu'ils se concrétisent. Vous pouvez désormais comprendre pourquoi il est si important de passer par le processus d'alignement : si votre projet (ce sur quoi vous choisissez de focaliser votre énergie) n'est pas aligné sur la foi en vous-même, vous vous égarerez dans les détours, les obsessions et autres syndromes exigeant de vous que vous amputiez une partie de vous-même afin d'obtenir du succès. La vierge vestale est entièrement vouée à sa cause et elle n'est pas amputée. Elle nous rappelle que les buts que nous visons nous appartiennent.

En résumé, le mot *investissement* concerne tout ce qui a du sens pour vous. C'est ce que vous gardez de précieux, le secret que vous ne partagerez qu'avec ceux en qui vous pouvez faire véritablement confiance. Le mot *intérêt* peut être compris comme étant la mesure du retour sur l'investissement, mais il rappelle aussi l'expression anglaise « *in trust* », qui signifie « en confiance ». Le retour que vous recevrez sur votre investissement « anti-carrière » sera proportionnel à votre engagement et à la confiance que vous placerez en vous-même[1].

Les questions primordiales suivantes découlent de ces dernières prises de conscience : Quel est votre idéal ? Qu'est-ce qui compte le plus pour vous en cette vie ? Qu'est-ce qui allume votre feu sacré ? Est-ce Dieu, la nation, la famille, la musique, la nature, la richesse, l'athlétisme, la justice, la conscience, le pouvoir, la guérison, la gloire, la poésie, la créativité, la haute vitesse, le sexe, l'humour, la culture ? À quel « dieu » êtes-vous prêt à vouer la prochaine étape de votre vie ? La liste est sans fin, et vous devez être clair avec Vesta, parce que si vous investissez en un lieu où votre feu sacré ne brûle pas, vous passerez le reste de votre temps à jouer au chat et à la souris et à espérer vous amuser un peu par temps perdu. Tout accomplissement qui en vaut la peine requiert le feu de Vesta. Lorsque vous vous placez sous sa chaude protection, lorsque vous vous engagez à entrer dans son temple sacré, Vesta se charge de votre feu et commence à extérioriser votre idéal, lui donnant une forme concrète.

Vesta est aussi déesse de la terre. Son feu sacré en est un de communion, et le niveau de communion qui se manifestera dans votre vie dépendra de la façon dont vous pénétrerez dans le feu de Vesta. Vesta peut réunir les gens autour de valeurs communes, plutôt que par les liens du sang, les traits de personnalité ou les opportunités individuelles. Le dévouement partagé envers une cause peut susciter le meilleur chez les gens ; il peut conférer une énergie à un groupe avec laquelle aucun projet visant des intérêts personnels ne peut rivaliser. Il convient de se consacrer au principe de Vesta en

---

1. Cette nouvelle manière d'interpréter le mot *intérêt* fut récemment porté à mon attention par un participant, dans le cadre d'un atelier anti-carrière offert au *Kirkridge Spiritual Retreat Center* de Bangor, en Pennsylvanie.

premier lieu, que votre travail se situe sur le plan individuel ou institutionnel.

Dans la plupart des organisations actuelles (corporations, municipalités, universités), vous verrez que la flamme de Vesta se manifeste à l'occasion, mais qu'elle ne brûle pas fièrement. Le dévouement véritable est très peu partagé entre les membres de la direction et les travailleurs, ou entre les étudiants, la faculté et les administrateurs. La productivité dépend presque exclusivement de la rétribution individuelle. Il n'y a rien de mal à recevoir une compensation pour le temps qu'un individu passe au travail, mais lorsque les gens doivent être contraints à l'effort en échange de semaines de vacances ou de bénéfices quelconques, il est difficile de rassembler les sentiments de loyauté ou de fierté autour d'un objectif commun. Les grèves récentes dans les mondes du hockey et du baseball ont donné le coup de grâce au mythe qui glorifiait jusque-là le sport professionnel. De la même manière, lorsque de larges portions d'une université sont achetées par des corporations motivées par leurs propres ambitions, lorsque l'enseignement est privé de son sens profond et lorsque les étudiants sont perçus tout bonnement comme des clients, on peut dire adieu au sentiment de loyauté que les étudiants ont pu autrefois éprouver envers leur école.

Investir fortement dans un principe ne signifie pas qu'on doive se conformer à une vision unique. Tout ce qu'il faut, c'est la participation honnête, ouverte et entière de tous ceux qui font partie de l'entreprise ou de l'institution. Lorsque le but est formulé et qu'un certain consensus est atteint, Vesta brille de tous ses feux et plusieurs ont envie de servir. Ainsi, avant de vous lancer dans un projet, qu'il soit personnel ou professionnel, le feu sacré doit être reconnu, la mission précisée et le degré d'investissement volontaire de tous les participants clarifié.

L'exercice suivant ressemble à l'élaboration d'une mission d'entreprise. L'énoncé de mission se situe tout à fait dans l'esprit de Vesta. Il est idéal pour tout groupe désirant se rallier autour d'un objectif commun. Traditionnellement, le pacte de Vesta se signait avec le sang. Si vous êtes prêt à signer de votre propre sang, vous êtes prêt à vous investir dans votre travail.

Exercice sur l'investissement

Prenez congé pour une journée entière et mettez le cap sur un endroit où vous sentez que vous puiserez de la force et de l'inspiration. Ce peut aussi bien être votre pièce favorite de la maison, que la forêt ou la plage. Ce qui compte, c'est que ce lieu entre en résonance avec ce qu'il y a de meilleur en vous. Apportez du matériel pour écrire: stylos de différentes couleurs et une grande feuille de papier ou de carton. Le lieu où vous allez procéder à cet exercice est important, car il est question de créer un espace pouvant contribuer à votre investissement idéal. Souvenez-vous: le principe de base de l'organisation du temps, c'est l'espace. Lorsque vous prenez le temps de vous concentrez sur votre investissement le plus précieux, vous devez aménager l'espace nécessaire.

Passez au moins une heure à «ne rien faire», question de bien vous acclimater à votre lieu. Vous pouvez en profiter pour pratiquer la méditation de l'alignement, telle que proposée à la fin du chapitre 11. Lorsque vous vous sentez suffisamment stable, concentrez-vous sur votre priorité des six prochains mois. Il sera peut-être opportun de faire passer votre priorité par les différentes loges de la Roue de médecine une fois de plus, afin de vérifier son alignement. Durant cette période de relaxation, vous pourriez en effet réaliser que votre priorité n'est pas du tout une priorité.

Lorsque vous serez convaincu de votre choix, dessinez trois cercles concentriques et inscrivez votre priorité dans le cercle du centre. Maintenant, réécrivez votre priorité en termes professionnels bien concrets, ce qui pourra lui donner une forme. Peu importe votre priorité, il faut pouvoir la traduire dans un langage relatif à un projet, un produit ou un service. Il s'agit d'une étape essentielle afin de faire entrer votre rêve dans le monde. Le vocabulaire associé à un projet, produit ou service vous permettra d'investir concrètement dans votre idéal. Si par exemple votre priorité est la créativité, nommez le projet créatif auquel vous vous proposez de consacrer les six prochains mois. Si votre priorité est de donner de l'expansion à votre bureau de consultant, formulez cette idée sous la forme d'un service pouvant être échangé sur le marché. Quelle que soit votre priorité, le fait de lui donner la forme d'un projet, d'un produit ou d'un service, lui conférera un pouvoir considérable. C'est ce qui vous fera passer du stade de l'introspection à celui de la manifestation.

Prenez tout le temps qu'il vous faut pour peaufiner votre énoncé. Lisez-le à haute voix. Faites-le résonner afin qu'il vibre sur la même longueur d'ondes que la personne que vous êtes réellement. Une fois peaufiné, inscrivez ou dessinez votre énoncé dans le cercle du centre, là où vous aviez déjà inscrit votre priorité. Vous êtes maintenant en présence de votre propre énoncé de mission. L'écriture provoque l'incarnation de la pensée dans la forme. Autrement dit, elle suscite le processus de manifestation.

La première étape est maintenant complétée. Maintenant que votre priorité est énoncée dans une nouvelle forme de langage, vous devez voir en détail ce que vous êtes prêt à investir. Avant d'investir temps et argent (deux ingrédients nécessaires afin de faire apparaître les choses sur le plan tridimensionnel), vous devez être clair en ce qui concerne l'investissement de votre énergie psychique. Alors dans le cercle du milieu, faites la liste des qualités mentales et émotionnelles dont vous aurez besoin pour mettre en œuvre votre projet, votre produit ou votre service. Par exemple, si votre projet consiste à rédiger une série d'articles, vous aurez besoin de concentration, d'enthousiasme, de patience et de vigueur. En énumérant ces qualités dans le cercle et en les voyant alignées avec votre énoncé au centre, vous commencerez à ressentir tout le pouvoir qui est à votre disposition. Lorsque vous avez fini d'écrire, méditez sur chacune des qualités et sentez-les émerger en vous. L'effet ainsi ressenti provoquera, dans votre psyché, l'apparition d'images et d'idées par rapport à ce que vous pouvez faire afin de concrétiser votre priorité. Cela indiquera aussi que vous êtes prêt à passer à la troisième et plus importante étape du processus.

Dans le cercle extérieur, faites la liste des choses tangibles à faire en vue de la manifestation de chacune des qualités énumérées à la deuxième étape de l'exercice. Une fois de plus, il s'agit de gestes concrets qui permettront de donner forme à votre priorité centrale. Détaillez le plus possible. Par exemple, à propos de la vigueur, vous pourriez écrire : « Trois heures de révision et de réécriture par jour ». À propos de l'enthousiasme : « Loger quinze appels et écrire dix lettres par jour aux personnes que je veux rencontrer et interviewer ». Remarquez la nuance, ici : il ne suffit pas d'écrire simplement : « J'irai interviewer des gens ». Vous devez prévoir combien de gens vous rencontrerez, à quel endroit et quand vous les interviewerez. Les détails que vous ajoutez dans le troisième cercle représentent les investissements concrets que vous êtes disposés à effectuer. Plus ils seront clairement détaillés, plus vous serez en mesure d'investir dans le développement de votre carrière. À l'issue de cet exercice, vous aurez en main un « mandala d'action » que vous pourrez afficher dans votre maison en guise de plan d'investissement bien aligné.

Vous n'avez cependant pas terminé. Une fois que vous aurez identifié chacun de vos investissements et que vous les aurez révisés afin de voir s'ils sont bien clairs, déposez la feuille de papier et entreprenez l'exploration de l'espace physique autour de vous, (votre maison ou l'endroit dans la nature où vous vous trouvez). Inspectez les lieux à la recherche d'un objet symbolisant l'exercice que vous venez de faire. Laissez votre intuition vous guider. À un certain moment, votre attention sera attirée d'elle-même vers un objet (caillou, fleur, photographie) qui vous parle, un objet qui va relier votre prise de conscience actuelle aux grandes forces œuvrant de concert avec votre intention. Cet objet deviendra votre totem, votre symbole de pouvoir. Chaque fois que vous le verrez ou le toucherez, il vous mettra en contact avec le travail que vous avez accompli ce jour-là, chargeant de courant votre priorité, et amplifiant votre volonté de vous investir dans votre rêve. Ne bâclez pas cette dernière partie de l'exercice, car votre objet totem va contribuer à unifier votre travail intérieur et le monde extérieur, suscitant des forces présentement au-delà de votre imagination. Si vous prenez ce geste au sérieux, ses effets commenceront à croître en vous et vous éveilleront à de nouveaux pouvoirs et potentiels à votre disposition.

UNE PRIORITÉ CHARGÉE DE COURANT

Vesta représente également le principe du rituel et de l'ordre, ce qui donne de la consistance à nos projets. Lorsque le feu sacré ne brûle pas à l'intérieur de nous, il est imposé depuis l'extérieur. C'est à partir de ce moment qu'un rituel devient obsessif. Par contre, lorsque la flamme s'anime d'elle-même, cela crée une forme unique. Dans les années 60, des villes comme Berkeley et Cambridge étaient en pleine ébullition. La passion créatrice, alimentée par le feu sacré, était tournée vers l'élaboration de nouvelles philosophies de vie. Or, lorsqu'il fut temps d'investir concrètement dans une vie créative au sein d'un ordre nouveau, de nombreuses personnes se cassèrent les dents. C'est qu'il n'y avait pas de vasque pour contenir le feu, aucune forme attrayante pouvant accueillir cette énergie brûlante et la gérer. D'autres facteurs allaient devoir entrer en ligne de compte avant que l'investissement dans un style de vie alternatif puisse porter fruit.

L'investissement n'est donc pas seulement une affaire d'engagement. Le mot engagement peut d'ailleurs provoquer un effet pervers de culpabilité et contribuer à la répression de nos élans créatifs. L'investissement n'est pas non plus une affaire de famille ou de valeurs institutionnelles, à moins que ces valeurs ne proviennent du feu sacré intérieur. Si vous n'honorez pas votre feu sacré, vous vous retrouverez dans un *métro-boulot-dodo* totalement dépourvu de passion. En définitive, c'est par l'activité du feu intérieur – par le bouillonnement du processus créatif – qu'un ordre organique et fonctionnel pourra se cristalliser à travers chacun de vos gestes.

Il est impossible de créer consciemment un nouveau symbolisme ou d'instaurer le rituel dans notre vie par un geste de la volonté. De tels efforts sont trop souvent issus de l'ego manipulateur et tapageur. Au même titre qu'avec la méditation de la manifestation, votre travail consiste à entrer en contact, puis à rester en lien avec la source d'énergie universelle. Cela suffira à vous rendre plus conscient des dimensions supérieures inhérentes à vos activités. Faire le ménage, se nourrir, se laver, conduire la voiture... toutes les facettes très simples du quotidien peuvent s'avérer enrichissantes lorsqu'elles sont vécues dans la clarté provenant des forces qui vous guident profondément à chaque instant. Vos rituels reliés au travail sont-ils congruents avec le feu qui brûle en votre cœur ? Voilà la question à poser par rapport à votre quotidien, dans le but de conserver l'alignement de votre énergie sur votre priorité.

ATTISER LA FLAMME INTÉRIEURE

Le feu sacré de Vesta s'allume lorsque nous nous consacrons à notre vérité, à nos amours, à nos passions présentes et à venir. Le feu commence par une étincelle, puis il est attisé par le combustible du temps, de l'énergie et de l'émotion. En restant attentif à la chaleur et la lumière en dedans, vous serez encore plus certain de la façon d'organiser vos forces (temps, énergie et émotion), afin de soutenir vos investissements. Si l'art est ce qui allume votre feu sacré, vous pourriez, par exemple, consacrer une partie de votre temps à observer le travail d'artistes de la même famille d'âmes que vous, visiter les musées et galeries, vous associer aux artistes et à leur univers en général. Votre énergie, vos rêves, vos visions et vos désirs se relieront à l'art et commenceront à prendre forme. Peut-être serez-vous guidé vers la peinture ou la sculpture, ou déboucherez-vous peut-être vers le monde de l'esthétique? Là où se trouve votre passion, se trouve aussi votre voie. Puisque l'énergie et l'émotion attisent votre feu, vous êtes disposé et capable d'engager vos ressources dans votre investissement. Au lieu de passer la soirée à boire de la bière avec des amis et à vous apitoyer sur le sort du monde, vous commencerez à peindre ou à dessiner. Plutôt que de regarder la télévision pour vous anesthésier, vous trouverez la bonne école et les bons professeurs afin d'apprendre les rudiments d'un art qui vous passionne. À ce moment, vous saurez que vous êtes en chemin.

Nous l'avons déjà mentionné : lorsque nous parlons d'investissement, il est question habituellement d'argent ; et cela relève aussi du domaine de Vesta. Ce dans quoi vous investissez votre argent est un indicateur majeur des dieux que vous vénérez réellement. Si les consommateurs et les investisseurs consacraient véritablement leurs capitaux à ce en quoi ils croient, le monde dans lequel nous vivons serait totalement différent. Chaque sous dépensé est une affirmation de ce qui compte pour vous. Quel est votre pattern? Tentez-vous constamment de vous en sortir en dépensant le moins possible? Êtes-vous prêt à investir dans ce en quoi vous croyez? Si vous voulez connaître un indicateur très clair de vos croyances (connaître l'autel sur lequel votre feu brûle), entreprenez l'inventaire précis et courageux de la façon dont vous utilisez votre temps et votre argent. Si vous travaillez uniquement pour faire de l'argent sans savoir à quoi consacrer cet argent, vous aurez très peu de motivation à part l'argent lui-même. En contrepartie, si vous faites quelque chose avec votre idéal en tête (par exemple, conduire un taxi dans le but de payer vos études), l'énergie sera présente parce que votre idéal brillera à travers vos actions. Le message de Vesta est direct: que vos paroles et vos gestes soient congruents. Appuyez votre idéal en lui consacrant votre temps, votre argent et votre énergie. Investissez dans ce en quoi vous croyez.

EXTÉRIORISEZ VOS PRINCIPES DE BASE

Chacune des quatre clefs «anti-carrière» correspond à une porte spécifique de la dynamique professionnelle. Pour que la porte puisse s'ouvrir, vous devez être en pleine possession des qualités reliées à ces clefs, en plus de poursuivre le travail intérieur permettant au monde extérieur de s'aligner graduellement sur tout votre être. Il ne suffit pas d'identifier une tendance croissante sur le marché puis de transformer votre service ou votre produit afin de profiter de la vague. Si c'est ce que vous choisissez de faire, vous risquez une fois de plus de devoir vous soumettre à toutes sortes de contorsions afin d'entrer dans le moule.

Il est certainement valable d'identifier les modes et tendances du marché[1]. Mais une fois que cela sera fait, vous devrez encore une fois les aligner sur votre intégrité, vos sentiments et votre mission. Plus vous maîtriserez les clefs «anti-carrière», plus vous pourrez facilement pénétrer le marché avec de nouvelles façons de faire. Vous commencerez à créer une œuvre en accord avec vos principes. Ainsi, vous pourrez entrer en contact avec des emplois et des domaines en résonance avec le pouvoir émanant de vos principes. Conséquemment, tout en conservant votre emploi, vous conserverez votre âme.

---

1. À ce sujet, voir John Naisbitt, *Megatrends* New York: Warner, 1988) et Faith Popcorn, *The Popcorn Report: Faith Popcorn on the Future of Your Company, Your World and Your Life* (New York: HarperBusiness, 1992).

Vesta personnifie le principe de la sécurité et de la confiance. Le feu procure sécurité et protection au foyer et nous faisons confiance à ceux que nous aimons, ceux qui appartiennent à notre clan. Si vous parvenez à développer un sentiment profond de confiance et de sécurité intérieures résultant de votre feu sacré et de votre détermination, cette énergie aura forcément des répercussions sur vous-même et sur les autres. La crise que les États-Unis ont récemment traversée, dans le monde de l'investissement boursier, s'est avérée un exemple grave de violation de confiance. De gigantesques sommes ont été investies, des entreprises ont été bâties à la suite de ces transactions, puis anéanties en quelques minutes, des maisons ont été perdues et des famille détruites, tout cela parce que la flamme ne brûlait pour rien de plus qu'une notion désalignée du profit personnel. Dans notre société actuelle, nous sommes encouragés à nous endetter dès l'université. Le système garde ensuite sa mainmise sur nous pour le reste de nos jours. Plusieurs d'entre nous menons une existence semblable à celle des mineurs de charbon d'autrefois. Notre train de vie est simplement recouvert d'un vernis sophistiqué et nous continuons, sous des dehors modernes, à être pris à la gorge par les dettes contractées au magasin général de la compagnie. Le système économique est soumis au jeu de la coercition et du contrôle en raison de l'absence de confiance qui règne dans ce milieu, particulièrement lorsque l'argent est directement concerné. Le manque de confiance, qui provoque l'apparition de contrats élaborés, d'hypothèques ou d'alarmes anti-vol, est le reflet fidèle de la faible flamme qui vacille actuellement au cœur de nos interactions. Là où l'engagement intérieur fait défaut, on ne peut parler d'investissements inspirés par une certaine morale, une vision ou une élévation spirituelle. Une poignée de mains en affaires a autant de valeur que le *fast-food* dans le domaine de l'alimentation, car tout le monde sait très bien qu'il ne s'agit plus ou moins que de la frime.

Ce comportement type peut également être observé chez les gouvernements qui investissent dans les pays sous-développés. Sous prétexte de venir en aide à l'économie des pays du tiers-monde, nous investissons dans l'agriculture et dans les produits qui servent en fait les intérêts des industries américaines. Nous encourageons, par exemple, les Sud-américains à développer l'industrie du café plutôt que de les aider à produire la nourriture dont leur propre population aurait besoin pour survivre[1].

Devant cette débâcle, de nouvelles entreprises de courtage risquent cependant d'émerger pour réinventer la notion d'investissement de A à Z. Les marchés boursiers pourraient se baser sur la confiance, à partir du moment où se sentiment sera rétabli entre les individus. Si votre flamme brille et que la mienne brille, il est possible de trouver un terrain d'entente. Nous serons enclins à collaborer, car nous aurons été témoins du respect et du dévouement de l'un et de l'autre envers nos valeurs. Et si nous voyons que l'autre fonctionne selon ses valeurs profondes, il sera possible d'avoir foi en son intégrité personnelle. Sinon, nous risquons de poursuivre dans la même veine où tout le monde poursuit tout le monde devant les tribunaux, déterminé à soutirer le maximum en raison de la peur omniprésente de manquer de quelque chose.

La confiance est un des fondements de la vie sociale : les services de garde communautaires et de covoiturage, les coopératives d'habitation et d'alimentation sont autant d'exemples de regroupements pouvant être créés par des individus sensibles à la valeur d'une communauté s'appuyant sur des valeurs de base. De la même manière, il est possible d'améliorer l'aspect sécuritaire d'une maison, d'une rue ou d'une ville non pas en multipliant le nombre de policiers en uniforme, mais bien en ranimant la flamme susceptible d'inspirer l'ordre et le dévouement des citoyens envers leur localité. En même temps, ces mêmes valeurs et priorités pourront être

---

1.   Voir Noam Chomsky, « *The M.I.T. Interviews* », interviews avec David Barsamian (Boulder : Sounds True Recordings, 1990).

stimulées par l'esprit communautaire. Le feu de Vesta suscite en effet l'amitié, la franchise, l'espace psychique dans lequel l'individu découvre la richesse des «liens», non pas dans le sens d'aliénation et de contrainte, mais dans tout ce que cela peut lui procurer comme force et soutien.

La démarche «anti-carrière» préconise donc la transformation des liens. Nous n'avons pas besoin d'être lié par la contrainte à une entreprise ou à un groupe quelconque. Les statistiques le démontrent bien, d'ailleurs. Une vie s'articulant autour d'une seule compagnie ou d'une carrière uniforme n'est plus possible. La plupart des gens changeront d'emploi à plusieurs reprises au cours de leur vie, les compagnies s'effondrent ou se restructurent, et de nouveaux types de carrière voient le jour, tandis que d'autres, autrefois considérés comme stables, disparaissent complètement. Si vous mettez tous vos œufs dans le même panier, vous serez constamment ballottés au gré du vent. Par contre, si vous vous tournez vers le feu, vous serez focalisé sur l'espace où vous pourrez réellement apporter votre contribution et ce, même si vous éprouvez de la difficulté au cours de la première phase d'ignition. Vous pourrez faire preuve de dévouement, et c'est le dévouement (le principe actif de la volonté alignée) qui mettra en place les opportunités.

Le pouvoir de l'investissement peut être utilisé pour améliorer ou diminuer vos perspectives d'emploi. En reconnaissant votre flamme intérieure, vous développerez une meilleure relation avec l'essentiel, c'est-à-dire ce avec quoi gagner votre vie. Lorsque Vesta n'est pas bien sollicitée, nous la projetons sur les choses extérieures et nous sommes aux prises avec des événements où la loyauté ne peut être durable. C'est là le défi de l'investissement, d'ailleurs. Afin de créer une œuvre affirmant votre authenticité, vous devrez être prêt à investir toute votre personne et à donner tout ce que vous avez. La joie de vivre soulevée par ce feu deviendra si intense et enthousiasmante que vos vieilles insécurités commenceront à s'estomper une après l'autre. Enfin, vous serez vivant. Enfin, votre travail aura un sens. Enfin, vous participerez à la vie en tant qu'actionnaire authentique.

Il est possible de passer par des périodes creuses où vous n'arriverez pas à ressentir le feu, où vous n'aurez plus le sentiment d'être guidé par le sacré, où tout vous semblera noir et confus. Où peut-on trouver Vesta en de telles circonstances? Dans les Vedas de l'Inde ancienne, il est dit que le feu sacré a trois demeures : la terre, le soleil et l'océan. Lorsque vous ne trouvez pas le feu dans votre cœur, vous pouvez vous tourner vers le soleil, c'est-à-dire que vous pouvez demander à recevoir un signe ou un message, tout en accueillant, dans la foi, la possibilité que ce message pourra vous être livré sous diverses formes. Je n'ai jamais compris l'image du feu dans l'océan jusqu'à ce que je sois témoin d'un coucher de soleil flamboyant sur l'Atlantique. Le feu était là, dardant l'océan de tous ses rayons. C'était comme si j'apercevais les flammes émergeant des eaux profondes de notre labyrinthe.

Si vous ne vous sentez pas guidé, votre intégrité requiert de vous de ne rien forcer et de ne pas chercher désespérément quelqu'un ou quelque chose pour assouvir ce besoin. S'il n'y a pas de flamme à attiser, pas d'investissement en vue, ayez le courage de l'admettre, de vous tenir nu dans le vide de l'absence et de laisser le processus de transformation naître de ce vide. Si vous vous donnez la chance de plonger assez profondément dans l'eau, vous finirez par trouver le feu. Durant ces périodes de trou noir, j'encourage souvent les gens à signer un moratoire avec eux-mêmes avant d'abandonner leurs démarches, le temps de mieux digérer le processus et de laisser les événements extérieurs se déployer à leur propre manière. La volonté de rester comme un terrain en friche finira par provoquer une étincelle pour rallumer la flamme.

13

Discipline :
De l'inspiration à l'accomplissement

Si votre feu intérieur ne brûle pas avec joie, vos tentatives visant à instaurer un minimum de discipline dans votre vie et à acquérir la maîtrise de votre art deviendront vite coercitives, ce qui ne vous mènera nulle part. Il est souvent renversant de voir certains individus se soumettre à des régimes spartiates afin d'atteindre leurs objectifs. Ces personnes peuvent devenir plutôt productives dans leur domaine ou connaître énormément de succès. À plus long terme, cependant, c'est la déception qui les guette, car en réalité, elles ne seront pas entièrement engagées sur leur voie ; quelque part en chemin, un certain inconfort ou un sentiment de rébellion finira par se pointer. Le processus « anti-carrière » est en rapport avec l'âme du travail, et l'âme a besoin d'être nourrie par l'activité dans le monde. À son tour, cette nourriture comblera tous les autres besoins.

Le travailleur du domaine de la santé qui a passé sa vie à servir les autres et qui n'a jamais honoré ses élans créatifs peut commencer à se sentir las à la fin de la journée et ainsi devenir plus irritable avec ses clients. Entreprendre une diète et un entraînement physique dans le but de combattre la fatigue ne fera que masquer le problème. Des vacances – et même la maladie – peuvent procurer un soulagement temporaire ou réduire le niveau de stress, mais la clef du problème se trouve dans le retour à l'écoute. Le feu doit à nouveau être ressenti et vos motivations doivent être réexaminées. La discipline se cristallisera sous sa propre forme lorsque vous serez suffisamment prêt à *laisser* les choses arriver au lieu de les *faire* arriver.

La discipline dont je parle est une forme d'intelligence appliquée qui ne fait ni appel à un pragmatisme absolu ni à de la théorie. Cette intelligence est en mesure de résoudre les problèmes par la compréhension du pattern des choses et par l'action juste. C'est l'intelligence en action qui mène à la véritable maîtrise. La volonté et la capacité à maintenir une discipline, c'est-à-dire de passer de l'enthousiasme à l'action soutenue, constitue d'ailleurs la prochaine clef «anti-carrière».

Plusieurs rêvent de fonder leur propre entreprise, de devenir des méditants avancés ou des musiciens professionnels, mais c'est la qualité de la persévérance et de la détermination qui conduira à la croissance des habiletés, lesquelles produiront finalement des résultats. Transformer un projet, un service ou un produit en une réalité viable requiert le développement constant d'une pratique qui peut composer avec les hauts et les bas émotionnels. Voilà pourquoi il est primordial de fournir un investissement authentique. La maîtrise de votre art ne peut pas être atteinte simplement par un acte de volonté. Bien sûr, de très nombreuses personnes sont parvenues à maîtriser un sujet ou une habileté particulière au bout de longues années de formation. Cependant, si cette formation relève d'abord et avant tout du volontarisme, les résistances intérieures viendront éroder la structure de la personnalité. Même si cela n'est pas apparent, le déséquilibre se manifestera sous la forme d'un symptôme dans un autre volet de la vie de l'individu. Une personne très ambitieuse et disciplinée attirera, par exemple, des partenaires aux prises avec un déséquilibre affectif et ainsi, elle sera confrontée à ses propres faiblesses et vulnérabilité refoulées. La maîtrise volontariste d'un art ou d'un savoir ne conduit pas nécessairement à une action authentique où l'individu exprimera véritablement qui il est. Les succès névrotiques ou l'étalage de talents spéciaux peuvent valoir à certaines personnes d'être hautement récompensées par la société, mais à quel prix ? Emerson décrivait un individu dont le talent n'était pas aligné sur sa source, en disant de lui qu'il exhibait « une aptitude exagérée, comme une protubérance ». Il associait ce type de talents exceptionnels à une maladie[1].

La véritable maîtrise dans un domaine donné (une maîtrise qui n'est pas là pour compenser ce qui est perçu comme une insuffisance) répandra ses bienfaits sur les autres secteurs de votre vie. La vie elle-même deviendra une œuvre d'art dans un champ d'intérêt particulier, certes, mais en tant que manifestation de cet art. Le développement d'une telle maîtrise relève de l'expérience technique et de la patience, lesquelles résultent de l'amour que vous éprouvez pour ce que vous faites. Lorsque vous aimez quelque chose ou quelqu'un, cette chose ou cette personne deviennent une source infinie de fascination. Chaque détail représente une nouvelle découverte, comme c'est le cas pour le luthier qui sait reconnaître chaque nuance subtile dans la qualité du bois qu'il utilise, sachant que cela influencera le son de l'instrument. Le désir sincère d'approfondir vos connaissances dans un domaine peut également être considéré comme un art en soi, une fascination jaillissant de l'énergie d'Éros. C'est dans cet esprit d'apprentissage et de talent dévoués que nous développons les aptitudes de notre choix, que nous amenons le chakra du cœur à s'attirer le soutien voulu, et que nous appelons nos futurs alliés à croiser notre route en provenance de nombreuses sources inconnues.

Le fait de développer un art précis avec discipline permet de traverser la « période plateau » caractéristique. Dans son

---

1. Ralph Waldo Emerson, « *The Over-Soul* », dans « *Selected Writings of Ralph Waldo Emerson* », 291.

livre intitulé *Mastery* (« Maîtrise »), George Leonard cite l'exemple de son propre apprentissage de l'aikido. Il explique comment, au commencement d'une nouvelle entreprise, l'individu est motivé par la progression rapide habituelle à ce stade du développement. Tôt ou tard, cependant, survient le moment où on ne constate plus d'amélioration visible, l'enthousiasme diminue et la seule récompense apparente en échange de son dévouement est le travail en lui-même. Voilà ce qu'on entend par l'expression « période plateau ». Cette période peut initialement être accompagnée de doutes ou de l'impression que rien d'important ne se passe, ce qui nous draine à la longue. C'est souvent à ce moment que la personne veut renoncer et qu'elle se met à entretenir des jugements de toutes sortes, blâmant le système, le professeur, l'environnement ou se blâmant elle-même. Or, il s'agit aussi du seuil critique à partir duquel la maîtrise peut réellement prendre place[1]. Si vous voulez faire entrer votre projet dans le monde, vous devez élaborer un plan (une stratégie régulièrement renouvelée visant le développement de votre projet, produit ou service) et *ne pas le laisser tomber*. Cette forme de discipline ne portera fruit que s'il y a alignement véritable entre le ressenti et la volonté.

À maintes reprises, à la fin d'un cours de guérison en compagnie d'Orestes, je me souviens être parti en me répétant avec dépit : « Il ne s'est absolument rien passé. J'ai travaillé six heures durant, dans cette soi-disant dimension des esprits, et je n'ai rien ressenti de marquant. Pourquoi devrais-je continuer à me torturer ainsi ? ». Puis, comme par hasard, c'est à ce moment qu'Orestes apparaissait et déclarait : « Monsieur Rick, vous ne devez pas lâcher. Vous faites partie de la famille des guérisseurs ». Orestes envisageait les choses de manière très directe. Selon lui, le métier de guérisseur ne peut s'acquérir.

---

1. Voir Gœrge Leonard, « *Mastery : The keys to Long-Term Success and Fulfillment* » (New York : New American Library, 1991).

On naît avec ce talent, puis on a le choix de le développer ou non. Il ajoutait que si vous êtes un guérisseur et que vous n'honorez pas votre appel, une partie de vous souffrira toujours. Cela fonctionne comme si on vous avait jeté un sort. Pourquoi? Parce que vous ne nagez pas dans votre propre rivière. Orestes nous répétait constamment ce refrain: «Chacun a sa propre rivière. Si vous ne nagez pas dans votre rivière, vous allez vous noyer». L'«anti-carrière» est tout simplement une extension de cette leçon. Si vous ne nagez pas dans votre propre rivière, vous vivrez votre vie comme un poisson hors de l'eau, et le moins qu'on puisse dire, c'est qu'un poisson hors de l'eau doit se sentir passablement inconfortable.

La déesse grecque Pallas Athéna peut être considérée comme le symbole de la discipline qui procure l'énergie nécessaire afin de maintenir l'enthousiasme du début, dépasser les obstacles inévitables et regarder bien en face les situations de tous les jours. Personnifiant la plus grande des sagesses reliées à l'élément air, ses qualités sont le discernement, l'industrie, l'entreprise, l'habileté, le sens artistique (Athéna était tisserande), la pluralité et la résolution de problèmes. La sagesse d'Athéna nous rappelle de nous méfier du message profondément gravé en nous selon lequel la satisfaction peut être obtenue en premier lieu par le biais des choses matérielles ou par le statut social. Athéna est aussi une guerrière, dont les emblèmes sont le bouclier et la lance. Elle nous invite à faire preuve de courage et à demeurer intègre malgré le chaos qui règne en ce monde. Grâce à son impeccabilité, Athéna peut sacrifier son confort afin d'atteindre ses objectifs; et parce qu'elle nage dans sa propre rivière, son sacrifice n'est pas artificiel.

La discipline athénienne surpasse l'énergie conventionnelle du héros. On nous demande bien plus que de sauter en parachute, de jeter votre téléviseur par la fenêtre ou d'être le meilleur en tout. Quand vous nagerez dans votre propre rivière, la discipline sera le résultat organique de l'amour et du soin constants que vous mettrez dans votre projet, votre produit ou votre service. Si vous aimez profondément la région où vous habitez, la discipline que vous ressentirez de façon organique vous poussera, par exemple, à développer une grande connaissance de sa géographie, de son histoire naturelle et de sa culture. Peut-être commencerez-vous un jour à transmettre ses us et coutumes à votre tour. Si vous aimez votre partenaire plus que tout, votre discipline vous poussera peut-être à développer votre relation au point où votre amour débordant pourra éventuellement être partagé et offert au reste du monde. Si vous vous trouvez dans une telle situation, c'est que vous avez organisé votre œuvre de façon à ce qu'elle puisse être nourrissante pour vous et pour votre relation.

UN RÉSEAU DE MENTORS

Afin de mettre au monde votre projet, votre produit ou votre service, vous devrez non seulement le définir et le développer, mais aussi le perfectionner. En entrant sur le marché, vous devrez être bien établi dans votre discipline, car c'est elle qui vous nourrira. Inévitablement, tout le monde se demande comment faire, rendu à ce stade-ci. Comment devient-on un adepte véritable en son domaine? Comment maximise-t-on l'efficacité d'un projet?

Le sujet peut s'avérer délicat. D'un côté, vous pouvez posséder un talent incontesté, mais sans une préparation et une formation adéquates, ce talent risque de ne pas se manifester du tout. De l'autre côté, la tyrannie institutionnelle standardise un grand nombre de prétendues expertises et met le couperet dans la créativité et l'esprit d'innovation dans plusieurs domaines. Pour certains, le cheminement standard peut s'avérer nécessaire et utile, mais ces individus devront être très clairs quant à leurs motivations, avant d'entreprendre tout type de formation.

Rabbi Joseph Gelberman est le fondateur du «Nouveau Séminaire», une institution inter-religieuse novatrice qui connaît actuellement beaucoup de succès en formant des ministres du culte et des thérapeutes, dans la région de New York. Lorsqu'il leur remet leur diplôme, Rabbi Joseph Gelberman est non équivoque avec les étudiants : «Nous ne faisons que confirmer ce que vous avez déjà affirmé par vous-même». Cette auto-affirmation est primordiale si vous voulez prétendre à une maîtrise dans telle ou telle sphère d'activité. Vous devez entretenir le sens profond du «je suis». «Je suis un auteur, un photographe, un bâtisseur et mon projet est juste, autant pour moi que pour le monde, en ce moment». En affirmant votre juste place de la sorte, vous serez guidé vers les bons intermédiaires vous permettant de recevoir la formation voulue et une confirmation subséquente. L'expérience et la maîtrise d'un art ou d'une tradition agiront comme compléments à l'intuition qui vous avait poussé dans une direction. Ce phénomène d'entraînement est lié à la notion de mentor et d'apprenti. Le fait est que peu d'entre nous sont nés avec un sens bien ancré du «je suis». Nous pouvons peut-être percevoir la lueur de notre rêve, nous pouvons peut-être entendre un appel confus, nous pouvons peut-être même être en mesure d'affirmer la nature de notre appel avec certitude, mais si nous ne sommes pas reconnu par quelqu'un d'autre, il sera difficile de transformer cet appel en vocation. Il existe un énorme pouvoir (et cette réalité est souvent cachée) dans la transmission d'une voie, quelle qu'elle soit. Une vocation n'est générée par elle-même qu'en de très rares occasions. Pour la plupart des gens, la vocation doit être reçue, gagnée ou même dérobée! Le personnage biblique de Jacob et le grec Prométhée en sont de bons exemples, car ils ont fait preuve d'astuce et de vivacité d'esprit afin de voir naître leur vocation. En d'autres mots, ils ont fait ce qui devait être fait afin d'obtenir ce qui était nécessaire. N'oublions pas non plus qu'Hermès, le tout premier voleur, fut aussi le tout premier marchand! Votre morale personnelle va peut-être s'objecter à ce qu'on puisse relier le vol à la vocation, mais lorsque nous analysons le concept d'un point de vue holistique, nous pouvons permettre à ces facettes bien réelles de la psyché de soutenir elles aussi notre carrière émergeante.

Certaines personnes seront aux prises avec une lutte incessante, dans la relation entre mentor et apprenti. Elle auront tendance à recréer le triangle œdipien en ravivant tout à coup la dynamique père/fils du triangle familial[1]. En parallèle, d'autres personnes seront capables de vivre cette relation dans l'harmonie, et la transmission du savoir se fera dans le bon ordre des choses. Dans un cas comme dans l'autre, le pattern mentor/apprenti semblent faire partie intégrante de notre espèce. À ce propos, la légende d'Athéna s'avère instructive, à commencer par l'histoire de sa naissance.

En effet, Pallas (le surnom d'Athéna) se développa à l'intérieur de son père, Zeus, et naquit d'un coup de hache. Ce fut pour le moins une naissance difficile. Non désirée, Athéna émergea de la tête de Zeus et lança immédiatement un cri de guerre faisant trembler toute la Terre. En tant que guerrière et déesse vierge, Pallas Athéna dut forger sa place dans un monde d'hommes. Similairement, à mesure que vous mettrez l'emphase sur vos priorités, vous devrez faire appel à votre intelligence intuitive afin de faire votre chemin au sein du panthéon, c'est-à-dire au sein du marché cosmique. La capacité à entrer pleinement dans une sphère d'activités précise requiert souvent que nous lancions un cri de guerre; pas un faible cri faisant en sorte que nous nous contenterons de trouver une place dans le monde du travail, mais un cri franc et puissant déclarant haut et fort que nous sommes prêt à travailler pour forger notre juste place.

---

1. Voir Harold Bloom, « *Anxiety of Influence : A Theory of Poetry* » (Oxford : Oxford University Press, 1973) pour obtenir un exemple de cette dynamique chez les poètes.

Une autre des batailles bien connues de la légende d'Athéna est celle qu'elle dût mener contre Poséidon afin de savoir lequel d'entre eux deviendrait le dieu protecteur d'Athènes. Poséidon déploya sa formidable puissance, faisant trembler la terre et, depuis la mer, envoyant son trident en guise de cadeau aux habitants d'Athènes. De son côté, Athéna décida d'offrir l'olivier, un arbre aux multiples bienfaits symbolisant un différent type de force, et c'est elle qui devint finalement le mentor d'Athènes. De la même manière, la force que nous recherchons n'en est pas une de puissance absolue ni une explosion d'enthousiasme soudaine et non-durable. La discipline est le résultat de l'engagement, de la congruence et de la versatilité. L'engagement est relié au feu sacré de Vesta. La congruence est la marque de la discipline. Enfin, la versatilité permet à nos talents et à nos forces de s'adapter et d'adopter des formes d'expression multiples. L'olivier était utilisé autant comme combustible que pour la décoration et l'alimentation. Lorsque vous êtes conscient de vos talents et habiletés au niveau de leurs racines, vous êtes en mesure de les transposer dans de nombreux domaines. Vous n'êtes pas emprisonné dans une définition limitée de vous-même. Plutôt que de me définir en tant que secrétaire, par exemple, l'énergie de Pallas me fera comprendre que ma force, c'est l'organisation. Je pourrai donc contribuer à l'organisation d'un bureau, d'un projet communautaire, d'un journal, etc.

Soyez engagé envers vous-même tout en demeurant flexible. Lorsque vous incluez la discipline dans votre projet ou votre service, cela signifie que vous avez réalisé combien votre engagement envers vos valeurs de base et votre passion sont les éléments qui viendront nourrir votre feu. Puisque votre discipline ne sera pas rigide, vous pourrez modifier votre projet ou recadrer votre service afin de répondre aux besoins existants, sans avoir à piétiner vos valeurs. La discipline, reliée à la sagesse de l'élément air, favorise la versatilité. Nous n'insisterons jamais assez sur ce point : ce qui prend de

plus en plus d'importance dans le monde du travail postmoderne, ce n'est pas une main-d'œuvre qualifiée en un
domaine précis, mais plutôt une main-d'œuvre consciente de
ses qualités de base qui peuvent ensuite être appliquées dans
plusieurs domaines. Dans le développement de votre «anti-
carrière», vous êtes responsable du développement d'un
projet, d'un produit, d'un service, qui fait écho à votre véritable nature et qui vaut la peine d'être créé selon vous. Vous
n'êtes pas responsable de la façon dont il va se manifester
dans le monde. Une fois que vous entrez sur le marché, de
nouvelles forces se mettent en branle ; votre mentor ou allié
fait partie de ces forces qui vous aideront à mener votre projet
vers sa juste place.

Athéna fut justement le mentor d'Ulysse. C'est elle qui le
guida jusqu'à chez-lui, tout au long de son odyssée de vingt-
deux années. Athéna procéda par étapes, obligeant Ulysse à
passer par diverses épreuves nécessaires en chemin. Si vous
maintenez une idée fixe quant à la façon dont devrait se
déployer votre projet, vous limiterez considérablement vos
possibilités. Faire preuve de discipline et de persévérance
nécessite de la patience et la volonté de s'améliorer graduellement. Tout comme un spectacle doit être rodé par le biais de
nombreuses représentations en région avant de se retrouver
sur Broadway, vous devez être prêt à passer par de multiples
étapes en chemin. Au cours de ces arrêts, vous entrerez en
contact avec de nouvelles personnes et institutions, ce qui con-
tribuera bien sûr au développement de votre œuvre. Athéna
obligea Ulysse à user d'astuce et de vivacité d'esprit afin de
vaincre des forces apparemment plus puissantes que lui. Elle
symbolise donc une énergie de discipline plus raffinée que le
simple usage de la force brute. Cette énergie nous amène également à rechercher quelque chose de plus grand que la gloire
personnelle. En travaillant avec des mentors, vous développerez la capacité à bien décoder les situations. Cela vous

permettra de mettre en place les tactiques et stratégies de manifestations appropriées à chacune de ces situations.

Un enseignant et son élève doivent être sur la même longueur d'ondes et il importe que les deux se reconnaissent. De plus, lorsque vous choisirez de vous investir dans un programme de formation quelconque, souvenez-vous que l'enseignant a besoin de l'élève autant que l'élève a besoin de l'enseignant. Les deux grandissent dans leur rôle respectif. Vous n'êtes pas dénué de valeur en face de votre mentor. Votre place est aussi essentielle que celle du professeur, de l'institution ou du programme de formation.

Un mentor n'a pas besoin d'être physiquement présent ou même incarné en chair et en os, mais la présence du mentor crée normalement une très forte impression sur l'élève, au stade initial de l'apprentissage. L'étudiant apprend en prenant inconsciemment modèle sur son mentor, en plus de recevoir de l'enseignement via des méthodes plus traditionnelles. À un certain moment, toutefois, l'étape de la lune de miel se termine et l'enseignant devient tout à coup un défi pour l'élève. Plusieurs apprentis préfèrent ne pas reconnaître l'existence de cette phase et tentent de recréer le parent parfait qu'ils n'ont jamais eu. Si l'enseignant permet que cela se produise, une merveilleuse relation de maître à disciple peut se développer, mais l'élève ne pourra pas beaucoup évoluer dans sa prise de pouvoir personnel. Il restera accroché au mentor, un peu comme un parasite s'accrochant à un arbre, afin de tirer sa subsistance.

L'interaction avec un enseignant peut également reproduire le côté sombre de la dynamique parent/enfant. Bon nombre de vieux fantômes peuvent remonter à la surface et l'étudiant finira par se rendre compte que le mentor, qu'il plaçait autrefois sur un piédestal, avait en fait des défauts, et ces défauts s'en trouvent alors magnifiés. Aux yeux de l'élève, le mentor devient un démon à qui l'on peut tout reprocher, incluant la trahison. C'est à ce moment que l'élève risque de claquer la porte sans se douter qu'il emportera avec lui le même pattern, jusqu'à ce que quelqu'un d'autre se pointe afin de réveiller les mêmes projections.

Si les leçons que comportent les défis interpersonnels sont intégrées avec succès, on pourra passer au second stade de la relation mentor/apprenti. À ce niveau, l'étudiant va devoir se débattre avec l'enseignement ou les méthodes proposées par son mentor. Cette lutte, qui peut prendre une forme apparente ou non, oblige l'élève à découvrir ses motivations, ses faiblesses et ses attentes auparavant inconscientes. L'élève ou apprenti est constamment forcé à réévaluer sa relation avec la discipline enseignée et l'enseignant. Parfois, cette lutte peut pousser l'apprenti à sortir du nid parce qu'une nouvelle forme d'enseignement est requise. La plupart du temps, toutefois, cette tension fait partie de la dynamique intérieure de la découverte. De plusieurs façons, le stade intermédiaire de l'apprentissage est associé aux phénomènes de transfert, projection et contre-transfert observés en psychanalyse dans la relation entre le mentor et l'apprenti. Mais cette lutte procure de la force et de l'endurance, menant à des révélations et à un niveau de compréhension qui ne peuvent être trouvés dans les livres ou les journaux, car cela nous plonge au cœur de notre mission et nous met à l'épreuve sur tous les plans.

Une fois que tous ces test vous auront bien poli (remarquez que je n'utilise pas l'expression «passer les tests», car les tests n'ont pas autant besoin d'être passés qu'expérimentés), vous entrerez dans la troisième phase d'initiation, au cours de laquelle le sens de l'affirmation de l'apprenti est confirmé. L'apprenti peut dès lors entrer dans le monde avec sa pratique et contribuer, de la manière qui lui est propre et unique, au domaine dans lequel il a étudié.

Il est important de comprendre que le but du mentor n'est pas d'accumuler de l'information ou du pouvoir. Le but du mentor est de transmettre. Qu'un ou plusieurs mentors soient placés sur votre route, chaque enseignant répondra à ce qui est en vous. L'enseignement est confié au mentor ; le mentor n'est pas l'enseignement même, et un bon mentor sait très bien cela. En définitive, c'est à travers les exigences de la relation et de la pratique que l'élève évoluera réellement.

Vous devez vous fier à votre instinct pour trouver le mentor approprié à vos besoins et à votre personnalité. Un jeune homme qui souhaitait devenir écrivain s'inscrivit à un cours universitaire donné par un auteur de renom. Dès le tout début, quelque chose clocha dans la relation. Le professeur avait demandé aux élèves de la classe quels étaient les livres qui les avaient le plus inspirés, et lorsque le jeune homme lui montra sa liste, l'enseignant fronça les sourcils. L'étudiant réalisa sur le champ que leurs visions n'étaient pas congruentes. Plutôt que de se laisser impressionner par la célébrité de cet homme ou de rester coincé dans une situation où tout ce qu'il risquait d'obtenir serait de la critique non-constructive, il prit simplement son courage à deux mains et laissa tomber le cours sans pour autant tomber dans le piège du blâme et de la réaction. Vous n'avez pas à vous conformer aux opinions ou à la ligne de conduite de qui que ce soit. Avant de vous inscrire, il est sage de vérifier si le cours vous convient. L'étudiant en question trouva un autre professeur moins connu mais qui, en bout de ligne, aida grandement le jeune homme, dans la publication de son premier ouvrage.

La dynamique mentor/apprenti requiert un investissement majeur de part et d'autre. C'est la raison pour laquelle Vesta (la force de l'intention) est essentielle. C'est le feu qui brûle en vous qui attirera l'enseignant et l'enseignement appropriés. Bien souvent, l'individu est propulsé par la simple intensité de son feu, sans que la forme de son expression ne soit toutefois clairement définie. Alors, à un certain moment, le mentor apparaîtra et il pourra en fait jouer un rôle crucial dans le choix de carrière de l'individu. Citons l'exemple du psychanalyste Eric Erikson qui vivait en artiste vagabond, lorsqu'un ami l'invita à Vienne afin d'enseigner dans une école destinée aux enfants des patients de Freud. C'est là qu'il rencontra Anna Freud, ainsi que le cercle de psychanalystes s'étant formé autour de son père. Bientôt, Erikson fut entraîné dans le mouvement et entreprit des études auprès des précurseurs de la théorie analytique de l'époque[1]. La conclusion de cette histoire est que si vous pénétrez dans le sanctuaire de votre prêtrise intérieure, les expériences nécessaires à votre évolution se présenteront d'elles-mêmes. Il suffit d'en être suffisamment conscient pour savoir bien les reconnaître.

TROUVER SON MENTOR

Il existe plusieurs moyens de trouver un mentor, et même si l'événement est symbolique, comme ce fut le cas entre Jésus et Jean le Baptiste, il s'agit d'un moment crucial dans le parcours de quelqu'un. En effet, vous serez peut-être en mesure d'affirmer avec certitude qui vous êtes, mais si votre affirmation reçoit une confirmation extérieure, une énergie accrue sera mise en branle. Lorsque Walt Whitman se sentit prêt à s'engager sur sa voie, il posta un de ses recueils de poésie à Ralph Waldo Emerson. Dans ce cas précis, l'apprenti (qui s'était déjà affirmé de lui-même) fit appel au mentor afin de valider son chemin, un geste volontaire très relié à l'énergie de Pallas. Comme il était un bon mentor, Emerson ne se sentit pas menacé et il n'eut pas envie de critiquer la sensibilité différente du jeune poète. Il reconnut la flamme qui brûlait en Whitman et lui retourna une lettre d'appui incluant la question : « Où vous trouviez-vous donc durant toutes ces années ? ». Whitman, qui était alors âgé de trente-sept ans, répondit : « J'étais en train de mijoter ». Prendre le temps qu'il faut pour mijoter, comme l'a fait Whitman, est peut-être ce qu'il y a de plus difficile dans le développement d'un art

---

1. David M. Wulff, « *The Psychology of Religions : Classic and Contemporary Views* » (New York : John Wiley & Sons, 1991).

donné. Dans plusieurs cas, un départ trop précoce peut jouer de vilains tours. Un enfant ayant connu un grand succès d'acteur dès un tout jeune âge peut très bien se retrouver incapable de supporter la pression causée par la célébrité ; un jeune génie hautement acclamé par ses pairs court le risque de devenir complètement désorienté, à l'âge de quarante ans, parce qu'il n'aura jamais pris le temps de trouver sa propre rivière. Plusieurs traditions spirituelles considèrent qu'une personne devrait attendre de nombreuses années avant de s'engager dans l'étude de certaines connaissances. Il est jugé préférable de mijoter, d'attendre qu'un seuil d'intégration personnelle adéquat soit atteint avant de passer au domaine transpersonnel, car la maîtrise exige davantage que le succès initial ou l'acclamation du public. La maîtrise requiert une intention cristallisée (Vesta) et une initiation offerte par le détenteur de la tradition concernée (Athéna). Dans le domaine des arts et de la littérature, les maîtres du modernisme, tels que Pablo Picasso et James Joyce, ont exploré à fond les idées élaborées par leurs prédécesseurs avant de mettre au monde leurs propres styles uniques.

L'initiation offerte par un détenteur de la tradition à laquelle vous appartenez constitue la deuxième grande clef menant à l'établissement d'une carrière nouveau genre. La phase d'initiation, qui est primordiale dans tout processus de manifestation, peut prendre diverses formes. Parfois, cela se produit sans que vous l'ayez demandé. Vous rencontrez quelqu'un ou vous entendez parler de quelqu'un et vous savez immédiatement que vous devez passer du temps auprès d'eux pour apprendre. En d'autres occasions, vous devez initier le mouvement. Il vous faut trouver vous-même votre mentor et, si besoin est, mettre ce professeur à l'essai pendant un certain temps afin de déterminer si il ou elle répond à vos besoins.

Chaque cas est unique, mais rappelez-vous que la clef d'un art en évolution doit être transmise par quelqu'un d'autre, d'une manière ou d'une autre. L'exercice suivant vous aidera à ouvrir les portes de la réceptivité. Il est conçu pour vous préparer à l'étape décisive du travail auprès d'un enseignant ou d'un guide approprié à vos besoins.

Invoquer son mentor

Allez de nouveau dans votre lieu privilégié de recueillement (montagne, plage, chapelle, etc.). Prenez soin d'apporter le mandala d'action que vous avez créé à la lecture du chapitre 12. Cet endroit peut prendre une énorme signification pour vous et, souvent, il peut de lui-même mettre en mouvement l'instauration d'une nouvelle carrière. Dans des cas très particuliers, c'est en effet le lieu de recueillement qui devient l'initiateur, le guide. Quoi qu'il en soit, vous devez vous sentir en harmonie avec votre environnement et ne pas avoir à vous battre avec l'énergie des lieux. Détendez-vous en ressentant l'effet de gravité terrestre et en étant conscient du soutien que vous offre la terre. Respirez profondément et entrez en contact avec votre projet. Lorsque vous vous sentirez bien centré et aligné, tracez un quatrième cercle autour de votre mandala.

Dans ce cercle, vous allez dresser la liste des gens vers qui vous vous êtes sentis attirés par le passé, et qui vous attirent en ce moment, par rapport à votre projet. Pensez à ceux qui peuvent vous guider, des gens qui ont déjà fait quelque chose comme vous, mais dans des formes différentes. Donnez à vos pensées toute la latitude voulue. Ne forcez rien, cependant ; permettez simplement à votre sagesse intérieure de faire apparaître différents visages et différents noms dans votre conscience. Vous pourriez être surpris de voir poindre l'image d'une personne que vous ne connaissez pas ou dont vous n'avez jamais entendu parler, et c'est tant mieux ! Qui sait ce qui pourra en résulter ? Cela signifie que vous recevez des images provenant de très loin, ce qui est bon signe. Une par une, ces personnes défilent à l'avant-plan de vos pensées et vous contemplez simplement leur image. Baignez dans leur présence. Imaginez-les assises devant vous en train de vous prodiguer leurs conseils. Lorsque l'image se renforce, inscrivez le nom d'une de ces personnes ainsi que le champ d'activité auquel elle appartient. Puis commencez à demander conseil à cette personne concernant votre plan de carrière actuel et inscrivez les réponses reçues près de son nom. Procédez de la même façon avec chacune des personnes qui vous sont apparues. Prenez tout le temps dont vous avez besoin pour compléter cet exercice.

Gardez l'énergie de ces personnes près de vous, en répétant le même exercice tous les soirs durant les deux prochaines semaines. Conservez leurs noms sur votre table de chevet et, le lendemain matin, notez les rêves que vous aurez faits. Un mentor important se révélera souvent à vous à l'état de rêve. À l'issue des deux semaines d'exercice, vous sentirez la présence d'un certain nombre de ces personnages plus fortement, tandis que l'image des autres aura commencé à s'estomper. Vous êtes maintenant prêt à concrétiser l'exercice en contactant ces mentors potentiels en chair et en os. Soyez audacieux! Ayez du cran et voyez si une porte peut s'ouvrir. Souvenez-vous qu'une relation mentor/apprenti représente souvent la pierre de touche de la relation suivante, mais c'est vous qui devez faire le premier pas. Alors, sortez et faites des rencontres. Lorsque Kris Kristofferson prit la résolution d'entrer dans le monde de la musique country, on raconte qu'il loua un hélicoptère de façon à pouvoir atterrir sur la pelouse de Johnny Cash. Voilà ce qu'on appelle être audacieux! Souvenez-vous, Athéna est une guerrière. Si vous souhaitez être investi de sa force et de son ingéniosité, vous devez pénétrer avec certitude sur le champ de bataille. Si vous n'obtenez aucune réponse, vous pouvez laisser tomber. Inutile d'éprouver des regrets; ce contact n'était pas pour vous. Vous river le nez à des portes closes et recevoir des lettres de rejet font partie du processus initiatique. Cela mettra à l'épreuve votre force d'engagement.

La discipline (l'intérêt soutenu envers votre projet) vous rendra tenace, ce qui vous permettra de mieux faire face au rejet. Selon Charles Handy, si un entrepreneur veut connaître le succès, il doit s'attendre à faire face à une moyenne de neuf échecs avant de réussir un bon coup[1]. La sagesse de l'élément air, reliée à Athéna, vous encourage à réfléchir à la suite de vos prétendus échecs, de façon à ce qu'ils puissent être transformés en précieuses leçons. La discipline vous rendra persévérant. Graduellement, vous créerez un réseau de personnes pouvant vous assister dans le développement de vos objectifs. Ces personnes pourront vous enseigner et vous permettre d'accéder à de nouvelles dimensions de vous-même.

La recherche d'un mentor peut également vous permettre de rencontrer d'autres individus engagés de diverses manières dans le domaine qui vous intéresse. Montez un dossier pour chaque personne sur laquelle vous souhaitez rassembler des informations. Apprenez qui est qui, et qui tirent les ficelles dans le milieu concerné. Les gens sont habituellement contents de vous aider, spécialement lorsque vous spécifiez ne pas vouloir solliciter un emploi, mais plutôt obtenir de l'information. Ainsi, vous vous entourerez d'un réseau avec lequel vous serez en résonance, qui vous offrira du soutien et qui vous tiendra informé. Cela pavera aussi la voie à des rencontres insoupçonnées. Au département d'orientation de carrière de l'Université Columbia, on a qualifié cette tactique de «recherche d'emploi indirecte[2]». Richard Bolles la décrit en détail dans son livre « *What color is your parachute?* » («De quelle couleur est votre parachute?»).

Voilà pourquoi je fais référence à l'élément air, lorsque je parle de la sagesse d'Athéna. L'air est l'élément du partage et

---

1. Charles Handy, «*The Age of Unreason*» (Boston: Harvard Business School Press, 1991), 69.
2. Je remercie l'infatigable Richard «Buzz» Gummere, ancien directeur du service d'orientation de carrière à l'Université Columbia, de m'avoir initié à ce processus.

de la communication de l'information. Si vous voulez développer votre projet, votre produit ou votre service, il faut absolument apprendre à fendre les airs. Qui sait ? Peut-être rencontrerez-vous en chemin la personne toute indiquée pour devenir votre mentor, afin de vous guider jusqu'à la prochaine étape ou de vous montrer comment trouver la niche convenant au service que vous désirez offrir au monde.

Lorsque vous êtes fortement concentré sur votre priorité, cette sagesse peut opérer à un niveau plus profond que celui du réseautage conscient. En maintenant votre attention sur votre projet, vous ferez des rencontres nouvelles et insoupçonnées afin de faire avancer les choses encore plus loin. L'expérience de Peter Nicholson illustre bien ce propos.

Il y a vingt ans, Peter, un artiste de Soho, eut une vision, par un bel après-midi où il se trouvait en vacances à la plage, en compagnie de son épouse, Ana Maria. Peter admirait un magnifique coucher de soleil lorsqu'il ressentit une intuition au sujet des hologrammes. Bien que toutes sortes d'images holographiques ne cessaient de lui venir à l'esprit, il aurait pu choisir d'oublier cette expérience en l'attribuant tout bonnement à de la rêverie ou aux effets de l'air salin. Au lieu de cela, Peter se mit en action. Il entreprit l'investigation systématique des hologrammes et de leurs possibilités, incluant l'idée de créer des hologrammes par la technologie du laser. À cette époque, Peter et Ana Maria emménageaient dans un nouvel appartement à Manhattan. Au moment où Peter s'efforçait de faire passer un canapé par la porte de son nouveau logis, un homme s'approcha et offrit son aide. Il s'avéra que cet homme était un scientifique spécialisé dans le domaine de l'holographie et des lasers. Ils commencèrent à élaborer des projets ensemble. En moins de six mois, ils reçurent une bourse du Conseil des Arts de l'État de New York, leur permettant de poursuivre leur travail. En tant qu'artiste professionnel, Peter reçut également des bourses, dont une destinée à mettre sur pied une exposition sur l'holographie dans le cadre de la Foire internationale de New York. Peter avait des intuitions récurrentes au sujet du développement de l'holographie utilisant une technologie du laser radicalement nouvelle. Cependant, comme il n'était pas un scientifique, seules les portes du milieu artistique lui étaient ouvertes à ce moment. Quoi qu'il en soit, Peter consacrait tout son temps et toutes ses énergies à ce travail, ne sachant jamais très bien d'où les fonds nécessaires allaient provenir ; et à tout coup, l'argent se matérialisait (souvent à la dernière minute).

Au cours de son exposition, Peter commença à entrer en contact avec certains membres de la communauté scientifique, tout en continuant de développer ses idées sur la technologie du laser. Dans les années 70, il monta une exposition intitulée « Explorations sculpturales de l'espace holographique », ce qui lui permit de rencontrer quelques membres de l'Académie nationale des Sciences. Ces rencontres générèrent l'arrivée d'un tout nouveau réseau de contacts pour Peter qui, tout à coup, fut considéré comme un scientifique. Il s'agit là d'un aspect central, dans le parcours « anti-carrière ». En faisant preuve d'authenticité vis-à-vis votre passion, vous rencontrerez les êtres qui entrent en résonance avec cette passion, et ce sont ces mêmes personnes qui susciteront vos opportunités professionnelles. Éventuellement, le Fonds J.M. Kaplan, qui avait précédemment financé certaines des expositions de Peter, mit sur pied un Centre d'expérimentation holographique à Brookhaven (Long Island) et Peter en fut nommé le directeur.

En peu de temps, Peter se mit à parcourir tout le pays en quête d'équipements sophistiqués. Dans les années 60, plusieurs corporations qui avaient développé la technologie du laser durent procéder à des restructurations et cherchèrent à se débarrasser de certaines pièces d'équipement. Alors que Peter interrogeait quelqu'un dans le Colorado, la personne qu'il rencontrait reçut un coup de fil de la part d'un technicien du laser à l'emploi de la firme McDonell-Douglas, à Saint-Louis.

Il découvrit alors que McDonell-Douglas possédait des équipements de pointe au laser parmi les plus perfectionnés au monde. L'entreprise venait d'acquérir une compagnie, basée au Michigan, qui fabriquait des composantes destinées aux avions de combat X-15, et qui avait développé les équipements holographiques correspondants. La firme McDonell-Douglas était intéressée par ce qui avait trait à l'électronique dans cette compagnie du Michigan, mais l'holographie ne lui était pas utile. Ses dirigeants étaient donc prêts à vendre aux enchères des pièces d'équipement laser valant des millions de dollars.

Peter fit appel au Smithsonian et plaida pour que l'on sauve ce trésor national en gardant l'équipement intact et en l'utilisant à bon escient. L'un des hauts responsables du Smithsonian avait entendu parler du travail de Peter à Long Island et il intervint. En bout de ligne, McDonell-Douglas fit don de l'équipement à la fondation du Smithsonian et reçut des crédits d'impôt en retour. Le Smithsonian se retrouva ainsi en possession de millions de dollars en équipements holographiques, mais il ne disposait pas de l'espace requis pour les entreposer. L'endroit tout indiqué pour le faire fut donc Brookhaven!

Un beau jour, Peter Nicholson, un artiste sans diplôme ou formation scientifique, se retrouva à l'emploi des Laboratoires nationaux de Brookhaven, avec de l'équipement laser valant plusieurs millions, et tout cela parce qu'il choisit de suivre une inspiration qui lui vint par un après-midi comme les autres, en vacances à la plage. Quelque vingt années plus tard, l'holographie est un art établi et la technologie laser que Peter a réussi à développer est désormais utilisée dans diverses sphères d'activités allant de la création d'enregistrements tridimensionnels précis de la rétine de l'œil, à la détection de fissures microscopiques sur le fuselage des avions.

Cette histoire nous montre que le soutien dont nous avons besoin peut être trouvé en plusieurs endroits. Ainsi, rencontrerez-vous peut-être votre mentor au moment où vous serez en train de déménager des meubles ou en marchant dans la rue. La relation mentor/apprenti est un processus organique de croissance et d'évolution qui émerge à partir du moment où vous activez votre pouvoir aligné de concentration. En continuant d'approfondir votre art, vous entrez en contact avec des personnes issues de divers milieux et qui soutiennent votre travail. Ces personnes peuvent venir de partout. Le mentor peut même ne pas être une personne vivante. Le Général Patton avait pour mentor nul autre qu'Alexandre le Grand. Patton puisait en effet de l'inspiration dans la vie de ce militaire ayant vécu des milliers d'années avant lui. Cela n'affecta pas pour autant le pouvoir de transmission. Les mentors sont là pour transmettre la connaissance dont ils sont les détenteurs. Et le jour où vous aurez fait vos preuves, le mentor vous passera le flambeau.

IDENTIFIER SA LIGNÉE

Une autre technique puissante concourrant au développement de votre véritable carrière consiste à identifier vos prédécesseurs, à reconnaître ceux qui, avant vous, ont détenu un idéal et une énergie entrant en résonance avec les vôtres. Plus vous parvenez à personnaliser votre lignée, plus vous pénétrez au cœur du processus d'auto-reconnaissance et de maîtrise. Vous pourriez, par exemple, commencer par vous affirmer en tant que chanteur, mais quelle sorte de chanteur êtes-vous? C'est à partir de ce point que vous commencerez à retourner en arrière. Peut-être êtes-vous un chanteur de blues comme Muddy Waters? Demandez-vous alors: «Qui a pu soutenir et inspirer Muddy Waters par son œuvre?». Plus vous arriverez à retracer votre filiation loin dans le passé, plus vous pourrez absorber la richesse de votre discipline. Cela est valable autant pour les humoristes que pour les plombiers, psychologues, guérisseurs, thérapeutes, entrepreneurs, communicateurs ou propriétaires de quincaillerie. Cela est vrai pour tout type de vocation. L'élan que vous ressentez envers la maîtrise de votre art vous conduit automatiquement à votre lignée, à ses maîtres passés ou actuels. Entrer en contact avec eux vous procurera la validation, l'estime de vous-même et l'émergence de votre propre plénitude.

Il existe une variante très puissante à l'exercice précédent où nous invoquions notre mentor. Il s'agit de dresser la liste des personnes que vous admirez, peu importe qu'elles appartiennent au présent ou au passé. Sous chaque nom, décrivez ce que vous admirez chez cette personne. Qu'y a-t-il dans sa façon de vivre ou de travailler qui vous inspire ? À mesure que vous avancez dans cet exercice, vous réaliserez probablement qu'une ou deux personnes commencent à vous parler ; elles pourraient apparaître dans vos rêves, par exemple, ou l'histoire de leur vie pourrait vous venir à l'esprit au moment où vous avez à prendre une décision difficile. C'est ainsi que ces personnages deviennent vos mentors. Divers mentors apparaîtront en fonction des diverses situations que vous vivrez. Comme nous l'avons déjà mentionné, Thomas Edison consultait régulièrement son conseil d'administration imaginaire[1]. Vous n'êtes pas en train de manipuler votre faculté d'imagination ici ; vous suivez plutôt le fil conducteur que votre imagination vous propose et vous accueillez ensuite toute la richesse des possibilités offertes par la psyché humaine. Si toutes les formes de vie sont interdépendantes, alors n'importe qui – n'importe où, n'importe quand – qui sera en résonance avec votre travail peut agir en tant que guide ou allié. Quiconque a un jour dédié sa vie à un art en particulier sait jusqu'à quel point ces alliances ont de l'importance.

ATHÉNA ET LE MONDE

Dans le monde extérieur, la sagesse de l'élément air se manifeste à travers la révolution informatique qui a rendu

---

1. Hill, « *Think and Grow Rich* ».

possible l'apparition des bureaux et des entreprises à domicile. L'ordinateur personnel a rapidement commencé à redéfinir l'étendue des possibilités individuelles et collectives. Au cours de la prochaine décennie[1], les travailleurs autonomes vont reprendre leur place à mesure que les forces centralisatrices perdront leur emprise sur l'économie. L'ère des grandes organisations centralisatrices est en effet révolue. Nous ne pouvons plus dépendre des corporations, des universités ou du gouvernement pour nos emplois. Comme Ulysse, nous devons apprendre à cheminer grâce à l'inspiration d'Athéna. Il nous faut faire preuve de débrouillardise si nous voulons échapper à l'oppression imposée par les bureaucraties et au chaos provoqué par leur démantèlement.

La discipline athénienne s'accorde bien avec l'ère du Verseau qui nous pousse vers la décentralisation. Ces influences promeuvent la petite entreprise et l'esprit d'innovation, qui ont d'ailleurs généré 80 % des nouveaux emplois créés durant la dernière décennie[2]. Cette poussée caractéristique de l'ère du Verseau se manifestera grâce à l'ingéniosité déployée dans la création de nouvelles infrastructures qui relieront les communautés les unes aux autres. Le nouvel esprit inventif provoquera l'émergence d'une économie globale/communautaire, en encourageant l'entreprise locale, une meilleure gestion des ressources et la maîtrise de la technologie par les individus plutôt que par les institutions. Athéna incitera les gouvernements à construire des pistes cyclables plutôt que des autoroutes, à promouvoir l'énergie solaire plutôt que la lourdeur bureaucratique, à dépolluer l'air et l'eau, et à promouvoir le paradigme de la santé globale. Des individus comme l'homme d'affaires visionnaire qu'est Paul Hawken, auteur du livre *The Ecology of Commerce* (« *L'Écologie du commerce* »), ont commencé à documenter les possibilités qui s'offrent à nous si nous souhaitons humaniser le monde des affaires ainsi

---

1.   NDLT : Le présent ouvrage fut rédigé au milieu des années 90.
2.   « *Coop America Quaterly* », n° 2, vol. 4 (Été 1992).

que les technologies qui y sont associées. C'est l'utilisation de la sagesse d'Athéna à son meilleur face au phénomène de la mondialisation.

Plus vous occuperez votre juste place dans votre art, plus vous serez en mesure de servir votre communauté avec efficacité. Cela vaut autant pour les entreprises publiques et privées, que pour les individus. Et cela nous mène à la troisième clef du processus « anti-carrière » : l'expansion de notre capacité et de notre désir de servir.

14

L'économie de services :
Un nouveau paradigme
pour un nouveau millénaire

L'individu désireux de créer sa propre «anti-carrière» se doit de mesurer l'étendue des effets de la nouvelle économie de services actuellement en pleine gestation. Une fois que votre flamme intérieure brûlera avec stabilité et constance et que vous connaîtrez bien les rudiments de votre art, la prochaine étape, afin de développer avec succès votre projet, votre produit ou votre service, consiste à répondre à cette question : «Comment ce projet peut-il servir les autres ?».

Dans le chapitre consacré au chakra du cœur, nous avons vu que la transformation d'une priorité focalisée en une possibilité professionnelle peut réussir quand nous mettons notre vie au service de la communauté. J'espère maintenant élargir votre notion de service afin de vous rendre encore plus au fait des subtilités qui influencent l'évolution socio-économique.

Notre guide au royaume du service sera la déesse Junon. Junon (qui est le nom latin de la déesse grecque Hera) a dû composer avec une très mauvaise presse, ces quelque deux milles dernières années. Notre culture patriarcale a longtemps relégué Junon au rang d'intrigante et d'épouse jalouse de

Zeus. Pourtant, si votre mari se transformait tout à coup en taureau ou en cygne et qu'il se mettait à pourchasser les jeunes filles, vous seriez peut-être aussi tentée de lui rendre la pareille. Junon est en fait un personnage aux multiples facettes. Pour les Romains, elle était la déesse de la famille, en charge de tout ce qui concerne la maisonnée. Comme l'explique Eleanor Bach, Junon représente également le principe du service: le service désintéressé qu'on offre dans les hospices et les hôpitaux, de même que dans les hôtels, dans les réunions familiales ou sociales, et dans les entreprises coopératives[1]. Junon représente enfin le service relié à l'atmosphère, à l'ambiance et au décor présents dans un environnement donné. À l'heure actuelle, il se trouve que notre atmosphère est de plus en plus polluée. Nous violons sans retenue les principes de Junon avec nos terminaux informatiques émettant quantité de radiations, nos édifices à bureaux où les gens s'empilent les uns sur les autres comme dans des boîtes de sardines éclairées au néon, et par le vrombissement des camions qui défilent devant nos portes de citadins dans un mouvement incessant.

Le service a quelque chose d'atmosphérique autant qu'il a quelque chose de moral. Croire que quelqu'un est bon parce qu'il se met au service de la municipalité, de l'état, de l'humanité ou de Dieu, a très peu à voir avec l'état intérieur de service où se situe réellement le pouvoir d'expansion de notre efficacité et de nos possibilités.

Plusieurs membres de la communauté des affaires ont récemment insisté sur l'importance du service (en opposition à la productivité), en parlant du paradigme du succès dans l'entreprise. Afin que ce concept s'installe dans nos mœurs et qu'il commence à réformer l'économie, il serait donc logique d'apprendre à envisager la notion de service sous un nouveau

---

1. Eleanor Bach, « *A Graphic Ephemeris of Sensitive Degrees* » (New York: Planet Watch Publications, 1987).

jour. Tel qu'il est interprété actuellement, le mot *service* se voit attribuer plusieurs connotations négatives et deux d'entre elles méritent qu'on s'y attarde.

La première de ces connotations est l'équation servant/maître qui survient presque automatiquement lorsqu'on aborde la question du service. Cette dynamique dominant/dominé a inspiré de nombreux dogmes religieux, en plus d'entretenir l'esclavage, le sexisme et le système de classes. Lorsqu'on s'intéresse à leurs origines, on s'aperçoit que les discours religieux et social qui insistent sur la gloire obtenue par le service remontent directement à des situations d'impuissance politique que l'on tentait de refouler. L'idéal du service se transforme en « opium du peuple », ce qui justifie ensuite l'acceptation de l'oppression.

Lorsque l'espoir d'un Dieu sauveur diminuait, comme ce fut le cas pour les Juifs à l'époque de l'Empire romain, pour les Chrétiens après l'échec des Croisades, pour les Hindous à l'époque de la domination musulmane ou britannique, les traditions religieuses se sont souvent éloignées des instances du pouvoir en perte de vitesse, pour se réfugier dans des fantasmes sur le passage d'un nouveau millénaire ou pour se complaire dans l'idéal de l'humble servant de Dieu qui souffre pour Lui.

Même si la majorité des sociétés contemporaines dénoncent avec vigueur la notion de hiérarchie et de classes sociales, de nombreuses professions reliées au service restent empêtrées dans la mentalité du martyr. Comment se fait-il que les travailleurs sociaux et ceux du monde de la santé gagnent beaucoup moins que les ouvriers de l'aviation ou les ingénieurs nucléaires ? Cette disparité est justifiée par la valeur marchande ou, bien pire encore, par la croyance selon laquelle le service devrait être en lui-même la juste récompense d'un service professionnel, alors que les autres ont le droit d'être rétribués de façon plus tangible. La notion de service reste souvent limitée à un discours de repentir et de culpabilité dont nous sommes régulièrement témoins lorsqu'il est question d'aider les pauvres et les démunis, ce qui, du même coup, continue de renforcer la mentalité hiérarchique.

L'autre connotation négative attribuée à l'idéal du service, et dont j'aimerais discuter, concerne le statut d'êtres vertueux dont se targuent ceux qui croient que le service représente la seule occupation légitime et valable. Cette attitude est souvent adoptée par des groupes désirant faire le bien et qui citent en exemple les Gandhi, Mère Teresa et compagnie. Ces groupes exhortent leurs partisans à ne pas trop verser dans la croissance personnelle et dans l'individualisme bourgeois, mais plutôt à donner tout ce qu'ils ont (biens matériels et énergie) « à la cause ». Les expériences socialistes ratées entretenaient le même point de vue, au même titre que les Zélotes modernes de tout acabit.

Ces divers comportements ont en commun la non-reconnaissance du pouvoir individuel et le non-respect de l'intégrité de la personne. Si vous vous imposez le service en tant que stratégie pour tenir le coup face au monde actuel, ou si vous brandissez le service au nom de votre idéal spirituel et à la face de la société matérialiste, vous n'êtes pas établi dans votre plénitude. Si votre conception du service vient effectivement en aide à certains individus, elle en aliène d'autres imperceptiblement. Pour donner une image, on pourrait dire que cette manière d'agir fait penser à des enfants riches qui déposent des fleurs dans le canon des fusils des soldats de la classe ouvrière.

La redéfinition du service passe par le développement du triangle de base du pouvoir personnel, en conjonction avec la compassion émanant du cœur. Lorsqu'un individu se sent comblé et qu'il vit selon sa vérité, sa surabondance naturelle cherche alors à se manifester par le désir de servir. Lorsqu'un individu ressent naturellement de la gratitude pour les

cadeaux du monde ainsi que pour ceux qu'il a personnellement reçus, sa réaction instinctive sera de partager ce sentiment. Selon cette nouvelle définition, l'esprit de service est
basé dans le cœur, ce qui pourrait éventuellement donner lieu
à un mode relationnel interactif se situant au-delà des notions
de profits et de pertes. Le commis ne vendra pas son produit
dans le but de prendre quelque chose d'autre. Il vendra parce
qu'il ressentira de l'enthousiasme et qu'il croira en ce qu'il fait.
Cet enthousiasme naturel à l'égard du produit sera conta-
gieux et attirera la clientèle. La qualité des échanges fera que
chacun va sentir qu'il reçoit quelque chose ayant de la valeur.

Similairement, la recherche et le développement de produits peut participer à l'idéal du service, lorsque celui-ci procède de la surabondance. L'invention peut ainsi procurer un
sentiment de célébration, en plus de répondre à une nécessité.
Les nouvelles questions qui seront alors posées seront : «Comment ce produit pourrait-il servir»? et «Quel est le plus grand
bien que pourrait procurer ce produit?». Andre Dezanger et
Judy Morgan, auteurs du livre *Tao of Creativity* («*Le Tao de la
créativité*»), ont déjà obtenu un contrat de consultants auprès
d'une compagnie fabriquant des ventilateurs de plafond, en
Inde. Ils posèrent les mêmes questions aux responsables du
développement : «Quel est le plus grand bien que pourrait
procurer votre produit?». Certains répondirent «le confort»,
d'autres évoquèrent «le soulagement». Finalement, quelqu'un
dit : «la santé». «Voilà une idée qu'on a envie d'appuyer»,
s'exclamèrent Andre et Judy. «Alors, dites-nous: Comment
pourrions-nous concevoir un ventilateur santé?». Éventuellement, l'idée vint de fabriquer des ventilateur en utilisant une
essence de bois qui chasse les moustiques de façon naturelle.
Les insectes représentent un problème majeur durant les
grandes chaleurs de l'été indien, et ces ventilateurs allaient
contribuer efficacement à la santé des gens.

Lorsqu'on se place ainsi en position de service, c'est toute
l'industrie du marketing qui en bénéficie. Le marketing

devient un objectif proactif émergeant d'une vision d'abondance; on ne fait plus simplement la promotion du confort, mais celle du bien-être. C'est ce qui s'est produit lorsque Andre et Judy se sont exclamé: «Voilà une idée qu'on a envie d'appuyer!». La nouvelle économie de service pave la voie à ce type de collaboration et de célébration.

L'exercice suivant vous aidera à aligner votre priorité en développement sur l'énergie supérieure de service. Puiser à même la conscience du service au cœur de soi-même constitue la troisième clef «anti-carrière». Une fois de plus, nous vous invitons à retourner dans votre lieu de recueillement favori avec vos crayons et votre mandala d'action. Chaque fois que vous vous retrouvez dans cet endroit pour dialoguer avec votre âme, vous donnez plus de pouvoir à cet espace et vous en bénéficiez automatiquement, car l'énergie du travail que vous faites reste sur les lieux. Cela pourrait expliquer pourquoi l'on désigne certains endroits comme étant des lieux saints. Un cours d'eau comme le Gange, qui a fait l'objet de prières pendant des milliers d'années, est chargé de l'énergie cumulative de ces prières, et lorsque vous priez sur place, vous entrez vous-même en résonance avec cette énergie. De la même manière, plus vous y retournerez, plus votre lieu de recueillement deviendra une source d'inspiration et de créativité pour vous, chaque fois que vous aurez besoin d'un grand moment d'introspection.

Commencez toujours par le commencement. Revenez à votre priorité centrale, votre projet, votre produit ou votre service auquel vous souhaitez vous consacrer. En développant votre art, vous suscitez une énergie de continuité qui, elle, crée un momentum. En acceptant de partir à la recherche d'individus, d'endroits et d'institutions pouvant faciliter votre travail, vous commencez à créer le réseau primordial qu'il vous faut trouver afin que votre travail prenne sa juste place dans le monde. Il importe de maintenir ces deux pratiques: rester concentré sur votre projet, tout en l'affirmant dans l'action.

Établissez votre réseau en maintenant un contact régulier avec vos mentors et collègues. Les réseaux ne sont pas des objets inanimés; il s'agit d'un courant d'interconnexions en constante évolution qui a besoin d'être nourri et utilisé sur une base régulière. Le chemin s'ouvre devant vous seulement si vous l'empruntez.

Ce qu'il y a de plus grand pour ma priorité

Entrez dans un état méditatif. Ressentez l'énergie d'abondance, entrant encore une fois en contact avec les rythmes naturels de votre corps et de l'univers. Ressentez le pouvoir de votre passion et de vos convictions, et combien ce pouvoir s'est focalisé sur la priorité à laquelle vous vous consacrez maintenant. Laissez cette sensation monter jusqu'à votre cœur, et à partir du centre de votre cœur, ressentez votre désir de partager votre travail avec le monde. Faites maintenant monter l'énergie jusqu'au chakra de la gorge et ressentez le flot des possibilités créatrices qui s'y trouvent. Enfin, laissez le chakra de la couronne se déployer, puis ressentez l'entonnoir inversé par lequel l'énergie lumineuse descend jusqu'à l'intérieur de vous. Vous êtes maintenant vivant et centré, et depuis cet espace, demandez: «Quel est le plus grand bien que pourrait procurer ma priorité? Quelle contribution mon projet/service/produit peut-il apporter à une plus large échelle, à l'évolution de la planète?». Laissez défiler, sur votre écran intérieur, les impressions et les images qui viennent jusqu'à vous. Que pressentez-vous? Soyez patient. Laissez votre intériorité travailler à son propre rythme. Laissez l'énergie se déployer, et lorsque vous sentez que vous avez terminé, écrivez ce que vous avez reçu. Revenez ensuite à la méditation et demandez: «Comment puis-je mettre en œuvre mon projet pour le plus grand bien du tout?». Donnez-vous le temps de visualiser les réponses en détail; voyez votre projet en train de se déployer dans le temps. Inscrivez ensuite les réponses reçues à l'intérieur d'un cinquième cercle entourant les quatre autres.

Après avoir complété cet exercice, vous devriez vous sentir vivifié, vibrant et enthousiaste, car vous aurez aligné ce qu'il y a de meilleur en vous sur ce qu'il y a de meilleur chez les autres. C'est ainsi que vous actionnerez la grande roue des échanges dans une perspective tout à fait nouvelle, non pas à partir d'un besoin désespéré, mais à partir du grand courant de vie qui nous a créés et qui nous nourrit.

L'ENSEMBLE DE JAZZ DU VERSEAU ET LA NOUVELLE ÉCONOMIE

Le service est l'expression de la surabondance provenant de l'alignement intérieur. Forts de cette nouvelle perspective, nous pouvons mieux comprendre ce célèbre verset tiré de la Bhagavadgita indienne :

Il vaut mieux s'occuper de son propre dharma,
même si cela est fait dans l'imperfection,
plutôt que de s'occuper du dharma d'un autre.
Car faire le travail d'un autre
est dangereux[1].

Faire son véritable travail – son propre dharma – conduit à la plénitude qui, elle, permet à l'individu de servir dans un désintéressement véritable. Dans l'Inde et l'Europe tradition-nelles, le dharma de quelqu'un était cependant dicté par les anciens de la famille et de la communauté. Quelqu'un d'autre vous disait ce que vous deviez faire. Plusieurs personnes sou-haitent encore obtenir ce genre de certitude ; les ashrams et les forces armées continuent d'ailleurs d'être à leur disposition. Or, le principe de base qui sous-tend la Constitution améri-caine est la liberté par rapport à la mainmise du système de classes européen et des traditions qui s'y rattachent. Ce prin-cipe accorde à chacun d'entre nous la chance et le défi de trouver notre propre dharma. Cela constitue le but de la

---

1. *Bhagavadgita*, 3.35.

démarche « anti-carrière » : susciter l'espace et la préparation nécessaires afin que votre dharma vous trouve. La quête de vision des Amérindiens est un autre modèle permettant de se réinventer dans le travail. Lorsque nous entreprenons une quête de vision selon la tradition amérindienne, nous prenons le temps d'entrer en contact avec notre sagesse intérieure, puis nous permettons aux forces intérieures et extérieures de se rejoindre. Lorsque ces forces coïncident, l'appel de l'individu se révèle à lui. La culture amérindienne offre le temps, l'espace et le soutien de groupe voulus pour qu'un individu puisse entretenir le dialogue intérieur et ainsi contribuer à la communauté à partir de son essence.

Chacun d'entre nous est l'expression unique de la force créatrice. Par conséquent, chacun d'entre nous possède un don unique avec lequel servir le monde. Le renouvellement de l'esprit de service nous encourage à créer des modèles sociaux de coopération qui eux, faciliteront la mise en place de nos projets, lesquels représentent notre forme individuelle de service. Une image que j'aime beaucoup utiliser est celle de l'Ensemble de jazz du Verseau. Au lieu de l'orchestre conformiste habituel, dirigé par un chef à l'ego bien enflé qui ne joue même pas d'un instrument (on a ici un autre exemple du modèle hiérarchique à l'intérieur duquel le pouvoir est projeté sur le mâle expérimenté), l'Ensemble de jazz du Verseau est formé d'un groupe malléable et décentralisé d'individus. Chacun de ces individus possède une maîtrise spécifique et est respectueux de la place occupée par les autres. À partir de cette position, les musiciens improvisent. L'improvisation crée une forme fluide permettant aux individus d'entrer et de quitter à leur guise. Nous sommes en présence d'une force de cohésion, d'un mouvement d'unité, qui ne s'alimente pas au détriment de l'individu et de son service.

Une partie de votre travail « anti-carrière » concerne donc la création d'une atmosphère permettant au service de chaque individu d'être reçu et partagé, une atmosphère de confiance qui donne de la valeur aux échanges. Cela concerne aussi les familles, les familles élargies, les communautés et les groupes de soutien sur tous les plans. De tels modèles ne peuvent émerger que s'il y a une compréhension consciente des lois du don et de l'accueil, car le service a tout à voir avec le partage et non avec le fait de donner jusqu'à ce qu'il n'y ait plus rien à donner.

À un niveau plus profond, l'esprit de service renouvelé nous indique la voie pouvant nous conduire vers la nouvelle économie. Ce nouveau modèle économique, comme l'a déjà suggéré le poète Gary Snyder, est en fait une branche de l'écologie. Dans la nouvelle économie, la loi fondamentale de l'interdépendance est reconnue et respectée, au même titre que la loi de la liberté individuelle. Lorsque quelqu'un commence à réaliser que chaque geste posé en un lieu a des répercussions en tout lieu, c'est toute la notion de service qui s'en trouve transformée. L'économie ne doit pas prendre de l'expansion ou se maintenir aux dépends d'un groupe ou d'une zone en particulier. L'économie doit plutôt représenter le partage sacré des valeurs, car toute vie sert la vie elle-même et toute forme d'échange est purement sacrée. Le service est donc une reconnaissance profonde de la nature des choses. L'échange honorable des valeurs joue un rôle central au sein de cet ensemble infini de connexions délicatement tissé. En reconnaissant l'évidence de notre interdépendance, nous ne sommes pas seulement en mesure de partager au-delà des frontières entre les races, les religions et les nations, mais également au-delà du passé et du futur. Nous commençons à recevoir le soutien de nos ancêtres et prédécesseurs ayant vécu en d'autres temps et en d'autres lieux. Nous sommes capables d'offrir nos services afin de guérir le passé et réconcilier les différences, à mesure que nous avançons dans la création d'un avenir collectif.

Cette reconfiguration de l'individu et de la collectivité est en train de se faire et ce, à une vitesse vertigineuse. Des nations et des États se séparent et reprennent de nouvelles formes ; au cours des dix dernières années, la notion de famille s'est complètement transformée ; et dans le monde des affaires, les entreprises s'effondrent et refont surface en l'espace d'une semaine. Du point de vue « anti-carrière », cette situation n'est pas nécessairement déplorable. À vrai dire, ces phénomènes mettent en lumière le besoin d'établir de nouveaux modes relationnels, de nouvelles façons de faire qui honorent l'individu au lieu de l'isoler, des façons de faire – et d'être – qui reconnaissent et affirment l'interdépendance et l'individualité de toute chose et de chacun.

Le paradigme du service actuellement en émergence, encourage les projets coopératifs et le développement de possibilités de travail pour tous. Il cherche à rapprocher les cœurs et à stimuler les efforts réalisés main dans la main. Ce nouveau paradigme revalorise également les métiers de base : potiers, charpentiers, designers, chefs, naturopathes, herboristes, etc. Sous l'influence de Junon, il n'y a véritablement pas de sot métier, car les tâches les plus simples prennent tout à coup un nouveau sens. Je ne voudrai peut-être pas pousser un balai pour le restant de mes jours, mais si je crois au projet auquel je participe et que je me sens soutenu par les membres de mon équipe, mon travail s'inscrira dans un mouvement de partage plus grand. Je nettoierai le sol et cela me plaira parce que mon travail me mettra en contact avec une autre sorte de joie.

Junon représente aussi le besoin d'équilibrer notre vie sur les plans personnel et professionnel. Une « anti-carrière » n'utilise pas le travail en guise de substitut à l'intimité, à l'estime personnelle ou à la spiritualité. Son but est d'aligner notre travail sur l'ensemble de nos énergies de vie. Lorsque quelqu'un dit : « Je travaille pour faire vivre ma famille », cette déclaration camoufle souvent une part de ressentiment, comme si le travail pour la famille était perçu comme un mal nécessaire. Si votre famille est sincèrement établie dans votre cœur, vous organiserez votre vie professionnelle (temps, espace et énergie) en fonction de vos priorités familiales. Voici pourquoi l'alignement est essentiel : lorsque vos priorités sont claires, pas seulement en ce qui concerne le travail mais la famille également, il devient tout à fait possible d'aligner votre carrière en fonction de vos intérêts authentiques.

L'un des défis les plus grands dans l'établissement d'une «anti-carrière» est la création d'une situation dans laquelle vos relations immédiates et votre travail se soutiendront mutuellement. C'est la raison pour laquelle il est essentiel, dès le départ, de connaître, de définir et de formuler la nature exacte de la flamme qui brûle en vous et de le faire savoir clairement à tous ceux qui vous entourent. Une relation ou une situation professionnelle qui mérite d'être maintenue en est une que vous êtes prêt à construire étape par étape et pour laquelle vous êtes prêt à vous battre si nécessaire. Plus vous vous rapprocherez de votre authenticité, plus vous vous soucierez de personnes et des choses qui vous entourent. D'une certaine façon, on pourra dire que les gens et les choses auxquels vous aurez envie de donner le plus de soins deviendront *qui vous êtes*.

Cette énergie du don et du travail soignés, cette énergie de préoccupation au niveau du cœur, est caractéristique de l'esprit de service renouvelé. À mesure que les nations industrialisées de l'ère postmoderne entreront consciemment dans l'économie de service, ceux et ce pour qui et pour quoi nous nous préoccuperons avec amour, de même que notre façon d'incarner ces préoccupations, seront des enjeux essentiels. La revalorisation et le renouvellement de l'esprit de service constitueront l'une de nos plus grandes priorités ; et à mesure que ces priorités s'aligneront de plus en plus, nous pourrons consciemment mettre en action ce qui nous tient le plus à cœur. Il s'agit là de la quatrième et ultime clef du processus «anti-carrière», soit le projet de Cérès, la déesse de la gestion interactive qui gouverne la distribution et la réorganisation de l'énergie, donc la structure de notre existence.

15

La gestion interactive

*I*l fut un temps où les États-Unis étaient avantageusement reconnus dans le monde pour ce qu'on appelait le *melting pot américain*, cet heureux mélange d'intérêts, de races, et de credo qui débarqua sur les rives du Nouveau monde pour bâtir un pays. Présenté comme un modèle de réconciliation entre les visions de différents peuples, ce type d'organisation prônait fortement la centralisation du travail au sein des grandes corporations et des agences gouvernementales. Tout le monde allait se fondre dans la même société et œuvrer pour la même entreprise ; les noirs et les blancs, les femmes et les hommes allaient, sans distinction, travailler à la chaîne de montage ou garer confortablement leur voiture dans le même parking, avec leur complet-cravate sur le dos et leur mallette à la main. De nos jours, le *melting-pot américain* n'est plus en vogue. On préfère désormais parler d'une glorieuse mosaïque humaine et mettre l'accent sur les possibilités créatrices de la diversité culturelle. Pourquoi n'en serait-il pas de même pour notre vie professionnelle ?

Plutôt que de se fondre à un emploi, une profession ou une entreprise pour toute sa vie, l'individu « anti-carrière » de l'avenir sera une mosaïque vivante, quelqu'un qui sera en mesure d'offrir une variété de services, et d'élargir ses intérêts dans des directions complémentaires et simultanées. L'idéal de l'emploi à vie est aussi désuet que le chemin de fer transcontinental. Certains se déplacent peut-être de cette manière par loisir, mais il s'agit essentiellement d'une relique appartenant à un autre âge. La retraite n'est même plus une option que nous pouvons espérer. En réalité, la plupart d'entre nous aimerions prendre notre retraite dès l'âge de vingt-neuf ans, puis passer le reste de notre vie à travailler de façon productive dans un domaine que nous aimons sincèrement.

L'ère de l'information électronique fait désormais partie de la réalité et parvient à faire tomber les barrières qui séparaient indûment les classes sociales. Plus ce mouvement prend de l'ampleur, plus les individus se retrouvent munis de curriculum vitae variés et étoffés. De nos jours, un seul et même individu peut être à la fois fermier, électricien, courtier, homme à tout faire et chanteur d'opéra se rendant en Autriche tous les étés afin d'offrir des concerts ! Je connais personnellement quelqu'un qui remplit exactement tous ces rôles. Il ne s'agit pas d'une utopie mais bien d'une nécessité si vous voulez réinventer votre travail et trouver votre juste place. De toute façon, ce que nous aimons faire se transforme et grandit au fil des ans. Se limiter au concept de l'emploi unique ou à l'idée préconçue selon laquelle certains types d'emploi sont pour certains types de personnes (comme quoi un individu ne pourrait être en même temps fermier et artiste, par exemple), c'est ériger des murs artificiels autour de soi-même et limiter ses opportunités.

Cela ne veut pas dire qu'une personne peut tout faire. Il importe de garder en mémoire le principe primordial d'utilisation de nos forces et de nos atouts. Cependant, en développant votre projet, votre produit ou votre service, vous découvrirez que votre vocation émergera autour d'un thème, plutôt que d'une façon linéaire. Ainsi, comme un arbre, vous devez vous préparer à voir pousser vos branches. Jan Nigro a permis à sa passion pour la musique de croître dans trois ou quatre directions. Il offre des leçons de guitare dans sa région, offre un service de télégrammes chantés pour les occasions spéciales, et co-dirige une compagnie qui a, entre autres, produit deux albums pour enfants ayant été primés. Son propre groupe musical, *Vitamin L*, donne régulièrement des concerts sur la côte Est, et Jan arrive à organiser son horaire afin de respecter ses différents engagements.

Dans l'ouvrage intitulé *The Age of Unreason* (« *L'Âge de la déraison* »), Charles Handy parle d'organisations « en forme de trèfles », c'est-à-dire de structures de plus en plus décentralisées qui se déploient dans plus d'une direction, comme un trèfle à trois ou quatre feuilles. Ces entreprises préfèrent offrir des sous-contrats à des compagnies plus petites, plutôt que de maintenir une organisation lourde et centralisatrice[1]. Ce modèle de décentralisation concerne autant les entreprises que les individus. Désormais, le proverbe voulant qu'il vaille mieux garder ses œufs dans le même panier ne tient plus, car on ne sait jamais si le panier sera encore là pour nous du jour au lendemain. Un bon ami à moi travaillait dans une compagnie fabriquant des ascenseurs. Il y avait consacré ses bons et loyaux services depuis vingt-deux ans jusqu'au jour où, de bon matin, il fut convoqué au bureau de son patron.

– « Que dirais-tu de prendre de longues vacances ? », lui demanda-t-on.

– « Cela veut-il dire que je suis mis en disponibilité ? », demanda mon ami.

– « Non, cela veut dire que tu es viré. Nous voulons que tu sois parti d'ici avant 1h00 cet après-midi », répliqua le bras droit de son supérieur immédiat.

La seule chose qui soit vraiment frappante au sujet de ce scénario est son apparition répétitive dans la monde actuel du

---

1. Charles Handy, « *The Age of Unreason* », 89-102.

travail. Des millions de gens d'un bout à l'autre du pays et autour de la planète ont déjà subi le même sort. L'espoir de voir le gouvernement offrir des filets de sûreté, des programmes de retour au travail ou même des emplois frise l'absurdité. Si ces attentes étaient menées jusqu'à leur conclusion logique, cela voudrait dire que le gouvernement deviendrait la seule grande corporation au pays, employant la nation toute entière. Encore une fois, le modèle du *melting pot* se répète ; nous continuons d'espérer et de prier pour que quelqu'un d'autre prenne soin de nous.

La seule manière de sortir de ce cercle vicieux consiste à devenir responsable de soi-même et de sa carrière. Un proverbe amérindien, très approprié à ce contexte, affirme que le meilleur remède se trouve toujours sous nos pieds. C'est à partir de là où vous êtes que vous devez commencer à créer votre carrière, en « apprivoisant le pouvoir des petits[1] ». Il vous faut une stratégie, pas seulement dans le but de créer votre carrière, mais de créer *votre voie*, un réseau de personnes contacts en résonance avec qui vous êtes. Cela permettra à votre carrière de devenir un arbre mature déployant ses branches avec force, comme autant de possibilités enrichissantes. Vous ne pouvez plus vous permettre de dépendre des employeurs, des gouvernements ou des allocations auxquelles vous auriez normalement droit. Comme un guerrier Samurai pratiquant la vigilance et la promptitude, comme nos ancêtres chasseurs et agriculteurs qui savaient reconnaître les saisons, les sentiers et les sons de la forêt, nous devons nous synchroniser aux courants actuels qui prévalent dans le marché cosmique. Nous devons développer notre réseau d'interconnexions en comptant sur notre sentiment d'abondance, notre passion et notre priorité, non pas comme si ces qualités étaient un filet de sûreté sur lequel se laisser choir, mais en les considérant comme des ressources vivantes nous permettant de concrétiser des formes.

---

1. *I-Ching*, hexagramme no9.

La dernière clef « anti-carrière » concerne la gestion. Il s'agit de la pratique la plus intéressante et en même temps la plus difficile à maîtriser, car la notion de gestion est souvent issue d'une vision très étroite et unidirectionnelle. Lorsque la gestion est seulement comprise en termes d'efficacité organisationnelle, nous passons à côté de ce que Gary Snyder voulait dire en affirmant que l'économie est une branche de l'écologie. Lorsque je fais référence à la gestion, il s'agit pour moi d'un mode d'échanges interactif, plutôt que hiérarchique. Cela suppose de nourrir nos projets, assimiler les éléments et énergies nécessaires à leur pleine manifestation et les distribuer là où un besoin se fait sentir. Cérès représente bien ce que je viens d'exposer. Elle est la déesse de la terre, et la gerbe de blé qu'elle tient dans sa main met l'accent sur le caractère organique et sain du principe qu'elle gouverne. Étant la mère de toutes les formes de créativité et de productivité, Cérès gouverne en même temps le principe des proportions. Comme la nature qui sait toujours trouver son propre point d'équilibre, Cérès nous incite à maintenir un équilibre créatif dans notre vie. Si Mère nature mettait tous ses œufs dans le même panier, il n'y aurait qu'une seule espèce vivante sur cette terre ! Mais cela ne lui ressemble pas. La nature a donné naissance à une myriade de formes vivantes qui expérimentent et interagissent constamment les unes avec les autres. Si Mère nature perdait son boulot, elle n'aurait pas vraiment à s'en faire, car elle en possède des millions d'autres !

Des événements dévastateurs, comme les incendies, sont même nécessaires pour assurer le plein potentiel de croissance d'une forêt et l'émergence d'espèces nouvelles plus résistantes. Cérès considère son travail comme sa voie. Elle n'est pas à l'emploi d'une compagnie en ayant confiance que cette « entreprise parentale » la protègera jusqu'à ses vieux jours. Son travail représente plutôt ce qu'elle est dans toute sa merveilleuse complexité : elle peut très bien œuvrer pour une compagnie, mais elle œuvre aussi pour son propre plaisir créatif. De plus, étant donné qu'elle valorise l'interdépendance des êtres et des choses, son sentiment de sécurité est établi dans la réciprocité de son réseau de relations. Puisqu'elle ne dépend pas de la compagnie, elle rayonne la grâce et la dignité en toute saison. Cet état de grâce est primordial afin de réussir votre «anti-carrière»: il ne suffit pas de savoir ce que vous pouvez faire, vous devez également savoir quand, où et avec qui vous pouvez le faire.

Développer un équilibre créatif semblable dans sa vie, c'est cultiver la grâce et la dignité, c'est transformer les tracas d'un quotidien décousu, en veillant à rétablir l'harmonie entre ces trois mouvements de la vie: nourrir, assimiler et distribuer. En mécanique automobile, la tête du distributeur permet à l'énergie de circuler dans les différents circuits en justes proportions. De la même manière, nous devons nourrir les différentes facettes de notre vie (foyer, famille, communauté, travail, intériorité), tout en assurant une synergie entre ces divers éléments plutôt qu'en laissant l'un de ses aspects occuper toute la place. Le modèle de gestion interactif nous encourage à gérer les ressources disponibles de façon à pouvoir devenir des mosaïques vivantes offrant des services. Ainsi, nous n'avons plus à nous fondre dans la lourdeur d'une économie centralisée et surchargée.

La gestion interactive est un principe organique. Cela signifie que l'équilibre réciproque que vous cherchez à obtenir ne peut être manufacturé. Cet équilibre doit grandir. Il doit littéralement émerger à partir de votre authenticité. L'application la plus évidente de ce principe se traduit actuellement par l'augmentation du nombre de travailleurs à domicile. Associé aux nouvelles technologies de télécommunication internationale, ce phénomène pave la voie à la création d'un nouveau monde du travail. Mais attention, si votre idéal n'est pas bien enraciné, vous risquez de devenir les victimes de ce progrès. Vous serez tous munis de vos téléphones et ordinateurs portables, permettant à tout un chacun de vous retracer où que vous soyez et à toute heure du jour ou de la nuit.

Il y a quelque temps, j'ai dû faire remorquer ma voiture jusqu'à un garage ultramoderne pour une mise au point. Lorsque je suis entré dans le garage, personne ne m'a salué; en fait, personne ne m'a adressé la parole. Finalement, un commis derrière le comptoir m'a posé huit questions: «Quand? Où? Marque? Modèle? Année? Numéro de carte de service automobile? Assurances? Mode de paiement?», et ce, sans même me regarder une seule fois. Pendant tout ce temps, ses yeux étaient rivés à l'écran d'ordinateur et pour chacune des questions, il devait attendre une trentaine de secondes afin que le programme enregistre les nouvelles données. Cette scène surréaliste – incluant le silence des employés à mon arrivée, le questionnaire expéditif, le temps qu'il fallait prendre pour compiler mes réponses, et celui qu'il fallait ajouter à l'impression de la facture informatisée – a duré en tout dix minutes. C'est alors qu'une effroyable question me passa par la tête: les êtres humains ne seraient-ils simplement qu'une étape dans l'évolution de la planète, entre le règne de la nature et celui de la machine?

La technologie peut, bien sûr, favoriser l'efficacité et donner du pouvoir, mais si elle n'est pas intégrée à une vision plus élevée, elle nous mènera tout droit vers la destruction de l'amitié, de l'intimité et du contact humain pour lesquels nous vivons. Le travail à domicile contribue à une certaine forme d'indépendance et de flexibilité, mais souhaitez-vous vraiment que votre demeure devienne un bureau? Souhaitez-vous abandonner la dernière frontière de votre intériorité? Ou pourrait-il y avoir d'autres solutions? Peut-être y aurait-il moyen de redessiner les lieux de travail afin de les rendre plus humains? Dans la culture traditionnelle du Moyen-Orient, par exemple, la maison est clairement divisée entre ses parties publique et privée. Ce sont des préoccupations importantes au sujet desquels il importe de réfléchir dans le développement de votre projet, de votre produit ou de votre service. Il ne faut pas seulement vous demander sur quoi vous allez travailler, mais aussi *comment*. Comment voulez-vous entretenir vos relations avec vos collègues, avec le matériel dont vous avez besoin, et avec la ville où vous travaillez ? Cérès gouverne tout ce qui est nourriture pour le corps et l'esprit ; elle veille aussi sur le principe de la productivité et nous encourage à trouver l'équilibre entre nos besoins fondamentaux et professionnels.

Ces mêmes préoccupations valent aussi pour les organisations puisqu'elles sont reliées aux individus. *Tom's*, une entreprise établie dans l'État du Maine, a souvent été citée en exemple pour ses efforts en vue de mettre sur pied une sorte de famille corporative élargie. Les travailleurs à l'emploi de *Tom's* ont de l'intérêt à l'égard du produit, soit des articles de toilette à base de produits naturels. En plus de partager une partie des profits de la compagnie, les employés sont encouragés à travailler pour la communauté. On leur offre des horaires flexibles, des bénéfices marginaux diversifiés et un service de garderie pour les enfants, ce qui leur permet d'équilibrer leurs vies communautaire, familiale et professionnelle. De plus en plus d'organisations partagent une vision semblable. L'organisme *Social Ventures Network* (« Réseau d'entreprenariat social ») se spécialise justement dans l'analyse des relations salariales entre les employés et leurs cadres supérieurs, dans le but de transformer le paradigme selon lequel l'entreprise n'existe que pour profiter à ses propriétaires. Cet organisme fait donc la promotion de la réciprocité entre les humains et encourage le respect de l'environnement[1].

Il n'y a pas si longtemps, une telle philosophie aurait été jugée contre-productive. Cependant, grâce au retour croissant des valeurs humaines dans le monde du travail (tel que promu par le style de gestion interactif), les gens cherchent de

---

1. « *Business Today* », citations de Jeffrey Green, PDG de *Hutchison Technology*, n° 3, vol. 30 (Automne 1993) : 28.

plus en plus des emplois qui encouragent le développement communautaire plutôt que la productivité débridée. Il va de soit que les travailleurs auront davantage envie de fournir des efforts pour ce type d'organisations.

Konosuke Matsushita, le conseiller exécutif de la compagnie *Matsushita Electric*, livra un témoignage à vous glacer le sang au sujet du paradigme de gestion non-interactive qui prévaut actuellement chez-nous. Il s'adressa à un groupe de gens d'affaires occidentaux en ces termes :

> *C'est nous (les Japonais) qui allons gagner, et l'Occident industriel va perdre la partie. Vous ne pouvez pas y faire grand chose car les raisons de votre échec se trouvent à l'intérieur de vous. Vos entreprises sont bâties selon le modèle Taylor, où les patrons sont ceux qui pensent tandis que les travailleurs manient le tournevis. En votre for intérieur, vous êtes convaincus que c'est la bonne manière de faire fonctionner une entreprise[1].*

La gestion interactive offre une alternative à ce paradigme, en appuyant les organisations qui favorisent l'alignement de l'amour et du travail. Des organisations de ce genre peuvent être mises sur pied dans le but de soutenir l'industrie locale, les métiers de base et le caractère unique de chacun. La ville de Sugarloaf, dans l'État de New York, a, par exemple, décidé de mettre en valeur son artère principale où l'on retrouve les boutiques des nombreux artisans locaux. Plutôt que de se rendre dans les centres commerciaux, les gens affluent des quatre coins de la région à Sugarloaf, afin de profiter de l'atmosphère énergisante de cette petite ville et apprécier son artisanat. L'artisan ne peut agir seul face à l'éthique de la production de masse soutenue par les centres commerciaux et leur culture déshumanisée. Cependant, ce regroupement

---

1. Cité par Richard J. Lambert, *Rethinking Productivity : The Perspective of the Earth as the Primary Corporation* », dans « *Population and Environment : A Journal of Interdisciplinary Studies* », Human Sciences Press, n° 3, vol. 13 (Printemps 1992).

communautaire d'artisans fut tout à fait capable de ramener l'autosuffisance dans la ville, grâce à la réputation qu'il a su créer dans tout l'État.

La gestion interactive, représentée par Cérès, ne vise ni la conscience planétaire, ni l'écologisme, ni la simplicité volontaire, ni l'engagement communautaire, ni l'autosuffisance. Cependant, elle peut inclure tous ces aspects, jusqu'à un certain point. La juste proportion et l'équilibre varient d'une personne à l'autre ; elles peuvent donc être mesurées ou imposées selon des standards extérieurs. La personne « anti-carrière » doit créer un équilibre nourrissant qui soit à la fois indépendant et interdépendant, un équilibre favorisant les intérêts et les talents de l'individu, et qui sert ceux des autres. Dans l'esprit de la biodiversité, il existe plusieurs façons d'y parvenir.

Le groupe rock *Earth* a délibérément choisi de passer outre l'industrie commerciale de la musique, refusant de réclamer plus de cinq dollars pour un concert et ce, même après atteint la célébrité. Les membres du groupe durent parfois vendre des *hot-dogs* dans la rue avant un concert, pour pouvoir couvrir les frais de location de l'équipement dont ils avaient besoin pour le spectacle. Ils restaient centrés sur ce qu'ils aimaient : la musique, ainsi que sur la philosophie de « l'art en tant que processus » que leur musique encourageait. Ils appuyaient donc tous les artistes partageant une vision semblable et finirent par acquérir une réputation à l'échelle nationale. Cette réputation s'est bâtie grâce aux concerts successifs offerts dans les villes où le groupe était bien reçu. Leur philosophie et leurs efforts donnèrent lieu à la création d'un réseau communautaire dans un circuit compris entre des villes comme Portland, Washington D.C. et San Antonio, soit d'un bout à l'autre du pays. Par exemple, l'un des membres de cette communauté d'intérêt louait une maison. Lorsqu'un des groupes de musiciens affiliés au réseau était en tournée dans la région, ses membres louaient des chambres de cette maison, ce qui évitait les tracas et les dépenses reliés à la réservation de chambres d'hôtel. Un réseau de plusieurs maisons fut ainsi mis sur pied, soutenant du même coup une forme d'art spécifique. C'est de cette façon qu'un style de vie fut créé, soutenant des centaines d'artistes tous concentrés sur un objectif commun.

L'un des membres de cette communauté me raconta combien l'auteur Jack Kerouac servit d'exemple à plusieurs d'entre eux, non seulement en raison de ses accomplissements, mais aussi pour ses erreurs. Le désir de parcourir les routes et l'attrait pour l'expression artistique spontanée inspirent bon nombre de ces artistes expérimentaux. Les comportements autodestructeurs de Kerouac sont toutefois perçus comme le résultat de trois grandes erreurs aux yeux de la communauté qui les évite donc consciemment. Ces trois erreurs sont : l'abus de drogues et d'alcool, le sexisme et le fait de devenir victime des médias.

La gestion interactive n'est pas une philosophie uniquement réservée aux groupes marginaux. Elle propose aussi de nouvelles stratégies aux employeurs, leur permettant d'obtenir de l'application soignée et de la qualité plutôt que des heures accumulées au boulot. Ces stratégies de gestion proposent un environnement de travail favorisant l'amitié et l'estime personnelle, ainsi que la vision de l'entreprise aux service de la communauté globale.

Alisa Gravitz, directrice de la revue *Coop America*, a assisté à un séminaire sur le design urbain où l'on s'est penché sur la question des communautés autosuffisantes. L'impact de ce séminaire rejoint clairement l'esprit de Cérès[1]. Dans le compte-rendu rédigé par Mme Gravitz, on peut lire qu'au cours des discussions, les architectes Peter Calthorpe et Andres Donnay firent l'historique de l'organisation urbaine, depuis les villages autrefois regroupés autour d'une église,

1. Alisa Gravitz, communication personnelle, 30 mars 1993.

jusqu'à l'apparition des banlieues contemporaines. Voici justement le passage qui concernait les banlieues :

Le concept de banlieue fut conçu à une époque où la population désirait fuir les problèmes de la ville. À cette même époque, la famille type était constituée d'un père travaillant à l'extérieur de la maison et d'une mère au foyer. De nos jours, la banlieue ne sert plus la diversité des familles qui y habitent. Face à un grand nombre de familles monoparentales ou de familles dont tous les membres adultes travaillent, le fait d'habiter si loin de la ville, de la garderie, des commerces et des lieux de récréation impose une énorme pression sur les humains et l'environnement[1].

Mme Gravitz poursuit en soulignant que les Américains envient généralement les vacances annuelles de cinq semaines dont bénéficient la plupart des Européens. Or, l'Américain-type passe en moyenne une heure de plus que son semblable Européen dans ses allers-retours quotidiens entre le travail et la maison, ce qui, au bout d'une année, équivaut approximativement à un total de cinq semaines[2]. La gestion interactive nous offre la possibilité de restructurer notre vie sur le plan pratique, de façon à vivre et travailler tout en disposant du temps et de l'espace nécessaires à l'atteinte de notre plein potentiel humain.

RÉINVENTER SON C.V.

Tout en poursuivant vos démarches en vue de développer votre projet, votre produit ou votre service, il vous faut une sorte de liste de contrôle afin de vérifier jusqu'à quel point votre travail est en voie de devenir une œuvre d'art. Veillez-vous à obtenir autant d'éléments nutritifs dans votre travail que vous le feriez dans votre alimentation ? Votre travail vous procure-t-il de la vitalité ou de la fatigue ? Vivez-vous dans un

1. Ibid.
2. Ibid.

lieu qui favorise ce que vous désirez manifester? La gestion interactive nous rend conscient des paysages, des senteurs et des sons qui relient un lieu à une personne. Est-il vraiment nécessaire d'habiter à New York ou à Paris pour participer à des rendez-vous d'affaires occasionnels, si, de toute façon, votre travail se passe surtout au téléphone? Disposez-vous du matériel, des outils, des informations, de la formation et des assistants adéquats? Tout cela fait partie d'une nutrition professionnelle équilibrée. Celui qui œuvre dans l'esprit de Cérès connaît bien les outils dont il a besoin et il les aime. Qu'il s'agisse de livres, de tracteurs, d'instruments de jardinage ou de musique, ces objets font partie de nous. Voici un bon truc permettant de mesurer la qualité de votre relation avec le travail. Jetez un coup d'œil sur votre environnement de travail. Observez vos outils, tout le matériel faisant partie de votre quotidien. Sont-ils bien entretenus? Reflètent-ils votre ravissement d'être pleinement en vie? Font-ils partie d'un mouvement faisant de votre vie une œuvre d'art? La notion d'assimilation est tout aussi importante. Êtes-vous en mesure de bien digérer (assimiler) les divers éléments de votre vie de façon à ce qu'ils soient redistribués et qu'ils interagissent de manière optimale?

Si vous voulez réussir dans la gestion interactive, vous devez clarifier vos valeurs et vos besoins réels. Pour la plupart d'entre nous, la problématique de la gestion ne concerne pas le manque; elle se situe au contraire au niveau de l'excès. Nous sommes dépassés par les factures, les rendez-vous, les échéanciers, et toutes les tâches qui doivent être accomplies en une journée. Nous sommes donc aux prises avec une distribution déficiente de notre temps et de notre énergie. Un travail bien géré vous procure la satisfaction d'œuvrer, tout en vous sentant parfaitement présent dans ce que vous faites. Par conséquent, peut-être devrez-vous appliquer les principes de la gestion interactive à vos priorités. Peut-être devrez-vous redéfinir votre œuvre de telle sorte qu'elle puisse croître comme un arbre et non s'éparpiller dans tous les sens, vous laissant décentré et inconfortable.

Lorsque vous aurez donné une bonne coupe de cheveux à vos priorités, vous pourrez créer un curriculum vitae nouveau genre, un diagramme faisant état de vos habiletés et de la façon dont vous pourrez les utiliser. Ce schéma mettra en valeur les différentes branches de votre arbre, de même que les avenues appropriées quant aux questions : qui, quoi, où et quand. Vous développerez votre nouveau C.V., tout en cultivant un style de vie se mettant au service de votre mission, plutôt qu'y faisant obstacle.

Afin d'accomplir cette tâche, vous devrez courageusement éliminer le superflu. Il s'agit ici de vous concentrer uniquement sur ce qui vous aide à avancer dans la direction de votre choix. Une flotte complète de véhicules de luxe peut s'avérer nécessaire pour une personne, alors qu'une bicyclette fera l'affaire pour une autre. La gestion interactive ne se limite pas uniquement à la réduction des coûts ou à l'élimination de ce qui est en trop. En fait, l'énergie de Cérès va encore plus loin que le concept de simplicité volontaire. Cérès vous invite à réorienter vos ressources et votre consommation, afin de mieux servir ce que vous nourrissez de plus profond comme vision.

La gestion interactive se base sur la notion renouvelée de service et la reconnaissance de la loi de l'interdépendance. La communauté de Cérès est liée par quelque chose de plus vaste qu'un contrat social. Dans une communauté dédiée à Cérès, la terre et l'eau, les contours d'une région, son histoire et les préoccupations de ses habitants, tout cela est pris en considération. Lorsque le principe opère avec force, les synchronicités deviennent la règle plutôt que l'exception, car les individus sont très conscients du fait que la façon dont ils évoluent dans le microcosme (laver la vaisselle, écouter la radio, faire la lessive) a des répercussions sur le travail et les circonstances marquant leur vie. Lorsque vous nagez dans votre propre rivière, vous attirez les gens et les circonstances nourrissantes pour votre âme. De plus, du point de vue de Cérès, l'endroit où vit une personne est aussi important que ce qu'elle fait.

J'ai précédemment fait mention d'un concept que j'aimerais maintenant aborder de manière plus spécifique. Un lieu peut conférer du pouvoir à un individu. Pour plusieurs personnes, la création d'une œuvre par le travail ne concerne pas tant l'idée de trouver un bon emploi que de trouver le bon *endroit* où travailler. Si vous sentez une forte connexion avec un lieu, si plusieurs personnes ont déclaré s'être installées dans la région parce qu'une force intuitive les attirait vers ce lieu et les faisait se sentir chez elles, honorez ce lieu. Trouvez un moyen de développer une relation avec cet espace particulier. Cet endroit fera le travail requis pour vous garder sur place. Je n'insisterai jamais assez sur ce point. Il est très mystérieux de constater combien un lieu peut exercer une forte attraction sur certaines personnes, et il y a des tas et des tas d'histoires racontant combien le destin d'une personne a pu s'améliorer lorsqu'elle a emménagé dans un nouvel espace. Cela ne veut pas dire que vous devriez déménager chaque fois que les choses vont mal; cela équivaudrait une fois de plus à tomber dans le piège du sentiment de manque. En contrepartie, le fait d'honorer les énergies et sentiments que vous communique un lieu joue un rôle dans la démarche de gestion personnelle.

L'architecture et l'aménagement urbains devraient s'inspirer de ces principes en nous offrant davantage que des environnements fonctionnels et bon marché. Comme le fait remarquer James Hillman, il est souvent possible de franchir des kilomètres, en circulant dans les villes et les banlieues, avant d'apercevoir un lieu public où les gens ont la possibilité de se rencontrer et d'échanger[1]. Gardez donc à l'esprit que

---

1. James Hillman, « *City and Soul* » (Irving, Tex. : University of Dallas Press, 1978).

315

votre projet, produit ou service ne peut être séparé du lien avec la communauté. Les carrières de l'avenir se bâtiront à partir de préoccupations partagées par la base de la population.

Comment un individu peut-il rassembler une communauté? L'histoire de David Hagstrom peut vous inspirer. David Hagstrom œuvrait autrefois à titre de directeur d'une école secondaire dans un quartier pauvre de la ville de Fairbanks, en Alaska. Un jour, il convoqua les parents et les membres de la communauté à une réunion hebdomadaire autour d'un petit déjeuner, afin de réfléchir à la question suivante: «Quelle sorte d'avenir voulons-nous offrir à nos enfants?». Cinq personnes répondirent à sa première invitation, sauf qu'en l'espace de quelques mois, l'assistance s'élevait déjà à cinq cent personnes. Plusieurs changements fondamentaux furent apportés au programme scolaire et à la structure de l'institution. Cela fut accompli grâce à un groupe de personnes qui partageaient le même type d'engagement et qui sentaient une connexion avec le lieu où elles habitaient.

La question à se poser, en parallèle avec le fameux «Qu'aimerais-je faire»?, est «Où devrais-je le faire?». Où pouvez-vous vous intégrer à une communauté d'individus qui partagent une vision semblable à la vôtre et qui sont susceptibles de soutenir l'expression créatrice de votre travail? Toute entreprise qui se respecte sait reconnaître le besoin de tisser des liens avec la communauté. Lorsque la rivière Missouri est sortie de son lit, il y a quelques années, la plupart des résidants affectés par les inondations furent privés d'eau potable. La brasserie *Anheuser Busch* offrit alors à la communauté des bouteilles de bière remplies d'eau fraîche. Si votre travail prend consciemment la communauté en considération, vous développerez, avec le temps, un mouvement de réciprocité qui soutiendra vos efforts.

Avec la question du «quand», vient celle du «comment», car le principe que nous expliquons ici concerne l'équilibre créatif. Lorsque vous passez par une trop grande préparation en vue d'une réunion ou d'un examen scolaire, lorsque vous dépensez ou que vous épargnez démesurément, vous ne faites pas circuler l'énergie de façon optimale. Pour faire une image, cela équivaut à provoquer de l'inflation dans certains secteurs de votre vie et des récessions dans d'autres. La culture professionnelle à l'américaine n'est ni plus ni moins qu'une routine éteignoir de 9 à 5 ne tenant absolument pas compte des rythmes biologiques humains, pas plus que des cycles de la nature tels que le passage des saisons, les phases de la lune, les naissances, les soins à prodiguer aux enfants en bas âge, etc. Le paradigme de la productivité se fonde sur l'idée que les humains devraient devenir comme des machines. Logiquement, les travailleurs sont bel et bien devenus semblables à des machines, puis au même titre que les machines, ils tombent en panne et sont mis de côté. À quoi bon construire mille voitures par jour si nous ne savons pas pourquoi nous construisons des voitures, à prime abord? Si un tel rythme de production relève du besoin inconscient de nous sentir reconnu et utile aux autres, nous ferions mieux de concentrer nos énergies sur l'apprentissage de nouvelles manières de nous sentir à l'aise avec les autres, en explorant les multiples facettes de la communication et de l'interaction. Le principe de Cérès rassemble les communautés en répondant aux besoins authentiques des individus et non en créant des besoins artificiels qui ne serviront personne au bout du compte.

La gestion interactive, c'est-à-dire la conduite et la distribution de l'énergie, est tout aussi nécessaire sur le plan individuel. Elle suggère, entre autres choses, l'équilibre dans l'alimentation, la sexualité, l'activité physique, le sommeil, le confort, les loisirs... bref, tout ce qui compte pour que nous restions bien alignés. Ce principe nous incite également à reconnaître et à respecter l'importance des cycles naturels, dans le cadre de nos activités sociales et professionnelles. Les visions, les projets, les sociétés et les individus évoluent en fonction de cycles variés. On peut suivre le cours des cycles économiques et sociaux en utilisant divers modèles, mais cela importe peu, car Cérès n'est pas attachée aux concepts mais bien aux cycles en eux-mêmes. Si tout s'écroule autour de vous, vous pouvez tenter de réparer les pots cassés. Pourtant, il est parfois nécessaire, et même avantageux, de laisser les choses tomber en mille miettes. Lorsqu'on a touché le fond du baril, il devient tout à coup possible de se réinventer librement, toute résistance au changement ayant pratiquement disparu.

Voici un exercice pratique permettant de reconnaître les cycles naturels afin d'être capable d'y répondre de façon appropriée. Il s'agit en fait d'observer votre carrière à partir des quatre points cardinaux. Une carrière – tout comme l'économie mondiale – n'évolue pas en ligne droite. Elle passe plutôt par diverses saisons où l'on connaît des hauts et des bas. De nombreuses traditions anciennes utilisent le modèle des points cardinaux pour évaluer l'état intérieur d'une personne et la direction qu'elle est en train de prendre. Le modèle suivant peut être utilisé pour examiner un parcours personnel, mais il peut très bien s'appliquer également à une entreprise. Cela vous permettra tout simplement d'identifier plus clairement vos besoins actuels.

Commençons par le Nord, le point cardinal qui représente l'hiver, une période où les choses sont calmes et en attente. L'attente a ses avantages. Un collègue de travail, qui fait régulièrement des affaires en Chine, prétend que les Américains ont tendance à perdre lorsqu'ils négocient avec les Chinois parce que ces derniers savent attendre. Au bout d'un moment, les Américains s'impatientent et finissent par accepter les termes présentés par l'autre parti. Il y a des moments où il convient simplement d'attendre, d'être patient et de permettre à la vie de se déployer d'elle-même. Le Nord est comme l'arbre en hiver, immobile, dénudé de ses feuilles et tourné vers l'intérieur[1]. Le Nord représente souvent un

---

1. Je fus initié à la méditation de l'arbre par Andre Dezanger, lors d'un atelier anti-carrière offert en 1993, au *New York Open Center*.

moment d'arrêt, une période où les ressources et les opportunités se font plus rares. Il est nécessaire de reconnaître ces étapes et de les honorer. Ce faisant, vous approfondissez l'humilité et vous créez, dans l'invisible, les ressources qui se mettront ultérieurement à votre disposition.

L'Est représente l'énergie du printemps florissant. Souvent, le printemps s'installe lentement : la neige et la glace commencent à fondre, puis graduellement, le chant des oiseaux se fait à nouveau entendre. Si vous vous précipitez à l'extérieur en oubliant votre manteau, vous réalisez que l'air est encore frais. Vous devez également être prudent, car vous pourriez glisser sur les plaques de glace qui n'ont pas encore disparu. Avec l'Est, vous apprenez à respecter les premiers sursauts du printemps, l'arrivée discrète de nouvelles idées ou de nouveaux projets, comme les premiers bourgeons sur les branches d'un arbre. Si un vent froid souffle tout à coup, les bourgeons seront détruits. Il nous arrive souvent d'anéantir des possibilités nouvelles en leur infligeant le vent glacial de nos attentes démesurées. Les bourgeons sont délicats ; ils ont besoin de nourriture et de protection pour parvenir à maturité. Lorsque vous entreprenez quelque chose, il est conseillé d'agir avec délicatesse, de tester les eaux au préalable, puis de voir comment les bourgeons grandissent. Plus de quinze années se sont écoulées depuis l'époque où Stan Jay vendit sa première guitare de collection et où il s'associa pour fonder les *Mandolin Brothers*. L'incorporation de l'entreprise s'est produite au bon moment, les bourgeons ont grandi, puis ils ont produit de superbes fruits et des fleurs. Souvent, il n'est pas sage de publiciser un nouveau projet ou une nouvelle idée. Les idées qui bourgeonnent doivent d'abord être plantées dans votre propre jardin et arrosées régulièrement. Lorsqu'elles ont bien pris racine, il est alors possible de les transplanter dans le monde. L'Est est porteur d'espoir ; il offre la promesse d'une vie nouvelle. C'est ce même espoir printanier, naissant de l'intériorité, qui pourra guider et soutenir votre nouvelle carrière.

Tournons-nous maintenant vers le Sud, qui représente le soleil de midi et l'été à son zénith ; c'est la saison où les arbres regorgent de fruits, tout en distribuant généreusement leur ombre aux passants. C'est le temps de la réalisation et aussi celui où vous pouvez plonger dans l'action. Vous pouvez prendre des risques et ouvrir de nouvelles portes, car vous avez reconnu votre plein potentiel. Il s'agit d'une période où les gens viennent nombreux vers vous et où vous êtes prêt à avoir un impact sur le monde. Comme il est gratifiant de se sentir au zénith, de faire tout ce que nous sommes capable de faire, de nous déployer pleinement comme l'arbre en été, débordant de sève et de saveur. Avec le Sud, il n'y a rien à retenir. Vous pouvez donner tout votre temps, votre énergie et vos ressources. C'est ici que votre estime de vous-même, votre passion et votre force de concentration coïncident et mettent tout en place afin que vous puissiez témoigner de votre vérité et de votre amour. Le Sud vous donne la chance de jouir de l'instant et de prendre de l'expansion sans regarder en arrière.

Nous parvenons enfin à l'Ouest, le temps de l'automne et du soleil couchant. En automne, nous reconnaissons le besoin de mourir, le besoin de laisser aller une entreprise ou une idée usée, tout comme l'arbre laisse aller ses feuilles, le moment venu. Combien de fois voyons-nous des artistes se cramponner au même style dans le seul espoir de conserver leur public et ce, même s'ils ne se sentent plus vivifiés et renouvelés ? Il est pénible de nous acharner à rester dans la même direction lorsque nous savons bien qu'il est temps de lâcher-prise. Si l'arbre ne perdait pas ses feuilles en automne, il mourrait ; ses branches ne pourraient supporter le poids de la neige et de la glace en hiver. Lorsque cela se passe dans la dignité, le temps du lâcher-prise peut être aussi magnifique qu'un coucher de soleil ou les couleurs de l'automne dans une érablière, car la saison du lâcher-prise en est une de floraison, également, nous permettant de nous transformer et de nous préparer à ce qui est à venir.

Avant d'entrer tête première dans votre projet, dans votre produit ou dans votre service, il peut être judicieux de vérifier à quelle saison vous en êtes. Traversez-vous une période de repos, d'émergence, de manifestation ou de dissolution? À elle seule, cette information peut vous épargner des années de travail et de mauvais alignement. La gestion interactive concerne par-dessus tout la maîtrise du temps. Cérès connaît et respecte la nature des cycles. Dans la manifestation d'une carrière authentique, rien n'est plus important que de savoir faire les choses au bon moment.

LA GESTION INTERACTIVE DANS LE MONDE

Cérès représente le principe véritable de l'économie dans la société; il ne s'agit pas d'un concept abstrait, mais bien d'un courant fluide comme le sang circulant dans les veines d'un corps appelé «interaction». Cérès nous amène à nos poser les questions suivantes: «Comment construire nos habitations? Comment consommer de l'énergie, dans le respect de la nature et de nous-mêmes? Comment gérer les transports, l'agriculture et la distribution des aliments? Comment gérer notre relation avec les minéraux, les plantes et le règne animal, la production globale, la distribution, la circulation des biens et services»?

Le mot *interaction* inclut la notion de *relation*. S'il n'y a pas de relation avec ce que nous mangeons, l'assimilation ne peut alors se produire qu'au niveau du corps physique à l'état brut. L'industrie alimentaire s'est retirée du processus d'interaction de telle sorte que les animaux sont désormais expédiés, tués et emballés comme de la marchandise, sans rituel aucun ou sans considération aucune pour l'animal ni pour l'humain. Les gens achètent de la chair sous cellophane dans des commerces dont ils ne connaissent pas les propriétaires ou les employés; ils ne savent pas non plus d'où provient la viande, ce qu'on y a ajouté, ni comment elle s'est rendue jusqu'à eux. Les animaux eux-mêmes disparaissent de plus en plus de nos vies, à part nos petits compagnons domestiques ou les emblèmes apparaissant sur le casque des joueurs de football. La majesté du lion, la puissance du couguar, la ruse du renard et le vol plané de l'aigle nous sont devenus totalement étrangers. Lorsque les plantes et les animaux deviennent des objets de consommation humaine sans réciprocité, c'est que nous sommes en train de violer les lois de la nature. Nous parvenons peut-être à façonner le monde comme un objet, simulant des saveurs, des odeurs et des formes, mais en fin de compte, nous avons encore faim, il nous manque quelque chose. Les objets ne peuvent offrir la vie en partage. Pourtant, nous avons besoin d'encore plus d'objets afin de combler le trou noir que nous avons nous-mêmes créé. L'«anti-carrière» doit à la fois se baser sur un principe renouvelé de service, ainsi que sur un principe renouvelé de gestion des ressources. Plutôt que de devenir des gestionnaires se retirant du système pour le contrôler de l'extérieur, l'«anti-carrière» nous invite à adopter le modèle interactif (l'Ensemble de jazz du Verseau), à l'intérieur duquel les responsabilités sont partagées, et la participation, basée sur un sens profond de l'interdépendance.

La déesse Cérès nous aide à réinventer la notion de gestion en nous faisant comprendre qu'il s'agit d'un principe de nutrition. La gestion interactive est tout à fait liée à la santé et à la guérison. Les États-Unis sont le seul pays industrialisé au monde qui ne considère pas la santé comme un droit humain. Dans l'absence d'un programme national d'assurance-santé, la santé des citoyens devient conditionnelle à l'emploi, car c'est le seul moyen pour la majorité des Américains de se permettre un programme d'assurances privé. Le commerce des soins de santé s'ajoute à celui de l'éducation, des transports et de l'habitation afin de maintenir la population dans l'endettement. Si les soins de santé étaient garantis par la collectivité, des millions de gens quitteraient immédiatement leur boulot dépourvu de sens. Évidemment, la grande crainte est qu'un tel renversement risquerait de provoquer l'implosion du système. En contrepartie, si le travail est créatif et stimulant, si les gens sentent que leur emploi contribue de façon significative à la communauté dans laquelle ils investissent directement, il y aura moins de maladies et davantage de productivité individuelle.

À l'heure actuelle, occuper un lit d'hôpital peut coûter plus de 900 dollars par jour. Le dévouement que l'on retrouve dans les hôpitaux n'a d'égal que la peur des poursuites judiciaires qui hante leurs corridors. Dans une même journée, un patient pourra recevoir des traitements à l'aide d'appareils ultra-sophistiqués issus de l'ère spatiale et mis à la disposition de médecins hautement qualifiés, puis un peu plus tard, ce même patient se retrouvera en face d'un repas composé d'aliments morts tout droit sortis de l'ère industrielle. Ce clivage constitue un autre exemple de mauvaise gestion provenant du non-respect du principe de Cérès, soit de la conscience de ce qui nourrit réellement.

Un bel exemple d'instauration de l'énergie de Cérès dans nos communautés se retrouve dans la promotion de l'agriculture locale. La ferme *Genesis*, dans le New Jersey, vend des parts à ses membres qui, en échange, obtiennent directement des produits frais tout au long de l'année. L'argent ainsi recueilli finance le projet qui procure de l'emploi à la population locale, en plus de produire des aliments organiques qui enrichissent à la fois la santé des membres et la localité comme telle. Ce type de projets contribue à la réorganisation du système agraire, dans le respect de l'environnement. Dieu merci, l'énergie de Cérès est déjà bien implantée dans de nombreuses régions. Comme le rapportait la revue *Coop America*, des citoyens de Santa Barbara ont mis sur pied un organisme local s'occupant de la vente d'aliments sains produits dans la communauté et distribués dans la communauté[1]. La personnalisation des services, la promotion de la responsabilité locale, la

---

1. Un livre intitulé « *Increasing Organic at the Local Level : A Manual for Consumers, Grocers, Farmers, and Policy Makers* », réalisé par le « *Santa Barbara safe-foods project* », est disponible à l'adresse suivante : Community Environmental Council, 930 Miramonte Dr., Santa Barbara, CA, 93109, USA.

reconnaissance de l'importance de la nutrition, le désir de rétablir la pureté de l'eau et de l'air, la construction de nouvelles habitations centrées sur la communauté, tout cela pointe en direction de nouvelles possibilités professionnelles qui connaîtront un essor considérable au cours des cinquante prochaines années.

Si votre démarche « anti-carrière » est sérieuse, si vous souhaitez réellement travailler en fonction de votre âme, commencez par votre style de vie, observez et transformez vos habitudes de production, consommation et distribution. Faites l'inventaire de toutes vos possessions et voyez ce qu'elles disent sur vous. Que disent votre automobile ou vos vêtement à votre sujet ? Selon la loi de l'interdépendance, un changement apparemment anodin, quelque part dans la chaîne, aura un impact sur l'ensemble. La façon dont vous traitez ce que vous avez déjà reçu déterminera votre capacité à recevoir de manière appropriée dans le futur. Un conte traditionnel hébreu dit que lorsque Dieu vit que le berger Moïse était suffisamment respectueux et attentionné à l'égard de ses bêtes, (prenant le temps de partir à la recherche d'un agneau égaré, ne s'arrêtant pas tant qu'il ne l'avait pas retrouvé), Il conclut que Moïse était fait pour recevoir les Dix Commandements.

Le paradigme de la gestion interactive privilégie également l'énergie verte comme moyen de production des plus respectueux. L'énergie solaire, l'énergie éolienne, l'agriculture organique et les médecines douces représentent autant de champs d'activité qui connaîtront un important mouvement d'expansion au cours des cinquante prochaines années, parce qu'elles seront au service des besoins les plus pressants de notre ère. Le domaine des éco-emplois est déjà en pleine ébullition. Dès que l'énergie de Cérès sera suffisamment en activité, les grandes entreprises d'armement, comme Lockheed et McDonell-Douglas, pourraient être incitées à se diversifier et à mettre leur savoir-faire au service de la protection et de la restauration de l'équilibre environnemental[1]. Cérès donne naissance à de nouveaux concepts de vie communautaire et coopérative, incluant les banques coopératives (qui investissent dans la vision de leurs membres), dans les coopératives alimentaires et dans les nouveaux moyens de transports publics.

Sur le plan social, le paradigme de la gestion interactive concerne directement le besoin de combiner autosuffisance et collectivité. Si les soins de santé étaient reconnus par les États-Unis comme un droit fondamental, cela répondrait à un besoin collectif; mais puisque les responsabilités et les choix de santé incombent actuellement à l'individu, cela nous ramène à la nécessité d'être autosuffisants. De toute façon, l'action collective ne peut porter fruit que lorsque l'individu décide lui-même d'être responsable de sa santé. Cela suppose non seulement d'obtenir une information et des soins de qualité, mais aussi de créer un style de vie favorisant la santé. Le stress provoqué par un travail non-enrichissant favorise la maladie, ce qui sert l'industrie médicale et pharmaceutique, en plus d'enrichir les compagnies d'assurances. Ainsi, le cercle vicieux continue d'entretenir son mouvement perpétuel. En l'absence d'un rapport sain entre la collectivité et l'autosuffisance, nos efforts timides en vue d'une manifestation authentique seront balayés par le cancer de la surproduction et de la cupidité institutionnalisées.

Le paradigme de la gestion interactive gouverne le principe de l'échange à plusieurs niveaux. Ainsi, notre avenir pourrait très bien dépendre de la façon dont nous allons mener nos échanges: échanges de nos connaissances, de biens et services ou de visions. Si vous voulez manifester avec succès une carrière alternative, il importe de savoir clairement

---

1. Vous pouvez trouver des offres d'emploi intéressantes dans le domaine de l'écologie, en consultant les publications américaines suivantes: « *The Job Seeker* » (Rt. 2, Box 16, Warrens, WI, 54666, USA) et « *Complete guide to Environmental Careers* » (286, Congress Street, Boston, MA, 02210, USA).

quels sont vos besoins et comment utiliser de votre mieux les énergies à votre disposition.

Voici, en résumé, les quatre clefs de la création d'une «anti-carrière» réussie : si vous êtes disposé à entretenir la flamme du dévouement, à faire preuve de discipline dans l'atteinte de votre maîtrise, à servir dans un esprit de partage, et à équilibrer de façon créative les diverses forces évoluant en vous et autour de vous, le monde extérieur répondra dans la même mesure. Progressivement, vous verrez votre projet, votre produit, ou votre service prendre forme par des moyens que vous n'auriez jamais pu imaginer auparavant. Ces énergies agissent comme des compléments à votre alignement intérieur et vous permettent d'être qui vous êtes réellement dans le monde des échanges, transformant le monde du travail en véritable marché cosmique.

Les quatre clefs sont presque trop simples, n'est-ce pas ? Mais leur efficacité s'avère étonnante lorsqu'on les utilise dans le bon ordre et avec alignement. Plusieurs personnes tentent de se concentrer uniquement sur la gestion en oubliant leur feu sacré, avec pour résultat qu'elles s'ennuient mortellement. D'autres éprouveront le désir sincère de s'investir dans un projet, mais n'auront pas suffisamment de discipline pour maintenir le niveau d'énergie requis ou pour bâtir un réseau de contact. D'autres encore comprendront l'importance de servir mais négligeront les habiletés de gestion qui permettent à un service en particulier d'interagir avec la communauté. Chacune des quatre clefs est essentielle, car elle permet de déverrouiller quatre portes successives : l'investissement génère l'énergie nécessaire afin de soutenir l'action ; la discipline permet de créer quelque chose ayant une véritable valeur et pouvant servir ; à son tour, le service met en branle les énergies interactives nécessaires afin de faire de notre vie une œuvre d'art.

16

L'Alchimie de la Transformation

*L*e Lapin blanc rajusta ses lunettes. « Par où devrais-je commencer, votre Majesté ? », demanda-t-il. « Commence par
le commencement », répondit gravement le roi[1].

Le commencement se situe là où vous vous trouvez, ici et
maintenant. Vous n'avez pas besoin de vous convertir au riz
brun, vendre votre maison ou offrir votre démission à votre
patron pour entreprendre la création d'une nouvelle carrière.
Le commencement, c'est accepter l'espace où vous êtes en ce
moment et vous permettre doucement d'entrer en alignement
avec les forces supérieures de l'univers.

Une multitude de sources d'information et de ressources
sont à votre disposition au sujet de la carrière et des opportunités d'emploi. Une bibliographie se trouve d'ailleurs à la fin
du présent ouvrage, si vous vous sentez l'âme d'un chercheur
avide. Des modes se répandent, faisant de petites ou de
grandes vagues, parlant de grandes transformations planétaires ou de l'impact de la mondialisation sur le monde. En
raison de la croissance rapide des technologies de l'information, aucun cerveau humain n'est en mesure de retenir ne

---

1.   Lewis Carroll, « *Alice's Adventures in Wonderland and Through the Looking
      Glass* » (New York : New American Library, 1960).

serait-ce qu'une infime partie du matériel actuellement disponible dans tous les domaines. Si vous êtes continuellement à la recherche de nouvelles informations, vous tombez tête première dans le piège de la consommation. Ce qui compte, ce n'est pas de vous ruer sur tous les livres portant sur le changement de carrière, mais de retirer la mauvaise herbe de votre propre jardin et de mettre en valeur les belles fleurs qui s'y trouvent déjà, fussent-elles bien cachées au départ. Si vous travaillez à embellir votre jardin, l'information qu'il vous faut se présentera à vous au bon moment. Plus d'information que nécessaire s'avérera un poids.

Cela dit, l'«anti-carrière» n'a pas tant besoin d'information que de transformation. Et la transformation réelle se situe bien loin de ce que l'on retrouve dans les livres à la mode qui veulent faire de vous des héros améliorés. Tous ces personnages à la télévision, qui vous font croire que vous pourriez vivre dans un château en devenant agent d'immeubles, vendent de l'amélioration. Or, la notion même d'amélioration se base sur le sentiment de manque. Transformer votre style de vie requiert que vous commenciez à la base, par le commencement. Et le commencement, c'est le souffle. Respirer avec aisance, marcher en pleine conscience, se hâter lentement, honorer la puissance de ce qui est petit ; voilà les premiers gestes qui ouvriront le chemin en direction de vous-même.

Les idées décrites dans ce livre resteront limitées au plan des concepts si elles ne sont pas comprises par le cœur et mises en action. Plus vous serez prêt à prendre le risque de l'action transformatrice, moins vous serez préoccupé par les problèmes du monde ou par les situations qui vous apparaissent comme des épreuves, car vous ferez désormais partie de la solution. Avoir la foi, investiguer, écouter et se réaliser, c'est créer un style de vie dont chaque aspect concret se veut le reflet de vos aspirations. Quel plus grand héritage pourrions-nous offrir au monde et à nos enfants ?

Maîtriser l'art de vivre, façonner votre existence comme une œuvre empreinte de beauté, travailler patiemment avec le concours des forces de vie, et être authentique dans l'action demandent que vous fassiez preuve de courage et d'un engagement sincère. Il s'agit à la fois d'un engagement intérieur (accepter qui vous êtes et reconnaître vos valeurs), et d'un engagement extérieur (mettre tout cela à la disposition du marché cosmique). En deux mots, vous êtes mis au défi de faire de votre vie une affirmation constante de ce en quoi vous croyez. Cela semble beaucoup demander, n'est-ce pas ? C'est vrai, je l'admets. Afin de devenir des êtres authentiques, vous devrez traverser le feu des épreuves plusieurs fois plutôt qu'une. Mais l'or va naître de ce feu. Votre travail dans le monde est le moyen par lequel les éléments de base seront transformés. Alors tentez l'expérience, ne serait-ce qu'une heure. Essayez ensuite toute une journée. Allez-y enfin pour toute une vie.

Bibliographie

Développement de carrière

BOLLES, Richard « *What Color is your Parachute? 1995: A Practical Manual for Job Hunters and Career Changers* » (Berkeley: Ten Speed Press, 1994).

CEIP Fund. « *The Complete Guide to Environmental Careers* ». (Washington DC.: Island Press, 1989).

COVEY, Steven R. « *The Seven Habits of Highly Effective People* » (New York: Simon and Schuster, 1989).

COWAN, Jessica, Éd. « *Good Works: A Guide to Careers in Social Change* ». (New York: Barricade Books, 1991).

EVERETT, Melissa. « *Making a Living While Making a Difference: A Guide to Creating Careers with a Conscience* » (New York: Bantam, 1995).

FOX, Mathew « *The Reinvention of Work: A New Vision of Livelyhood for Our Time* » (San Francisco: HarperSanFrancisco, 1994).

GROSS, Ronald « *The Independant Scholar's Handbook: How to Turn your Interest in any Subject into Expertise* » Berkeley, Calif.: Ten Speed Press, 1993..

KAPLAN, Robbie Miller. « *The Whole Career Sourcebook* » New York: AMACOM, 1991

LEONARD, George. « *Mastery: The Keys to Long-Term Success and Fulfillment* » New York: New American Library/Dutton, 1991.

SACHAROV, Al. *« Offbeat Careers »* Berekeley, Calif.: Ten Speed Press, 1988.

SIMPKINSON, Charles H., Douglas A. WENGELL et Mary Jane A. CASAVANT. *« The Common Boundary Graduate Education Guide: Holistic Programs and Resources Integrating Spirituality and Psychology »*. Bethesda, Md.: Common Boundary, 1994.

SINETAR, Marsha. *« Do What You Love, the Money Will Follow: Discovering Your Right Livelihood »*. New York: Dell, 1989.

Finances

CLASON, George. *« Tne Richest Man in Babylon »* New York: New American Library/Dutton, 1989.

DOMINGUEZ, Joe et Vicki ROBIN. *« Your Money or Your Life: Transforming Your relationship with Money and Achieving Financial Independence »* New York: Viking Penguin, 1992.

FISHER, Mark. *« The Instant Millionaire: A Tale of Wisdom and Wealth »* New York: New World Library, 1991.

HARRINGTON, John C. *« Investing with Your Conscience: How to Achieve High Returns Using Socially Responsible Investing »* New York: John Wiley and Sons, 1992.

HILL, Napoleon. *« Think and Grow rich »* New York: Fawcett, 1987.

PHILLIPS, Michael. *« The Seven Laws of Money »* Boston: Shambala, 1993.

PONDER, Catherine. *« The Dynamic Laws of Prœsperity »* Marina del Rey, Calif.: DeVorss, 1985.

Transformation économique et sociale

BERLE, Gustav. *« The Green Entrepreneur: Business Opportunities That Can Save the Earth and Make You Money »* Blue Ridge Summit, Penn.: Liberty Hall, 1991.

DALY, Herman, E. et John B. COBB, Jr. *« For the Common Good: Redirecting the Economy Toward Community, the Environment et a Sustainable Future »* Boston: Beacon Press, 1991.

HANDY, Charles. *« The Age of Unreason »* Boston: Harvard Business School, 1991.

HARMAN, Willis et John HORMANN. « *Creative Work: The Constructive Role of Business in a Transforming Society* » Indianapolis, Ind.: Knowledge Systems, 1990.

HAWKEN, Paul. « *Growing a Business* » New York: Simon and Schuster, 1988.

————. « *The Ecology of Commerce: A Declaration of Sustainability* » New York: HarperBusiness, 1994.

HENDERSON, Hazel. « *Paradigms in Progress: Life Beyond Economics* » Indianapolis, Ind.: Knowledge Systems, 1992.

NAISBITT, John et Patricia ABURDENE. « *Reinventing the Corporation: Transforming Your Job and Your Company for the New Information Society* » New York: Warner, 1985.

OTTMAN, Jacquelyn. « *Green Marketing: Challenges and Opportunities for the New Marketing Age* » Lincolnwood, Ill.: NTC Publishing, 1994.

POPCORN, Faith. « *The Popcorn Report: Faith Popcorn on the Future of Your Company, Your World, Your Life* » New York: HarperBusiness, 1992.

SENGE, Peter M. « *The Fifth Discipline: Mastering the Five Practices of the Learning Organization* » New York: Doubleday, 1990.

Chakras et Spiritualité

BRUYERE, Rosalyn L. « *Wheels of Light: Chakras, Auras et the Healing Energy of the Body* » New York: Fireside, 1994.

CAYCE, Edgar. « *Revelation: A Commentary on the Book, Based on the Study of Twenty Four Psychic Discourses of Edgar Cayce* ». Virginia Beach, Va.: A.R.E. Press, 1969.

Holy Bible: King James Version. New York: New American Library/Dutton, 1974.

I-Ching or Book of Changes. Traduit par C.F. Baynes et Richard Whilhelm. Bollingen Series 19. Princeton, N.J.: Princeton University Press, 1967.

LAO, Tzu. « *Tao-te-Ching* » Traduit par D.C. Lau. New York: Penguin, 1992.

MILLER, Barbara S. « *Bhagavadgita : Krishna's Counsel in Time of War* » New York : Bantam, 1991.

Thich Nhat Hanh. « *Miracle of Mindfulness : A Manual on Meditation* » Traduit par Mobi Ho. Boston : Beacon Press, 1992.

Perspective

ANTONI, Carlo. « *From History to Sociology : The Transmission in German Historical Thinking* » Traduit par Hayden V.White. Wesport, Conn. : Greenwood, 1977.

BELLAH, Robert. « *Habits of the Heart : Individualism and Commitment in American Life* » New York : HarperCollins, 1986.

BERRY, Thomas. « *The Dream of The Earth* » San Francisco : Sierra Club, 1990.

ERIKSON, Erik. « *Childhood and Society* » 2d ed. New York : W.W. Norton, 1963.

HILLMAN, James. « *Œdipus Revisited* » Dans Karl Kerenyi and James Hillman. « *Œdipus Variations* » Dallas, Tex. : Spring Publications, 1983.

MILLER, Alice. « *The Drama of the Gifted Child* » New York : Basic Books, 1982.

_____. « *Thou Shalt Not Be Aware : Society's Betrayal of the Child* » New York : New American Library/Dutton, 1984.

NEUMANN, Erich. « *The Origins and History of Consciousness* » Traduit par R.F. Hull. Bollingen Series 42. Princeton, N.J. : Princeton University Press, 1954.

WEBER, Max. « *The Protestant Ethic and the Spirit of Capitalism* » New York : Scribner's, 1980.

Inspiration

DUNCAN, Isadora. « *Isadora Speaks* » San Francisco : City of Lights, 1981.

EMERSON, Ralph Waldo. « *Ralph Waldo Emerson* » Revu par Richard Poirier. The Oxford Authors Series. New York : Oxford University Press, 1990.

THOREAU, Henry David. « *The Journal of Henry D. Thoreau* » Revu par Bradford Torrey et Francis H.Allen. 1906. Réimprimé, New York : Dover Publications, 1966.

_____. « *Walden* » New York : Collier Books, 1962.

WHITMAN, Walt. « *Leaves of Grass and Selected Prose* » Revu par Sculley Bradley. Forth Worth, Tex. : Harcourt Brace, 1949.

Rick Jarow organise des séminaires aux quatre coins du globe. Pour toute information sur ces activités, livres et cassettes, ou pour vous inscrire à une formation, n'hésitez pas à visiter le site Internet suivant : www.anticareer.com

Pour plus d'informations sur la prochaine visite de Rick Jarow au Québec et sur les ateliers en choix et transition de carrière consciente, contactez :

Johanne Jolin, coach et formatrice
HÉLIOS : *L'ART D'ÉVEILLER LE POTENTIEL HUMAIN*

450-226-1296
helioscom@sympatico.ca